CAMPAGNE DE 1870-1871

L'ARMISTICE

ET

LA COMMUNE

L'auteur et l'éditeur déclarent réserver leurs droits de traduction et de reproduction à l'étranger.

Cet ouvrage a été déposé au ministère de l'intérieur (section de la librairie) en mai 1872.

CAMPAGNE DE 1870-1871

L'ARMISTICE
ET
LA COMMUNE

OPÉRATIONS
DE L'ARMÉE DE PARIS ET DE L'ARMÉE DE RÉSERVE

PAR

LE GÉNÉRAL VINOY

PARIS
HENRI PLON, IMPRIMEUR-ÉDITEUR
10, RUE GARANCIÈRE
—
1872
Tous droits réservés.

PREMIÈRE PARTIE

L'ARMISTICE

L'ARMISTICE.

— I —

L'ARMÉE DE PARIS SOUS LES ORDRES DU GÉNÉRAL VINOY.

CHAPITRE PREMIER.

ÉMEUTE DU 22 JANVIER.

Dans la nuit du 21 au 22 janvier, le chef de la troisième armée fut appelé au commandement de l'armée de Paris. Les circonstances qui ont précédé et motivé cette nomination sont exposées dans deux lettres de M. Jules Favre, ci-après reproduites [1]. Dans la première de ces lettres, qui a été publiée par les journaux et qui était adressée à M. Gambetta, le vice-président du gouvernement de la défense nationale s'étend sur « l'irritation, d'heure en heure croissante, qui se » manifeste contre M. le général Trochu. » Il raconte les irrésolutions du gouvernement, dont la majorité soutenait encore le gouverneur de Paris, tandis que la minorité, composée des seuls MM. Jules Favre et Ernest Picard, avait depuis

Voir aux Appendices.

longtemps déjà réclamé son remplacement. Le vendredi 20 janvier, lendemain de la triste affaire de Buzanval, M. Jules Favre avait réuni les maires des vingt arrondissements au siége du gouvernement, et dans une séance qui n'avait pas duré moins de cinq heures, « on avait posé et discuté la question de la défense ».

Le gouverneur de Paris « déclarait qu'elle était » désormais impossible, et qu'il était prêt à céder » le commandement à l'officier qui serait d'un avis » contraire. » Les généraux qui avaient toujours montré le plus de valeur et de détermination ayant été convoqués, le gouvernement traita avec eux cette même question de la possibilité de la défense, et tous furent également d'avis qu'on ne pouvait plus la continuer. Le général Vinoy n'avait pas été appelé à cette réunion.

La journée du vendredi 20 avait été très-agitée ; « le samedi 21, les symptômes sont devenus plus » menaçants, et le soir les maires, réunis au gou- » vernement, ont nettement dit à M. Trochu qu'il » ne pouvait conserver le commandement en » chef. » Après le départ des maires, il y eut au sein du gouvernement, dans la nuit du samedi 21 au dimanche 22, une grave délibération. Elle commença à minuit et demi : « la discussion fut » longue, confuse, orageuse. » Le général Trochu y montra autant de calme que de fermeté ; il déclara qu'il ne se démettrait pas de ses fonctions, mais qu'il engageait le gouvernement à le remplacer, ajoutant qu'il ne voulait plus conserver désormais d'autre titre que celui de membre du gouvernement, et qu'il renoncerait même à sa présidence.

« Depuis plus d'un mois, continue M. Jules
» Favre, je proposais le général Vinoy : après
» bien des tergiversations, il a été accepté, et
» *nous l'avons nommé d'urgence sans le consulter*. Il
» était trois heures du matin. Au même moment,
» on vient nous apprendre que Mazas a été forcé
» par une bande qui a délivré Flourens et d'autres
» détenus politiques : ce n'était que le prélude de
» désordres malheureusement graves. »

M. Jules Favre s'empressa de faire connaître au général les résolutions du gouvernement par une lettre qu'il signa en sa qualité de vice-président, et qui ne parvint à sa destination que vers quatre heures du matin [1].

« Le gouvernement de la défense nationale, y
» est-il dit, ayant décidé que le commandement
» en chef serait désormais distinct des fonctions
» de président du conseil du gouvernement, vous
» a nommé commandant en chef de l'armée de
» Paris, en remplacement de M. le général
» Trochu. Le gouvernement aurait voulu vous

[1] Voir aux Appendices.

» prévenir avant de disposer ainsi de vous; mais
» l'extrême urgence et des circonstances particu-
» lières,. que j'aurai l'honneur de vous expli-
» quer, l'ont obligé à prendre ses résolutions
» sur l'heure. D'ailleurs, il connaît depuis long-
» temps votre patriotisme et votre dévouement;
» il y compte..., etc. »

Assurément aucune charge ne pouvait être plus lourde que celle qui venait d'être imposée au commandant en chef de la troisième armée. Les troupes étaient découragées; les généraux les plus connus pour la hardiesse de leurs résolutions étaient d'accord sur l'impossibilité de prolonger la résistance : en présence de leur opinion si nettement affirmée, et pour ne point se reprocher sans doute de n'avoir pas tenté tous les moyens imaginables pour continuer la lutte, on crut devoir convoquer, à l'insu de tout le monde et même de leurs chefs, à une réunion destinée à demeurer essentiellement secrète, un certain nombre de colonels de l'armée. On leur posa dans cette conférence, qui fut tenue chez M. Jules Simon, les mêmes questions qui avaient été soumises à l'examen et à la discussion des généraux. Tous ces chefs de corps, choisis parmi les plus jeunes et les plus énergiques, ne se séparèrent pas de leurs supérieurs militaires dans l'avis qu'ils eurent à exprimer, et, comme eux, ils déclarèrent que la continuation de la défense ne leur paraissait plus possible. Il résultait de ce concours unanime d'opinions, provenant aussi bien des officiers généraux les plus expérimentés et les plus braves que d'officiers plus jeunes et plus portés aux actes téméraires, que non-seulement il ne fallait pas songer, avec les moyens existants, à recommencer tout de suite l'effort du 19 janvier, mais que surtout les ressources et le temps allaient manquer pour en préparer un nouveau. En effet, la ville n'avait plus de vivres que pour quelques jours, le siége de Paris touchait évidemment à sa fin, et cette fin, hélas! ne pouvait être qu'une capitulation telle que les rigueurs de la guerre la réservent à une garnison assiégée qui n'a pu ni s'ouvrir elle-même un passage, ni être secourue, et à laquelle, par-dessus tout, les vivres font défaut. Le caractère d'inexorable dureté de nos ennemis étant bien connu, il n'y avait malheureusement aucune illusion à se faire sur ce point.

La terrible responsabilité de cette cruelle conclusion revenait donc tout naturellement et de droit à celui qui avait eu le commandement suprême, et qui avait pris toutes les déterminations relatives à la défense. Le général qui avait sollicité le titre de gouverneur de Paris, qui, après la révolution du 4 septembre, avait joint à ce titre le pouvoir plus étendu et les fonctions plus importantes de président du conseil du gouvernement, qui enfin, jusqu'à la dernière bataille, avait dirigé seul les opérations militaires, fixé les jours et les heures de sortie, pris toutes les grandes décisions et réglé tous les efforts, ce même général devait, seul aussi, assumer sur lui toutes les conséquences de la grande lutte, qui avait duré plus de quatre mois, de même qu'à lui seul encore devait être attribué l'honneur des quelques tentatives vigoureuses qui avaient été faites. Il lui appartenait donc, comme dernier devoir, de laisser son nom au bas de l'acte qui allait consacrer définitivement la ruine de nos espérances.

Le commandant de la troisième armée ne voulut pas d'abord accepter la haute position qui lui était offerte : depuis le commencement du siége il s'était toujours tenu avec le plus grand soin éloigné de toute intrigue, et il ignorait absolument que la minorité du conseil eût gardé son nom en réserve depuis un mois déjà pour l'opposer à celui du général Trochu, lorsque le maintien du gouverneur de Paris comme général en chef de l'armée serait devenu tout à fait impossible. Il avait dès longtemps résisté de la manière la plus formelle à des ouvertures officieuses tentées auprès de lui pour le pousser à prendre un rôle politique, et il n'avait cessé d'agir sous les ordres du gouverneur avec toute la soumission et le dévouement que la situation et le danger public devaient inspirer. Bien souvent on avait engagé une affaire sans lui demander son avis; bien souvent encore, après avoir réclamé ses conseils, on ne les avait pas suivis : en de telles conjonctures, il avait quand même obéi aux instructions qui lui étaient données, bien qu'elles fussent parfois contraires à sa propre opinion. Il devait donc rejeter bien loin de lui la responsabilité du triste dénoûment qui se préparait, et son premier mouvement fut de refuser le commandement qui lui était imposé et qui risquait de l'obliger à mettre sa signature sur un acte non moins douloureux que fatal. Le général se rendit donc chez le ministre de la guerre, et il lui exposa, dans le sens que nous venons d'indiquer, les divers motifs qui l'empêchaient d'accepter le poste auquel le gouvernement venait de l'appeler.

Le général Le Flô fit observer au chef de la troisième armée, en réponse à ses objections, que Paris n'était pas dans les conditions habituelles des places de guerre, et que l'histoire n'offrant pas un seul exemple d'une situation comparable à celle où nous nous trouvions, les règles généralement pratiquées pour les circonstances identiques n'étaient ici aucunement applicables. Il n'y avait pas seulement à Paris une enceinte et des forts avec une armée pour les garder et une garnison pour les défendre, il y avait encore et surtout une population immense et dont l'exaltation était extrême. Si Paris était une place de guerre, c'était aussi la capitale du pays où avaient été concentrées ses plus précieuses ressources; il était nécessaire qu'un commandement énergique et ferme vînt au milieu de l'effervescence générale faire respecter l'autorité du gouvernement, et qu'un nom nouveau pût calmer, par l'effet de son prestige encore intact, l'irritation que les derniers événements avaient fait naître et qui menaçait de dégénérer en mouvements populaires. Et quelles circonstances particulières pouvaient être en effet plus pressantes? Dans la nuit, l'émeute avait déjà fait entendre sa voix menaçante; Mazas avait été livré; Flourens, Millière, Léo Melliet et d'autres chefs du parti le plus avancé avaient été mis en liberté. Ayant retrouvé ses meneurs, la basse populace ne pouvait manquer de les suivre où il leur conviendrait de la mener, et une tentative rappelant celle du 31 octobre était encore à craindre. Ces coupables agitateurs n'avaient en vue que le désordre, et peut-être même le pillage : ce n'était donc pas demain, mais bien aujourd'hui même que le péril était imminent, et l'insurrection étant conduite par de tels chefs, il fallait s'attendre à tout. Comme conclusion, le ministre de la guerre insista très-vivement pour que le général voulût bien se rendre chez M. Jules Favre, et qu'avant de prendre une résolution définitive, il écoutât encore les explications du vice-président du gouvernement.

A huit heures et demie du matin, le général alla en effet trouver M. Jules Favre au ministère des affaires étrangères. Le ministre lui fit connaître tout ce que la situation lui inspirait d'inquiétude pour la journée même qui venait de commencer. Ses appréhensions furent encore confirmées par l'arrivée du préfet de police, M. Cresson, qui venait offrir sa démission au vice-président du gouvernement, déclarant qu'en présence de l'agitation croissante qui régnait dans la ville, il ne pouvait garder son poste, convaincu de son impuissance à prévenir, à maîtriser ou à réprimer les troubles. Ainsi tout se désorganisait au moment même où l'autorité d'une main ferme était plus que jamais nécessaire. Dans des circonstances aussi graves, il était difficile pour un homme qui a toujours regardé l'ordre comme le premier besoin de toute société, de se soustraire volontairement au devoir impérieux qui venait s'imposer à lui. Pouvait-il invoquer plus longtemps, pour abriter sa responsabilité, des motifs de considération personnelle? Devait-il enfin se retirer devant le danger? Le chef de la troisième armée n'hésita plus : l'émeute se dressait devant lui, les armes à la main ; comptant sur le concours de l'armée pour la combattre et la réduire, il accepta résolûment le commandement en chef à l'heure même où la guerre civile allait une dernière fois, avant la fin du siége, compter ses adhérents et essayer ses forces.

La lutte que redoutait le préfet de police était en effet inévitable : elle eut lieu dans la même journée. D'ailleurs, depuis le commencement de la guerre, chaque échec un peu grave de nos armes avait été le prétexte d'une agitation populaire et même d'une révolution. Le désastre de Sedan avait été suivi de la journée du 4 septembre, et d'autres journées également néfastes avaient, depuis ce jour, fourni au parti exalté l'occasion de se signaler par ses violences. Le résultat du combat de Buzanval causa l'insurrection du 22 janvier, et la capitulation de Paris devait nous donner la Commune. Le mobile qui inspirait les chefs du parti avancé n'était donc que celui d'une ambition personnelle qui voulait s'assouvir à tout prix, et cherchait dans l'excès même de nos malheurs le moment le plus favorable pour la satisfaire.

Il ne fallait pas, cette fois, se laisser surprendre et affronter l'émeute sans avoir pris aucune mesure pour s'en rendre maîtres. Le premier soin devait être de réunir des troupes sûres et prêtes à agir sur-le-champ : des ordres furent aussitôt donnés, et dès neuf heures du matin le général Courty se mit en marche pour rentrer dans Paris et s'établir aux Champs-Élysées. Les mobiles du Finistère, cantonnés à Gentilly, durent également se préparer à partir; mais le quartier de la place d'Italie, qui leur était indiqué comme point de concentration, était encore assez calme pour que le mouvement de cette troupe ne fût pas immédiatement effectué. Le général d'Exéa, qui se trouvait aux Lilas, près de Romainville, fut averti d'avoir à tenir sur pied une colonne qui, au besoin, prendrait à revers le quartier de Belleville. Enfin le général Blanchard, qui occupait la gare de Mont-Parnasse, était prêt à agir avec un petit corps de troupes, ainsi que la cavalerie du général Bertin de Vaux et la gendarmerie sous les ordres du général de Malroy. En attendant, le bataillon de mobiles du Finistère, qui se trouvait à l'hôtel de ville, était suffisant pour protéger cette position centrale contre une première attaque, et dans ce cas sa résistance donnerait aux autres troupes le temps d'accourir pour lui venir en aide.

Dès une heure de l'après-midi, une foule de gens armés arrivant par toutes les directions débouchaient sur la place de l'Hôtel de ville, où ils cherchaient à pénétrer : Flourens était à leur tête.

Ces forces, dont les premiers renseignements exagérèrent l'importance, ne dépassaient pas encore l'effectif habituel d'un bataillon. Mais bientôt le **61ᵉ** bataillon de la garde nationale, avec ses officiers précédés d'un personnage revêtu de l'écharpe municipale, vient se joindre aux premiers arrivés. Aux Batignolles, le sieur Malon, adjoint au maire du dix-septième arrondissement, fait battre la générale. A deux heures, le 101ᵉ bataillon avec son commandant Baconnet, à cheval, accompagné de Léo Melliet, adjoint du treizième arrondissement, sorti de Mazas le matin même, arrive à son tour sur la place. De toutes parts la garde nationale des quartiers populeux prend les armes, et ses bataillons, sous l'impulsion donnée par certaines municipalités composées des individus les plus connus du parti du désordre, semblent vouloir se prononcer pour l'émeute. Aussitôt le général en chef prescrit au général Blanchard de descendre à la Cité avec un bataillon et des mitrailleuses, d'occuper les ponts, et de faire venir trois bataillons de mobiles du Finistère.

La garde nationale était très-divisée d'opinion : à Belleville même, les bataillons voulaient, en majeure partie, garder une neutralité expectante, sans intervenir ni pour un parti ni pour l'autre; toutefois quelques bataillons vinrent donner leur concours aux émeutiers. Dans d'autres quartiers, les bataillons, composés d'hommes dévoués à l'ordre, se réunissent et vont occuper la place de la Concorde et le Palais de l'Industrie. Deux colonnes de troupes sont alors demandées au général Ducrot; l'une doit se masser sur la place de la Concorde, et l'autre auprès de l'église Saint-Augustin. A deux heures et demie, deux bataillons de gendarmerie, sous les ordres du général de Malroy, se forment sur la place du Carrousel; ils sont appuyés de deux bataillons de garde nationale : de son côté, la division Courty reçoit l'ordre de presser son mouvement.

Cependant à l'Hôtel de ville l'agitation augmentait à tout moment : les groupes armés s'y montraient menaçants, acclamant et réclamant sur tous les tons l'organisation de la Commune. Il fallait donc faire en sorte de ne pas laisser arriver jusqu'à eux les renforts qu'ils attendaient. Mais vers deux heures et demie, une foule considérable, évaluée depuis à environ six mille hommes, débouche tout à coup sur la place par l'avenue Victoria : Jules Allix est au premier rang[1] ; le

---

[1] On retrouve peu après ce même Allix au moment de la Commune. Il est appelé à siéger à l'Hôtel de ville le 29 mars, et le 5 avril il devient maire du huitième arrondissement. Voir le *Livre rouge de la Commune,* liste officielle de ses fonctionnaires, adhérents, etc., page 2. — *Un vol. in-18 jésus,* Paris, Dentu. Édit. 1871.

207ᵉ bataillon de la garde nationale tout entier prend à ce moment fait et cause pour l'émeute. D'autre part, les troupes avancent : les bataillons de la mobile du Finistère, sur la fermeté desquels on peut compter, sont arrivés au 9ᵉ secteur, dont l'un gardera le quartier général pendant que les deux autres iront s'établir à la Cité. Enfin le général Blanchard est allé, suivant l'ordre prescrit, occuper les ponts pour en interdire le passage. Le temps pressait d'ailleurs, car la collision était imminente. A trois heures de l'après-midi, le maire de Paris annonçait qu'elle était engagée : « On tire » sur l'Hôtel de ville. Le feu est assez vif, prenez » des mesures énergiques. »

D'après les renseignements précis, donnés postérieurement par une enquête détaillée, l'agression a eu lieu au moment où une députation, qui avait été introduite dans l'Hôtel de ville et admise devant le conseil municipal réuni en séance sous la présidence de M. Jules Ferry, sortait du palais, reconduite par des officiers de mobiles. Des gardes nationaux firent feu sur ces officiers, et blessèrent très-grièvement un adjudant. Ils tirèrent ensuite sur les fenêtres du premier étage, qui se garnirent aussitôt de troupes de la mobile du Finistère, lesquelles, furieuses de la lâche attaque faite contre leurs officiers, ripostèrent avec vigueur, et, de cette position dominante, dirigèrent sur la place un feu plongeant dont l'effet fut immédiat. La panique s'empare de la foule, où beaucoup de curieux inoffensifs sont mêlés aux émeutiers : elle fuit de toutes parts, et en quelques instants la place est déserte; il n'y reste que quelques morts et des blessés.

Les insurgés, surpris de cette résistance inattendue, s'étaient repliés en désordre; mais comme ils avaient d'abord fait occuper par un grand nombre des leurs les maisons qui font face à l'Hôtel de ville, ceux-ci continuèrent à tirer des fenêtres sur celles du palais, où ils apercevaient les mobiles. Ils lancèrent aussi quelques bombes explosibles, sortes de grenades sur l'efficacité desquelles ils paraissaient avoir beaucoup compté, ainsi que des balles de même nature qui, ne pouvant percer les murs, éclataient sans faire aucun mal[1].

A ce moment les troupes régulières arrivaient de toutes parts : le général Blanchard par la Cité, pendant que les mobiles du Finistère descendaient par le côté opposé. La division Courty remontait les quais et la rue de Rivoli; la gendarmerie du général de Malroy, avec quelques bataillons de la garde nationale, se présentait par l'avenue Victoria. A cette vue, les émeutiers, craignant d'être cernés et pris, crurent prudent de chercher leur

---

[1] Voir la dépêche où M. Jules Ferry rend compte des faits aux neuf secteurs : « Nous fûmes canardés des fenêtres en face... »

salut dans la fuite. Le feu cessa alors, et les troupes vinrent occuper sans résistance les abords de l'Hôtel de ville, les quais, l'avenue Victoria et la Cité. L'échauffourée n'avait pas duré plus d'une demi-heure, et, ainsi qu'il arrivera toujours quand la troupe, faisant résolûment son devoir, n'hésitera pas à ouvrir le feu, elle avait été peu meurtrière. Nous avions un officier et un adjudant de mobiles blessés; les assaillants avaient été plus éprouvés, et vingt-sept des leurs étaient tués ou blessés. Dans ce nombre figurait le sieur Sapia, chef de bataillon de la garde nationale, récemment destitué, et l'un des premiers chefs de l'émeute; blessé mortellement, il succomba le lendemain. A la suite de l'affaire, une douzaine de gardes nationaux et un capitaine du 101e bataillon, qui s'était fait remarquer par son exaltation et qui avait été l'un des premiers à commander le feu, furent saisis sur place et retenus prisonniers.

Le gouvernement s'était établi en permanence au palais de l'Élysée; le commandant en chef se porta de sa personne sur le lieu de l'action, où il arriva au moment même où se tiraient les derniers coups de feu. Il prescrivit aussitôt les mesures d'ordre indispensables, et ordonna la réunion d'une cour martiale pour faire juger, selon la rigueur des lois militaires, les gardes nationaux arrêtés. La division Courty fut laissée auprès de l'Hôtel de ville; le général de Malroy prit le commandement des forces maintenues sur ce point avec ses bataillons de gendarmerie, et les troupes du général Blanchard continuèrent à occuper la Cité et à garder le parc d'artillerie de la garde nationale établi à la pointe de l'église Notre-Dame.

Les bataillons de la garde nationale qui avaient donné leur concours à l'armée dans cette déplorable journée étaient les 15e, 17e et 187e; les 82e, 105e, 106e, 131e et 165e se tenaient en réserve à l'hôtel des Invalides, prêts à se joindre, au premier signal, aux défenseurs de l'ordre; le soir même, ils purent rentrer chez eux. Pendant toute la soirée, les troupes restées sous les armes dans Paris eurent à subir de nombreuses tentatives d'embauchage; des hommes de mauvaise mine, des femmes et même des enfants circulaient autour des rangs, cherchant à s'approcher des soldats et leur faisant de perfides insinuations pour les engager à ne pas tirer sur le peuple ou, comme ils disaient, « sur leurs frères ». Ces coupables conseils demeurèrent sans effet; les troupes conservèrent une attitude silencieuse et résolue, et le parti avancé, pour le compte duquel travaillait toute cette foule, comprit que l'heure n'était pas encore venue où il parviendrait à détourner le soldat de ses devoirs. Il était urgent de prévenir le retour de semblables événements et d'assurer à tout prix la sécurité à l'intérieur. L'armée, qui avait à surveiller l'ennemi aux avant-postes et souffrait des cruels effets du bombardement, ne pouvait en outre user son temps et ses forces à soutenir dans les rues de la ville une lutte aussi odieuse qu'inutile. De sévères mesures préventives étaient donc absolument indispensables. La première à prendre était indiquée tout naturellement par l'effervescence des esprits, qui ne pouvait qu'être exaltée davantage par les discours insensés des orateurs des clubs; il importait donc de les fermer tout d'abord. Le sentiment général du parti de l'ordre avait depuis longtemps déjà condamné ces foyers de fermentation constante, plus particulièrement nuisibles dans une grande ville assiégée où tant de partis se trouvaient en présence, et où les émeutes se discutaient et s'organisaient publiquement dans ces réunions autorisées par le gouvernement lui-même. On devait s'attendre, pour le soir même, à un redoublement de fureur et de violences du parti vaincu, venant raconter et commenter sa défaite, pour ameuter peut-être les auditeurs des clubs en vue d'une nouvelle revanche. Le gouvernement crut donc devoir décider leur suspension immédiate, qui le même jour, à sept heures, fut généralement ordonnée.

Dans presque tous les quartiers, l'exécution de cet ordre s'accomplit sans incidents fâcheux; toutefois, à Belleville, des velléités de résistance se manifestèrent, et on se préparait déjà à employer la force en faisant intervenir cinq bataillons d'infanterie de ligne du corps du général d'Exéa. A ce moment, le général Callier, qui depuis le commencement du siége avait, autant qu'il avait pu, maintenu dans l'ordre ces quartiers difficiles compris dans son secteur, demanda par dépêche au gouvernement de surseoir jusqu'au lendemain, en ce qui regardait Belleville, à l'exécution des ordres donnés. Il représentait qu'il n'était pas possible de faire occuper militairement les clubs « sans un conflit certain; l'emploi de la troupe lui » paraissait inopportun et dangereux. » Sur ces observations, la salle Favié ne fut point fermée, et une dernière délibération put y avoir lieu. Elle fut, comme on devait s'y attendre, aussi turbulente qu'orageuse; on n'y était admis qu'en armes; beaucoup de discours inutiles, et interrompus à tout moment par les propositions les plus impraticables, y furent prononcés; la séance tirait à sa fin, et on ne parvenait pas à s'entendre; aucune résolution n'était prise : cependant l'assemblée décida, avant de se séparer, qu'elle irait installer aussitôt Flourens à la mairie du vingtième arrondissement, d'où elle chasserait d'abord les douaniers qui la gardaient. Mais à la sortie du club, quand il s'agit de marcher pour mettre ce beau projet à exécution, il ne se trouva plus personne, et la proposition que l'assemblée avait votée avec tant d'ensemble ne fut qu'une bravade de plus ajoutée à tant d'autres. Chacun rentra chez soi, et vers une heure du matin le calme régnait partout dans la ville. Le lendemain, un piquet de trois cents hommes fut commandé à la caserne du faubourg du Temple pour occuper le club Favié, et l'opération ne rencontra pas de résistance[1]. L'ordre sembla dès lors rétabli pour quelque temps. Il y eut bien, le 24 janvier, une légère tentative de soulèvement dans le treizième arrondissement, dont le maire fut même séquestré par les émeutiers; mais, grâce à l'énergique fermeté du commandant du 9° secteur, il fut aussitôt délivré, et cette fois l'incident se termina sans aucune espèce de conflit.

Le jugement des principaux insurgés du 22 ne put malheureusement avoir lieu tout de suite : la cour martiale réunie à l'Hôtel de ville pour prononcer sans désemparer sur le sort des prisonniers saisis les armes à la main, déclara qu'elle ne croyait pas avoir le droit de les juger. Une lettre du général de Malroy exposait ainsi les motifs de

---

[1] Un seul incident fut à signaler : un garde national ivre tira, mais sans blesser personne, un coup de feu sur la troupe.

cette décision inattendue[1] : « Les termes du décret
» du 26 septembre que M. Jules Ferry a remis lui-
» même en vigueur ne se rapportent pas aux faits
» dont les insurgés se sont rendus coupables, et la
» cour martiale est incompétente. Le crime est jus-
» ticiable des conseils de guerre réguliers. » Bien
qu'il n'approuvât pas l'interprétation donnée à l'article du décret par le maire de Paris, le commandant en chef se vit obligé de céder, une nouvelle
convocation de ce tribunal spécial n'étant plus
possible; mais il demanda avec instance d'étendre
la compétence de la cour martiale aux cas de flagrant délit, comme celui du 22 janvier. Il ne put
l'obtenir, et la mesure répressive et immédiate
qu'il sollicitait avec instance contre les coupables
lui fut refusée. On lui concéda seulement la formation de deux nouveaux conseils de guerre; mais
comme il fallut attendre leur action régulière, qui
procédait d'abord à une instruction des plus minutieuses et des plus lentes, et comme en outre ces
tribunaux militaires étaient surchargés d'affaires
réclamant depuis longtemps leur tour, le jugement
et la condamnation des accusés se trouvèrent forcément ajournés à une époque très-lointaine. Il
fallait avant tout soustraire à un coup de main
possible, survenant au milieu d'une émeute nouvelle, les individus qu'on avait capturés; on les fit

[1] Voir aux Appendices.

enfermer au fort de Vincennes. On leur adjoignit pour compagnons de captivité le commandant du 101ᵉ bataillon, qui avait marché à la tête de sa troupe contre l'Hôtel de ville, et le sieur Delescluze, qui, après avoir prêché la révolte dans son journal, l'avait encouragée encore lorsque le vote populaire l'eut placé à la tête d'une des municipalités de la ville.

La disette des vivres, toujours croissante, devenait aussi l'un des plus inquiétants sujets de troubles. La misère était excessive, surtout dans les quartiers populeux, où l'ordre ne fut maintenu que grâce à des distributions régulières organisées dans les mairies. Il y eut même à ce sujet, le 24 janvier, un commencement d'émeute qui fut facilement réprimé. Le commandant en chef, sans cesser toutefois d'exercer la plus grande surveillance à l'intérieur de Paris, où diverses troupes furent maintenues, dut alors porter son attention sur la situation militaire extérieure, que nous allons rapidement exposer pour les derniers jours du siége.

CHAPITRE DEUXIÈME.

DERNIERS JOURS DU SIÉGE.

Les trois attaques que l'ennemi dirigeait sur Paris se poursuivaient avec une régularité et une gravité progressives. Celle qui semblait la plus ardente et la plus active avait pour objectifs les forts du Sud, et particulièrement le fort d'Issy, qui, plus isolé que les autres, était depuis le 5 janvier soumis à un feu des plus violents. Le fort est flanqué à droite par le Mont-Valérien; mais la seule batterie qu'il pût atteindre était celle de Breteuil, sur laquelle il tirait au jugé, souvent avec succès. De ce côté, l'action était parfois interrompue par la vue du pavillon parlementaire qui s'arborait au pont de Sèvres, où avait lieu l'échange des correspondances entre les deux armées. Autour du Mont-Valérien, l'observatoire du fort signalait avec une vigilance qui ne se démentait pas, les travaux incessants exécutés par l'ennemi pour rétablir sa ligne de défense de Montretout, l'augmenter au besoin et la compléter. De temps à autre, les batteries de la Jonchère ouvraient le feu sur les postes établis à Rueil, et il fut particulièrement violent dans les journées des 24 et 25 janvier.

Mais ces canonnades répétées ne produisaient, en général, que peu d'effet sur des avant-postes bien embusqués. Enfin, pendant la nuit, et même aussi pendant le jour, quelques coups de fusil étaient échangés avec les reconnaissances ennemies sur les rives de la Seine, notamment du côté de Gennevilliers. De toutes parts, les observatoires annonçaient de nombreux incendies à Saint-Cloud. Les Prussiens avaient commencé le 22 janvier, pendant que la suspension d'armes accordée après la journée du 19 durait encore, la destruction aussi barbare qu'inutile de ce malheureux village. La villa Mathieu fut atteinte la première; le feu qui la consuma nous fut signalé à midi et demi. Depuis ce jour, les incendies se renouvelèrent incessamment, et une fumée noire et épaisse s'étendit sur les maisons en ruine de Saint-Cloud comme un vaste et funèbre rideau. Le village de Garches fut détruit avec la même régularité, et sans plus de motifs. L'armistice ne suspendit pas ces actes condamnables de destruction sans objet, et l'incendie continua, même après sa conclusion, sans qu'on pût en discerner la cause.

Les batteries du 6e secteur établies à la butte Mortemart, au bois de Boulogne et dans les bastions voisins de la Seine, notamment au bastion 65, soutenaient un feu nourri contre les batteries de Breteuil et contre celles que l'ennemi avait installées plus récemment sur les plateaux de Meudon. Leur tir très-juste et très-efficace flanquait solidement le point d'attaque. Les avant-postes de Boulogne, gardés par les mobiles de l'Aube et les troupes du général Dumoulin, étaient exposés à un feu incessant qui passait par-dessus leur tête; mais elles n'en souffraient pas autant qu'on aurait pu le craindre, en raison de la situation dominante de l'ennemi sur les coteaux de la rive opposée. En cas d'attaque, leur front était couvert par la Seine, et un réduit leur était assuré dans un ouvrage avancé qui avait été construit en avant de la porte du Point-du-Jour. Derrière ce premier retranchement se trouvait l'enceinte, et un peu plus en arrière, une seconde ligne de défense que formait le viaduc d'Auteuil fermé par une forte maçonnerie, et appuyé d'un côté à la Seine et de l'autre au rempart : on aurait pu sur ce point supporter, au grand détriment de l'ennemi, un assaut au corps de place.

Sur l'autre rive, la division du général Corréard, appuyée à droite par la Seine, à gauche par la Bièvre, gardait les ouvrages extérieurs du fort d'Issy. La destruction de ce fort s'avançait chaque jour : sous la pluie de projectiles qu'il recevait presque sans cesse, il devait évidemment succomber dans un temps plus ou moins prochain. Pour prévenir sa chute, de nouveaux travaux furent entrepris en avant du fort; ils s'appuyaient solidement de trois côtés, d'abord sur une profonde tranchée du chemin de fer de Versailles, puis sur des excavations de carrière, et enfin sur les batteries du parc et du château d'Issy. Continuées chaque nuit, malgré le feu de l'ennemi, ces nouvelles lignes devaient en peu de jours être en état de résister de la manière la plus efficace à toute attaque de vive force.

L'avant-poste de la maison des Jésuites, aux Moulineaux, tenait encore, mais il était de plus en plus menacé. De nouvelles batteries tracées près de la gare de Clamart et dans le parc du lycée de Vanves, furent armées dans la nuit du 23 au 24 janvier. En réalité, toutes nos tranchées, objet d'un feu très-vif d'artillerie et de balles de rempart, résistaient fort bien, et nos pertes étaient de peu de gravité; elles ne s'élevaient pas, en moyenne, à plus d'une dizaine d'hommes par jour. D'ailleurs, l'ennemi, que nos réserves abritées en arrière d'Issy et de Vanves eussent suffi à repousser s'il avait tenté une attaque sur ce point, s'était jusqu'alors borné à s'approcher de temps en temps de nos lignes pendant la nuit, et à se retirer devant nos coups de fusil. Cette lutte, sans cesse renouvelée, n'offrait donc aucun incident d'un caractère particulièrement important.

Fort d'Issy. — Le fort d'Issy ne pouvait plus soutenir le feu de l'ennemi dès qu'il cessait d'être appuyé par les batteries extérieures. Le tir des Prussiens avait d'ailleurs des intermittences; très-vif le 22 et le 23, de huit heures du matin à trois heures du soir, il fut modéré la nuit suivante, reprit le matin du 24, mais ne fut très-violent que de trois à cinq heures. Le 25, il n'ouvrit qu'à midi, et le 26 à dix heures du matin. Les batteries extérieures tirant peu, le fort souffrait beaucoup le 25, à trois heures du soir. Les communications télégraphiques, interrompues les 22 et 23 janvier, furent rétablies sous le feu même des Prussiens. Deux cents travailleurs envoyés chaque nuit de la division Corréard réparaient les dégâts produits dans les embrasures et les épaulements, mais sans pouvoir remédier aux dommages causés à la maçonnerie. Les pertes étaient minimes : leur moyenne s'élevait à quatre ou cinq tués ou blessés par jour; cependant, le 26 janvier, nous eûmes, pour la journée, trois tués et huit blessés. Toutefois, la garnison supportait sans faiblesse cette rude attaque : le 22 janvier seulement, date de l'échauffourée de l'Hôtel de ville, le commandant du fort signala vingt-trois déserteurs appartenant aux mobiles de la Seine, qui avaient quitté leur poste, à ce moment où l'honneur leur faisait plus que jamais un devoir d'y rester, pour aller se joindre aux tristes émeutiers dont la tentative échoua, comme nous l'avons vu plus haut, dans la honte et le ridicule. La situation du fort au 26 janvier, avant-veille de l'armistice, se trouvai exposée dans la dépêche suivante, adressée par son commandant au général en chef, à 8 heures 30 minutes du soir : « Les magasins de munitions » de la courtine 2-3 ont souffert, mais leurs voûtes » ne sont pas atteintes; la brèche des casemates » 16 et 17 a augmenté, mais sans compromettre » la sûreté de la place. Les murs de masque des » casemates 2, 7, 9, 22 sont crevés. Sur la face » gauche du bastion 4, l'ennemi semble vouloir » pratiquer une brèche, mais la maçonnerie n'est » entamée que sur une épaisseur de 60 à 70 cen- » timètres. » En définitive, à cette date du 26 janvier, le fort, à moins d'un accident aussi improbable qu'imprévu, pouvait encore offrir une durable et solide résistance.

Il faut remarquer que la batterie qui inquiétait le plus le commandant du fort d'Issy n'était pas armée de la nouvelle et puissante artillerie dont les Prussiens se servaient pour le bombardement; elle se composait simplement d'une batterie de mortiers établie au Moulin-de-Pierre. « La bat- » terie du Moulin-de-Pierre, dit une première » dépêche, a repris son feu de mortiers, qui est » pour nous le plus dangereux. » (25 janvier.) —

« Une bombe a atteint quatre artilleurs, ajoute
» une deuxième dépêche, deux sont tués, deux
» blessés. » (26 janvier, 2 heures 45 minutes du
soir.) — Ce résultat, qui fut également observé au
fort de Montrouge, semblait démontrer que la
puissance des nouveaux engins de l'artillerie
n'avait pas sur les anciens une supériorité aussi
grande que celle qu'on voulait bien leur supposer,
surtout si l'ouvrage attaqué par eux était solidement construit et avait une garnison capable de
faire une vigoureuse résistance.

Les tranchées d'Issy à Vanves, appuyées sur
les murs crénelés de la gare de Clamart et sur une
redoute en forme de lunette, recevaient beaucoup
de balles de rempart : les batteries qui les armaient entretenaient un feu continu dont elles
souffraient peu, mais qui força cependant de
temps en temps l'ennemi à abandonner l'attaque
du fort pour contre-battre leur tir qui lui faisait
éprouver des pertes sensibles ; la batterie de mortiers de la gare de Clamart tirait surtout avec un
véritable succès sur la batterie du Moulin-de-Pierre, qui fut obligée, notamment le 22 janvier,
de se taire complétement.

Fort de Vanves. — Le fort de Vanves, très-menacé à cause de sa faible dimension et de la
proximité de la hauteur de Châtillon, qui l'écra-

sait de feux plongeants, tirait sur les batteries opposées; celles de l'enceinte du 8° secteur lui donnaient une très-suffisante protection : « Votre » tir, écrivait le commandant du fort, est vrai- » ment merveilleux et nous permet de respirer. » (**22** janvier, **2** heures **32** minutes du soir.)

Le fort tirait sur les batteries de la Plâtrière, de la Renommée, de la Galette et de Clamart. Dans les journées des **22** et **26** janvier, vers trois heures du soir, le feu de l'ennemi atteignit sa plus grande violence; il se ralentit beaucoup et fut même suspendu, avec de longs intervalles, dans la journée du **23**, la nuit du **23** au **24**, et le **24** et le **25**, à cause de l'explosion d'un magasin à poudre qui avait eu lieu dans la batterie de gauche de Châtillon, le **23** janvier, à neuf heures du matin. Ce coup heureux provenait d'une batterie du 7° secteur, servie par la mobile du Pas-de-Calais. Le **21** janvier, la même batterie avait fait sauter le magasin à poudre du Moulin-de-Pierre. En somme, les pertes du fort de Vanves étaient également peu importantes : on y comptait une moyenne de trois ou quatre tués ou blessés par jour, et les communications télégraphiques n'y avaient jamais été atteintes ou interrompues. Les casernes, très-souvent frappées, menaçaient ruine; mais les autres défenses étaient intactes, et, à la date du **26** janvier, le fort pouvait faire encore une bonne résistance, bien que les tranchées prussiennes ne fussent pas à plus de mille mètres de ses murs. L'ennemi l'inquiétait toutefois constamment : « Quelques bombes ont inquiété » nos travailleurs cette nuit », écrivait le commandant le 26 janvier; mais si la lutte eût persisté, le fort, encore peu compromis, n'eût pas été réduit de sitôt à la nécessité d'ouvrir ses portes.

Les tranchées entre Vanves et Montrouge, bien qu'exposées au feu continu qui passait au-dessus d'elles, souffraient peu des quelques éclaboussures qu'elles en recevaient par hasard. Elles avaient surtout à subir l'effet des balles de rempart, dont l'ennemi usait plus volontiers contre elles à cause de leur position rapprochée.

Fort de Montrouge. — Le fort de Montrouge, attaqué vigoureusement, répondait de même : le feu dirigé contre lui atteignit sa plus grande violence dans l'après-midi du 22 (1 tué et 4 blessés) et dans les journées des 23 et 24 janvier. Le tir se ralentit le 25 et fut très-modéré le 26. La batterie qui incommodait le plus le fort était celle de l'Hay, qui le prenait d'écharpe; il demanda contre elle l'appui du fort de Bicêtre. Le 23 janvier, il se produisit un grave accident : « La bat» terie à côté du fort, écrit le commandant, ayant » cessé son feu, les quatre pièces qui tiraient sur

» elle tirent sur nous. Notre bastion 4 a beaucoup
» souffert dans ses embrasures et ses épaulements.
» Il y a une brèche praticable au mur de gorge de ce
» bastion; le fossé est comblé par les déblais, nous
» travaillons à le déblayer. » L'amiral Pothuau,
qui avait pu apprécier la vigoureuse défense du
fort, télégraphiait à son tour : « Je ne doute pas
» que Montrouge, avec son énergie habituelle, ne
» se répare pendant la nuit. Le chef du génie du
» fort fait disperser les matériaux provenant de la
» brèche et creuser le fossé au pied de l'escarpe. »

L'ennemi, qui n'avait pu se rendre compte
de ce résultat, bien qu'il y eût pour lui quelque
importance à le connaître, laissa la réparation
s'opérer : le 24 janvier, à 6 heures 15 minutes
du soir, le chef du génie annonçait « que la
» brèche au mur de gorge était rendue impra-
» ticable », et le lendemain au matin, le commandant du fort télégraphiait à son tour : « Nos
» réparations sont terminées, nous sommes prêts. »
Dans la journée du 25, le général en chef lui ayant
fait proposer un renfort de cent cinquante artilleurs de la garde nationale, le commandant du
fort les refusait dans les termes suivants : « Je suis
» l'interprète du sentiment de mes hommes en
» demandant qu'on nous laisse l'honneur de dé-
» fendre Montrouge. Ces artilleurs nous seraient
» plus utiles aux batteries voisines : nous serions

» reconnaissants au général de ne pas nous les
» envoyer. »

Les pertes éprouvées par la garnison de ce fort avaient été assez nombreuses, en raison de la vivacité de sa défense; toutefois, elles ne dépassaient pas une moyenne de sept à huit tués ou blessés par jour. En résumé, le fort avait, le 26 janvier, une caserne incendiée, l'autre démolie, ses escarpes atteintes; mais le seul endroit qui eût cédé avait été réparé. Sa résistance offrait donc des chances de durée encore plus certaines que pour les forts d'Issy et de Vanves.

Quant aux avant-postes de la maison Millaud, confiés à la surveillance du général de Chamberet, ils étaient très-menacés à cause de leur position avancée. Les épaulements, trop faibles pour résister aux pièces de gros calibre, avaient été désarmés; mais l'ennemi était trop bien tenu en échec par le tir du fort de Montrouge et des Hautes-Bruyères sur ses batteries de l'Hay, de Sceaux et de Fontenay-aux-Roses, pour qu'il pût tenter sur ce point une attaque de vive force : il est probable, d'ailleurs, qu'il n'aurait pu s'y maintenir, d'autant plus que nos réserves placées en arrière, dans la vallée de la Bièvre et à Gentilly, avaient l'ordre de venir appuyer la résistance de la première ligne.

Il ne serait pas juste de quitter le front d'attaque sans dire la part que l'enceinte a prise à la lutte. Les bastions armés étaient, au 7ᵉ secteur (contre-amiral de Montagnac), le 68ᵉ et le 73ᵉ. Leurs batteries tirèrent surtout dans les journées des 22 et 23 janvier : elles firent sauter deux magasins à poudre de l'ennemi, le 21 au Moulin-de-Pierre, et le 22 à la batterie à gauche de Châtillon. Le 24, le temps brumeux rendit le tir plus lent et plus incertain. Les pertes causées au rempart même, par les ripostes de l'ennemi, furent, en moyenne, de cinq à six hommes tués ou blessés, en dehors des victimes faites dans la population civile. Les batteries prussiennes, qui pendant le jour tiraient sur les défenses de la place, dirigeaient plus particulièrement leur feu, pendant la nuit, dans l'intérieur de la ville même. Il fut peu violent dans la nuit du 22 au 23 janvier; à deux heures, le 23, il cessa complétement. Mais dans la nuit du 23 au 24, il causa de sérieux dommages dans le quatorzième arrondissement. Le 24, il se ralentit sur Grenelle et Vaugirard, et fut alors dirigé sur le 8ᵉ secteur, où il alluma, au début de la nuit suivante, un grand incendie dans une fabrique de papier; on eut même beaucoup de peine à se rendre maître de ce sinistre, incessamment alimenté par les projectiles de plus en plus nombreux de l'ennemi, et il dura jusqu'au matin, à huit heures. Le 26, le tir fut porté sur la Bièvre, sans abandonner cependant les bastions et le quartier de Montrouge, et il causa aussi sur ce point de grands dégâts matériels.

En résumé, dans les cinq derniers jours de la défense, sur la rive gauche, la position s'était peu modifiée, et l'attaque de l'ennemi était demeurée stationnaire. Le seul progrès qu'on y pût relever consistait dans l'ouverture d'une batterie à la station de Meudon, et dans quelques atteintes nouvelles à l'enceinte au moyen du bombardement. Mais nos ouvrages défensifs subsistaient toujours; nos avant-postes n'avaient pas même été reculés depuis le 13 octobre, après vingt et un jours d'un feu aussi violent préparé par trois mois de travaux assidus. On devait donc, de ce côté, continuer une surveillance des plus actives; mais il n'y avait aucunement à se préoccuper d'un danger immédiat. D'ailleurs, en résumant en un seul chiffre la moyenne des pertes journalières que nous subissions sur nos lignes du Sud, il était facile de constater, en même temps que la prudente vigueur de notre défense, le peu d'efficacité relative de l'attaque ennemie. En effet, nous avions perdu, par jour, en tués ou blessés :

Pour la garde des tranchées...	10 hommes.
Pour le fort d'Issy........	7 à 8 —
— de Vanves.....	4 à 5 —
— de Montrouge...	7 à 8 —
Pour les batteries de l'enceinte.	5 à 6 —
Total....	33 à 37 hommes.

On devait conclure de ces chiffres, rapprochés des faibles résultats obtenus jusqu'alors par nos adversaires, et qui contribuaient à entretenir si heureusement le moral et la solidité des troupes, que le terme de la résistance, si d'autres nécessités impérieuses ne nous obligeaient pas de céder, pouvait être rejeté à une époque encore bien difficile à déterminer.

Du fort de Montrouge au fort de Nogent, il y avait une lacune dans l'attaque, et sauf à Bicêtre et aux Hautes-Bruyères qui parfois prenaient part au combat qui avait lieu à leur droite, et à la redoute de la Faisanderie qui servait à flanquer Nogent, on n'avait signalé aucun échange de coups de canon.

Fort de Bicêtre. — Le fort de Bicêtre, dont la belle position et la solide garnison assuraient la vigoureuse résistance, avait en outre un observatoire excellent. Ce fort cherchait, par tous les moyens, à entrer en ligne en tirant, soit sur l'Hay, soit sur les batteries de Bagneux. Il avait reçu quelques obus au début du bombardement; mais depuis le 20 janvier, aucun n'était parvenu jusqu'à lui. Le 23, il soutint Montrouge en tirant sur l'Hay et Bagneux; le même jour, son observatoire annonçait qu'à quatre heures la cloche de l'église de Bagneux s'était fait entendre, et qu'aussitôt les batteries de Fontenay, Bagneux et Châtillon avaient tiré une dernière volée, puis cessé leur feu. La construction d'une nouvelle batterie ennemie nous était en même temps signalée à Sceaux. La journée du 24 fut employée à disposer des pièces d'une portée et d'un calibre suffisants pour lui résister; ces travaux furent terminés le 25. Les 24, 25 et 26, les observations furent contrariées par un épais brouillard, qui nous empêcha également de régler notre tir avec la précision habituelle. Néanmoins, le 25, l'artillerie du fort put riposter aux batteries de l'Hay; il se tut le 26, Montrouge n'étant pas, ce jour-là, pressé par l'ennemi.

Fort d'Ivry. — Le fort d'Ivry se trouvait dans les mêmes conditions que celui de Bicêtre, et était réduit à la même inaction. Les avant-postes de Vitry et de Créteil étaient si éloignés, que l'ennemi se trouvait à la portée extrême de son artillerie. Son action était donc limitée à l'observation lente et minutieuse des divers incidents qui pouvaient se produire devant lui. Il surveillait particulièrement les travaux exécutés par les Prussiens sur la hauteur de Montmesly, et qui semblaient menacer le fort de Charenton. Le 23, le fort signalait la construction d'une batterie ennemie sur le chemin de fer de Lyon, à trois mille trois cents mètres environ de ses murs, auprès des fermes de l'Hôpital et de la Tour; le 24, la brume avait nui à la suite de l'observation; le 25, une éclaircie avait permis de mieux voir l'ouvrage nouveau, qui était en voie d'achèvement et comptait sept ou huit embrasures; enfin, le 26, le brouillard nous avait une fois encore dérobé les travaux entrepris, que l'armistice rendit d'ailleurs inutiles.

Les Hautes-Bruyères et Saquet. — L'ennemi fit à la redoute des Hautes-Bruyères l'honneur d'une attaque en règle, tout comme s'il se fût agi d'un véritable fort, et elle eut à soutenir le feu des batteries de l'Hay, de Chevilly et de Bagneux. Le tir, qui fut très-vif le 22, se ralentit le 23 et fut presque nul le 24. Le 25, à une heure, il reprit avec beaucoup de violence, puis cessa tout à fait dans la soirée du même jour et dans la journée du 26. Mais l'ouvrage souffrit très-peu; ses défenses demeurèrent absolument intactes, et sa garnison fut faiblement atteinte.

Les avant-postes de Villejuif, conquis sur l'ennemi dans la journée du 23 septembre, puis successivement augmentés par de nombreux et importants travaux, n'eurent pas d'attaque à subir. Quelques coups de canon furent tirés sur la redoute de Saquet, au début du bombardement; mais depuis, le silence le plus complet se fit autour de cette position. Un peu en avant de l'ouvrage, il y eut, dans la nuit du 21 au 22, un échange de coups de fusil avec une reconnaissance prussienne, et le lendemain l'observatoire établi dans le clocher de Villejuif signala une colonne ennemie qui se dirigeait de Valenton sur Versailles; de nombreux convois furent également observés dans la nuit du 23 au 24. Ce furent là les seuls incidents à noter pendant les derniers jours du siége du côté de ces avant-postes, que gardaient depuis le 23 septembre les troupes de la division Maud'huy.

Les avant-postes de Vitry étaient occupés par la division de l'amiral Pothuau, flanquée à sa gauche par quatre canonnières amarrées près du Port-à-l'Anglais. Le froid avait enfermé ces canonnières dans la glace, qu'il fallait chaque jour casser autour d'elles afin de rendre à leurs mouvements, en cas d'attaque, la liberté nécessaire. Le même travail fut exécuté sur la Seine, à l'extrémité des tranchées. D'ailleurs, il y a peu de faits importants à signaler de ce côté; nous les résumerons en quelques mots : dans la nuit du 21 au 22, échange de coups de feu entre des reconnaissances; — le 23, enlèvement de trois soldats prussiens qui se sont aventurés jusque dans nos lignes; — le 24, désertion partielle dans les rangs du 74e bataillon de la garde nationale[1]; —

---

[1] Voir aux Appendices.

le 25, difficultés pour la remise de la viande aux troupes, à cause de retards survenus dans sa distribution aux cantonnements; — le 26, arrivée de wagons blindés destinés à contrarier la construction de la batterie ennemie sur la voie de Lyon, et dont quatre embrasures sont dirigées sur Vitry.

Fort de Charenton. — Sur la rive droite de la Seine, le fort de Charenton n'avait pris encore aucune part à la lutte; cependant il commençait à se trouver menacé par les travaux qui s'exécutaient devant lui. Dominé par la hauteur de Montmesly, il était exposé à souffrir gravement d'un feu qui pouvait être dirigé de ce point. L'activité déployée par l'ennemi dans la construction des batteries des fermes de l'Hôpital et de la Tour mettait en danger le fort, qui ne pouvait que bien difficilement gêner les travaux qui le menaçaient, masqués qu'ils étaient de toute vue directe par le village de Maisons-Alfort. D'ailleurs, toutes ces démonstrations n'aboutirent point, et à la date du 26 janvier le feu n'avait pas encore été ouvert par les Prussiens. Néanmoins ce fait démontre suffisamment que le fort de Charenton est construit dans de fâcheuses conditions de défense, que sa situation ne répond plus aux exigences et aux progrès de l'artillerie moderne, et que la partie de la fortification de Paris où il se trouve devra être remaniée. Le village, en arrière du fort, était occupé depuis le 29 décembre par la division d'Hugues, qui était venue se refaire à la suite de son rude service aux tranchées du plateau d'Avron. Un bataillon des mobiles de la Vendée avait particulièrement souffert, et comptait dans les hôpitaux une grande partie de son effectif.

Créteil servait d'avant-postes au fort de Charenton : une série de tranchées défensives et quelques batteries permettaient de s'y maintenir. Le colonel Lemains avait le commandement de cette position, où l'on était demeuré très-calme depuis le commencement du siége. Cependant le colonel s'alarmait alors des travaux qui s'exécutaient devant lui et qui, ayant pour objectif le fort de Charenton, devaient débuter par couvrir de leurs obus les tranchées et les maisons de Créteil même. Il demandait donc avec instance que son artillerie fût renforcée, et le 26 janvier notamment, il réclama plus vivement encore des pièces de 7 pour les placer à la batterie Lechat, qui, armée de deux pièces de 24 court et de 7 pièces de 12, voyait le carrefour Pompadour et Mesly à deux mille cinq cents mètres, et Montmesly à quatre mille mètres. Des pièces de 7 auraient, par leur plus grande portée, permis d'inquiéter l'ennemi.

Mais là encore, ces prévisions de danger prochain ne se réalisèrent pas.

Fort de Vincennes. — La position dominante de Vincennes avait permis d'y établir un observatoire qui signalait les nombreux mouvements de convois ou de troupes opérés par l'ennemi sur les coteaux faisant face au fort. Comme ils étaient hors de toute portée d'artillerie, ils avaient lieu souvent pendant le jour. Ainsi, le 23 janvier, vers onze heures du matin, de grands convois étaient signalés se dirigeant d'Ormesson sur Chennevières et sur Sucy en Brie, pendant que d'autres faisaient route sur Villeneuve-le-Roi et sur Villeneuve-Saint-Georges, par Ablon. A une heure, le même jour, on apercevait un régiment de cuirassiers blancs, puis une brigade d'infanterie qui vint s'établir en avant du château de Lagrange, entre Boissy-Saint-Léger et Limeil. Le 24 et le 25, le temps brumeux gêne les observations. Le 26, de nombreux convois et passages de troupes sont encore annoncés sur les hauteurs d'Ormesson; mais la cause et le but de ces divers mouvements demeurent inconnus.

Au début du siége, alors que le 13ᵉ corps avait été envoyé précipitamment à Vincennes pour en occuper le camp retranché, nous avons fait remarquer que cette position, assise sur des hauteurs et protégée par la Marne, était des plus fortes : la suite des opérations l'a suffisamment prouvé. La redoute de Gravelle, qui, avec celle de la Faisanderie, couvre le fort de Vincennes et l'enceinte, a été jusqu'à la fin laissée par l'ennemi en dehors de toute attaque. La redoute de la Faisanderie n'est entrée en lutte que dans les derniers jours, et d'une manière peu inquiétante.

ATTAQUE SUR LES FORTS DE L'EST.

Cette attaque, qui avait si vivement débuté sur le plateau d'Avron les 27 et 28 décembre, pour se terminer le 29 par l'évacuation volontaire du plateau, était venue se heurter contre les forts de Rosny, de Noisy et de Nogent et les divers travaux exécutés devant ces trois ouvrages. Elle n'avait pu faire de progrès, et le compte rendu des derniers jours de lutte de ces trois forts indique qu'elle pouvait être considérée comme abandonnée en ce qui concerne Rosny et Noisy. Mais à ce moment les Prussiens semblaient vouloir s'attacher au fort de Nogent, qui, placé à la droite de cette ligne, pouvait être plus facilement l'objet d'un feu concentrique. Pour atteindre sur ce point un résultat sérieux, il était nécessaire que l'ennemi renforçât ses batteries et comprît dans son attaque la position de la Faisanderie, qui flanque la droite de Nogent. Tous ses travaux et ses efforts semblaient surtout dirigés contre cet objectif. Le 22 janvier, la construction d'une nouvelle batterie était signalée entre Villiers et Brie : deux cents hommes venus de Cœuilly travaillaient à un épaulement derrière le chemin de fer de Mulhouse, pendant qu'à la sortie de Champigny se préparait l'établissement d'une autre batterie.

Le 23 janvier, à midi, les batteries de Villiers se mirent à tirer à toute volée sur Vincennes, et parvinrent à jeter une dizaine d'obus dans l'arsenal du fort Neuf, où personne ne fut atteint. A quatre heures du soir, la redoute de la Faisanderie ouvrit son feu contre cette batterie et put en débarrasser le fort. Comme elle était située à gauche en arrière de Villiers, près du chemin de fer, des ordres furent donnés pour qu'une batterie de quatre pièces de 24, destinée à la contre-battre plus efficacement, fût établie dans le parc du maréchal Vaillant. Le 24, à onze heures, le tir atteignit de nouveau le fort Neuf de Vincennes, et l'ennemi démasqua encore une batterie à deux heures trente minutes de l'après-midi, derrière le four à chaux de Champigny. Cette batterie tira pendant toute la nuit suivante sur la Faisanderie. Le 25, à quatre heures du soir surtout, le feu de la Faisanderie et des ouvrages extérieurs du fort de Nogent était très-vivement activé contre les batteries de Villiers, contre Cœuilly et la bifurcation des routes de Provins et de Chennevières ; il se ralentit à l'arrivée de la nuit[1]. Le 26, le feu fut ouvert par la batterie du four à chaux ; lent de huit à dix heures, il devint très-vif à onze heures, pour cesser complétement à deux heures, parce que l'ennemi fut obligé de réparer sa batterie.

En avant de la Faisanderie étaient les positions de Saint-Maur et de Poulangis[2]. Depuis le 11 janvier, plusieurs batteries ennemies y envoyaient infructueusement leurs obus. Les commandants de la boucle de la Marne et de la redoute de Saint-Maur avaient pris de très-intelligentes dispositions pour garantir leurs hommes, et il n'y eut de ce côté qu'un accident un peu sérieux à constater. Dans la nuit du 24 au 25, deux mobiles de l'Hérault (45ᵉ régiment) et sept artilleurs furent grièvement atteints, dans un abri de la redoute de Saint-Maur, par un obus de 24 qui, défonçant la voûte, vint éclater au milieu d'eux. Ce coup malheureux impressionna vivement les troupes ; mais, en somme, la position n'était pas très-dangereuse, puisque jusqu'alors, et après quatorze jours de bombardement, aucun soldat n'avait été blessé. D'ailleurs, dans la nuit du 25

---

[1] Nous n'eûmes que deux blessés dans cette journée.

[2] Cette dernière position se composait du grand parc et du château portant le nom de Poulangis, et appartenant à la veuve du grammairien Chapsal.

au 26, le feu se ralentit, puis cessa tout à fait. La position de Saint-Maur était commandée par M. de Montvaillant, colonel du 45ᵉ régiment des mobiles de l'Hérault, et celle de Poulangis par le capitaine de frégate d'André. La ligne des avant-postes, qui s'étendait depuis la Seine jusqu'à la Marne, comprenait Créteil, Saint-Maur, Joinville-le-Pont, et traversait la boucle de la rivière : elle était placée sous les ordres du général Ribourt, commandant supérieur de Vincennes. Les redoutes de Gravelle et de la Faisanderie dépendaient aussi de son commandement.

Fort de Nogent. — Le fort de Nogent avait été attaqué dès le 27 décembre; faiblement bombardé tant que le plateau d'Avron avait servi de principal objectif à l'ennemi, il était, depuis le 29 du même mois, soumis à un feu très-vif partant des batteries de Noisy-le-Grand, de Villiers et de Brie. Là aussi, le tir des Prussiens était intermittent : lent dans la journée et dans la nuit du 22, il augmenta de violence le 23. Le même jour, l'ennemi démasqua deux nouvelles batteries à trois mille cinq cents mètres au-dessus de Brie-sur-Marne ; son feu était particulièrement très-vif sur le front sud du fort, où il n'y eut cependant qu'un blessé. La nuit fut plus calme, mais la canonnade redoubla le 24 et fut très-irrégulière.

Elle causa peu d'avaries au fort, mais tua un homme et en blessa six autres. Le tir se ralentit dans la nuit pour reprendre le 25 au matin; il s'arrêta dans la journée. Le 26, il fut plus lent, et pendant ces deux derniers jours personne ne fut atteint. Ces irrégularités prouvaient que l'attaque était plutôt une simple démonstration qu'un bombardement sérieux. En effet, après un mois de tir presque journalier, les batteries prussiennes étaient encore à trois mille cinq cents mètres du fort : pas une de ses défenses n'était compromise ni même gravement atteinte.

Le commandant était plus inquiété par les appréhensions que lui faisait éprouver l'épuisement des citernes du fort : il allait être réduit à manquer d'eau, la compagnie qui la fournissait se refusant à faire le service tant que durerait le feu. Si l'ennemi parvenait à se rapprocher, cette situation pouvait être des plus critiques ; elle se bornait alors à la seule crainte de ce danger, que les événements se chargèrent d'ailleurs de conjurer.

Fort de Rosny. — Le fort de Rosny, si vivement bombardé dans la journée du 29 décembre, n'avait pas cessé, depuis ce jour, de soutenir la lutte avec beaucoup d'énergie. La batterie du château de Montreau, situé tout auprès de ses murs, lui venait efficacement en aide. Mais de ce côté, les craintes qu'avait pu faire naître la violence de l'attaque des premiers jours se trouvaient bien diminuées. Les Prussiens n'avaient pas occupé le plateau d'Avron, et le fort n'avait dès lors à supporter le feu que des seules batteries du Raincy, qui étaient toujours restées stationnaires. Le danger était même si peu menaçant, que dans la journée du 23 janvier on put, sans inconvénient, désarmer la batterie de Montreau et répartir ses pièces sur d'autres positions moins sûres. Le 23 et le 24, le fort reçut dans le jour quelques obus, qui ne produisirent aucun effet; pendant la journée du 25, il en tomba quarante-cinq et vingt-deux durant la nuit, mais personne ne fut atteint; enfin le 26, il en arriva trente-deux, qui ne firent non plus ni dégâts ni victimes. A cette dernière date, l'approvisionnement en munitions était encore dans ce fort de 173 coups par pièce de marine de 0^m16 : c'est le calibre qui manquait le plus à Paris. Sur ce point, l'attaque n'avait donc fait aucun progrès.

Fort de Noisy. — L'ennemi n'avait pas remporté plus d'avantages du côté de Noisy. L'amiral Saisset avait établi son quartier général dans ce fort; la lutte continuait lentement et sans résultat; les batteries du Raincy tiraient sans précipitation et avec beaucoup de régularité sur Rosny, la

Boissière, Noisy et Bondy. L'armement du fort de Noisy était très-remarquable ; il ne comprenait pas moins de seize pièces de marine de 0^{m}16. Le 25, après une lutte assez vive, il n'avait eu ni dégâts ni blessés ; le 26, il reçut seulement onze obus dans le jour, mais sans être obligé d'arrêter les travaux de réparation qui s'exécutaient, et qui consistaient surtout à renforcer les poudrières et les abris. Le fort fut aussi puissamment aidé par des batteries extérieures d'un solide profil, construites entre Noisy et Nogent, et qui pouvaient soutenir avec succès le feu de l'ennemi. La supériorité de la défense s'était tellement établie de ce côté, que le service de l'artillerie put enlever deux pièces de 24 à ces batteries pour les reporter sur des points plus menacés. Deux autres batteries, situées au-dessus des carrières, tiraient sur Bondy et Groslay à trois mille cinq cents et quatre mille cinq cents mètres avec trois pièces de 24 court. Enfin, trois pièces de 7 allaient être amenées à la redoute de Noisy : leur portée supérieure devait donner le moyen d'aller chercher l'ennemi au loin jusque dans la plaine.

Les batteries extérieures avaient procuré aux forts du sud, beaucoup plus compromis, un appui considérable, et même empêché leur destruction et peut-être aussi leur chute ; à l'est, elles avaient servi à assurer la supériorité de notre artillerie sur celle de l'ennemi. En présence des faibles résultats obtenus contre les forts de Rosny, de Noisy et de Nogent pendant les derniers jours du siége, on pouvait regarder l'attaque comme terminée sur ces divers points, où elle ne continuait réellement plus que pour la forme. Le nombre des hommes atteints s'élevait en moyenne, pour les trois forts, à cinq ou six par jour. Un seul accident était à signaler : dans la journée du 25, un obus avait détruit l'abri du chef de tranchée à la redoute de Noisy.

Fort de Romainville. — Le fort de Romainville, défendu par une vigoureuse garnison de marins, n'a eu à subir aucune attaque. Placé entre le bombardement, un moment si vif, du côté de l'est, et celui du nord, dont nous allons parler, ce fort ne put que demeurer spectateur immobile de la lutte, engagée trop loin de lui pour qu'il y pût prendre part. Son observatoire, admirablement organisé avec des repères excellents, voyait et signalait à tout instant les mouvements de l'ennemi.

Butte Montmartre. — Les observatoires établis sur les buttes ont rendu de grands services; l'un était placé au sommet de la tour dite de Solferino, l'autre au Moulin de la Galette. Ils avaient une vue très-lointaine. Le 22 janvier, à cinq heures trois quarts, ils signalaient trois incendies au village de Deuil, indiquant qu'ils apercevaient des hommes armés de torches qui entretenaient et activaient le feu, destiné sans doute à démasquer une batterie nouvelle.

Quant aux travaux d'artillerie entrepris pour armer les hauteurs de Montmartre, ils sont demeurés sans utilité contre les Prussiens, dont les batteries étaient à une trop grande distance. La Commune, qui les a armées de nouveau, ne sut pas, heureusement pour nous, en tirer contre nos troupes tout le profit et l'efficacité que leur situation dominante rendait possibles.

Attaque du Nord. — Le commandement de Saint-Denis avait été, dès le début du siége, l'objet d'une organisation tout à fait distincte. Au commencement de novembre, on l'avait confié à l'amiral de la Roncière, qui, avec un corps d'armée spécial, défendait le fort d'Aubervilliers et ceux de Saint-Denis, connus sous les noms de forts de l'Est, de la Double-Couronne et de la Briche. Il avait, en outre, une importante ligne d'avant-postes à la Courneuve et à la Croix de Flandre, positions qui ne cessaient de menacer et d'inquiéter le Bourget.

Saint-Denis est un des points les plus avancés

de la défense fortifiée de Paris; il en est aussi le moins appuyé. En effet, depuis le fort de la Briche jusqu'au Mont-Valérien, on ne trouve que la redoute incomplète de Gennevilliers, qui ne pouvait offrir un flanquement efficace. Il y avait donc là un saillant favorable pour l'attaque; les Prussiens en profitèrent, et bien que cette attaque ait été commencée la dernière, elle a été poussée dès le début avec une extrême vivacité. Les batteries qui tiraient sur Saint-Denis étaient nombreuses et puissantes; elles avaient, en outre, l'avantage d'une position dominante sur les buttes d'Orgemont et Pinson. De ce premier point jusqu'au Bourget, leur ligne formait une grande demi-circonférence dont la ville de Saint-Denis était le centre. Enfin l'ennemi trouvait dans cette disposition le moyen d'atteindre directement, par le bombardement, une population nombreuse, et ce résultat, qu'il a toujours cherché à obtenir, ne pouvait manquer d'être mis, autant que possible, à profit par lui. Sous tous ces rapports, la position de Saint-Denis était donc tout indiquée pour une attaque.

Mais en admettant que l'ennemi eût emporté sur ce point un avantage sérieux, en supposant même que quelque grave échec eût fait tomber entre ses mains l'un des forts ou même toute la position de Saint-Denis, sa situation serait alors devenue mauvaise. En effet, il restait dans ce cas à l'assiégé pour se défendre l'enceinte qui domine la plaine ; en outre, plus en arrière, les hauteurs de Montmartre et des buttes Chaumont permettaient d'établir divers étages de batteries, et les positions de Clichy et de Saint-Ouen prenaient d'écharpe la ligne des tranchées : en un mot, l'assiégeant, après avoir pris Saint-Denis, se serait trouvé avoir devant lui la partie la plus forte et la plus solide des fortifications, et celle qui, par ses autres défenses naturelles, était la plus susceptible d'une longue résistance. Mais si on pouvait, à ce point de vue, raisonner froidement et sans trop d'appréhension sur le résultat d'un échec possible, il n'en est pas moins vrai que tous les efforts devaient être faits pour l'éviter. La chute des forts de Saint-Denis aurait produit sur la garnison de Paris et sur son impressionnable population un effet moral d'autant plus désastreux qu'elle eût permis de diriger un bombardement efficace et meurtrier sur les quartiers si populeux de la Chapelle, de la Villette et de Pantin. L'honneur de la défense non moins que la sécurité de la ville étaient donc intéressés au plus haut point à la bonne résistance des diverses positions de Saint-Denis.

Le commandant en chef avait alors ses principales préoccupations portées sur ce point. Les observatoires de Montmartre lui avaient fait connaître la situation des batteries dirigées contre Saint-Denis; elles étaient au nombre de quatorze, dont voici le détail :

Trois sur la butte d'Orgemont : 1° batterie casematée de la carrière à plâtre; 2° batterie à embrasures à quatre cents mètres sud-est du moulin; 3° nouvelle batterie à trois cents mètres nord-est du moulin.

Deux entre Deuil et Montmorency; l'une de six pièces sur le Grand-Enghien; l'autre plus près de Stains, à deux cents mètres au nord de la fontaine du Pin.

Quatre sur la butte Pinson, dont la position plonge si efficacement sur Saint-Denis : la première près du moulin, la deuxième au sud de Sarcelles entre le Moulin-de-Bois et la Briqueterie, la troisième et la quatrième sur les pentes au nord-ouest et à l'ouest de Garges; elles existaient depuis le début du siége, et avaient eu jusqu'alors un but purement défensif.

Six batteries au Bourget et à la gauche de l'attaque prussienne : 1° une batterie à deux cents mètres de la Remise-Rosière, entre Bonneuil et Pont-Iblon; 2° et 3° deux batteries aux anciens épaulements de Pont-Iblon; 4° une batterie derrière le cimetière du Bourget; 5° une batterie sur le Maubourget; 6° une batterie à mille mètres au nord de l'église de Blanc-Mesnil. L'armement de ces batteries était d'environ quatre-vingts pièces d'un fort calibre et d'une grande portée, tirant continuellement sur Saint-Denis. Des batteries de campagne secondaient en outre ces pièces et pouvaient s'approcher des forts en s'abritant dans des tranchées pour couvrir d'obus leurs parapets, qui furent en effet tous plus ou moins entamés.

A la droite de nos positions se trouvaient les avant-postes de Drancy, occupés par les troupes du général d'Exea, dont le quartier général était aux Lilas. Le point de Drancy, pris le 21 décembre pour favoriser la sortie et l'attaque sur le Bourget, était depuis lors resté en notre possession. L'ennemi ne nous y inquiéta sérieusement qu'à la date du 24 janvier. Les batteries du Bourget surtout, prenant de flanc cette position, la rendaient des plus incommodes. Notre artillerie de campagne tenta de riposter; mais le général dut se plaindre aussitôt de l'infériorité de calibre de ses pièces, et réclamer des canons de 12. Le lendemain, l'ennemi activa encore son feu : quatorze pièces de 12 tiraient sur le petit Drancy, pendant qu'on travaillait à établir de nouvelles batteries capables de leur répondre. Le 26, après une nuit et une matinée beaucoup plus calmes, le feu reprit avec violence. D'autres batteries furent encore préparées pour le contre-battre efficacement; mais en attendant leur achèvement, le fort d'Aubervilliers dut canonner l'ennemi, ce qu'il fit avec succès.. En résumé, le 26, la position de nos avant-postes de Drancy, bien qu'inquiétée, n'était pas compromise.

Fort d'Aubervilliers. — Le fort d'Aubervilliers n'avait pas eu à subir une attaque très-vive; il était d'ailleurs, par sa situation et sa forme, dans de solides conditions de défense. C'est le plus grand de tous les forts qui entourent Paris; il n'est pas dominé, présente à l'assaillant un front très-large, et échappe par ses grandes dimensions aux effets redoutables de la concentration des feux de l'artillerie. Nos lignes de la Courneuve, établies en avant du fort, étaient également l'objet d'un feu incessant; mais leur armement avait dû être en partie replacé plus en arrière, où il était plus utile, et réparti entre les forts de Saint-Denis.

Jusqu'au 23 janvier, l'attaque sur Aubervilliers était demeurée indécise et sans grande vigueur : le fort n'avait guère reçu plus de soixante-dix obus en trois jours, l'ennemi tirant seulement sur la Croix-de-Flandre, Drancy et Bobigny. Dans la journée du 24, de midi à cinq heures, le fort fut l'objet d'un feu plus actif, auquel il riposta très-heureusement ; il continua lentement dans la nuit du 24 au 25, et douze obus vinrent tomber jusque dans l'enceinte du fort. Le lendemain 25, le feu augmenta de vivacité, et le fort reçut cent obus dans la journée et dix-sept pendant la nuit suivante. Le 26, le combat redoubla encore d'intensité, mais sans dommages pour le fort ni pour sa garnison. En définitive, la perte journalière occasionnée par ce bombardement à Aubervilliers et à la Courneuve fut tout au plus de quatre ou cinq hommes tués ou blessés par jour.

Fort de l'Est. — Le fort de l'Est, solidement bâti et bien commandé, ne souffrit que très-peu du bombardement, qui fut cependant dirigé sur lui avec une très-grande profusion de projectiles. Le 23, il reçut 470 obus entrés dans l'intérieur de ses murs; 244 le lendemain, 360 le surlendemain 25, et 353 le 26. Pendant la nuit, le feu était moins vif : 23 obus tombèrent dans la nuit du 23 au 24, et 174 le lendemain; pendant la troisième nuit, 158, et 136 pendant la quatrième. En somme, pendant quatre fois vingt-quatre heures, près de 2,000 obus atteignirent le fort pour blesser en tout vingt-sept hommes et en tuer un, démonter une pièce et défoncer quelques abris. Les batteries du Bourget inquiétaient surtout le fort, dont elles prenaient d'écharpe un des pavillons qui eut beaucoup à souffrir.

Le 26, la situation du fort d'Aubervilliers était

la suivante, d'après la note résumée de son commandant :

Le tir de l'ennemi continue à être violent par intervalles : pendant le jour, il le dirige sur les remparts ; pendant la nuit, sur la porte du fort. « Les escarpes sont à peu près intactes ; la défense » n'est pas compromise à ce point de vue, mais » les parapets et les terre-pleins sont labourés, et » les services de l'artillerie et du génie rendus très- » difficiles à cause des aspérités. » Le fort peut donc toujours soutenir une longue résistance.

La Double-Couronne. — C'est sur les deux forts de la Double-Couronne et de la Briche que se portait l'effort principal de l'attaque ennemie : c'est donc sur ce point qu'étaient aussi dirigées les plus vives préoccupations de la défense. Le fort de la Double-Couronne recevait de tous côtés une pluie constante d'obus : le **22** janvier, il n'en tomba pas moins de trois par minute dans son enceinte, et les Prussiens parvinrent à s'avancer jusqu'aux avant-postes de Stains, que nous avions d'abord occupés, et qui étaient seulement à mille mètres du fort. Ce même jour, un incendie éclata dans l'un des bâtiments du génie, et un officier et quinze hommes furent blessés. Le **23**, le fort reçut quatre mille projectiles, et cependant il n'y eut que six hommes blessés, dont deux officiers.

Dans la même journée, la construction d'une batterie prussienne fut signalée à Villetaneuse. Pendant la nuit du 23 au 24, le feu se ralentit, mais pour reprendre le lendemain 24 avec une plus grande violence : il y eut, ce jour-là, trois tués et cinq blessés. Dans la nuit suivante, le feu diminua sensiblement; mais on entendit rouler dans les rues du Bourget de nombreuses voitures d'artillerie : en effet, les Prussiens armaient sur ce point une nouvelle batterie, qui fut démasquée le 25. Le total des pertes fut pour ce jour de deux blessés seulement; mais le matériel eut à souffrir de graves avaries : cinq affûts et une pièce furent successivement atteints. La journée du 26 fut la plus terrible du bombardement : dès le matin le fort fut attaqué, et vers le milieu du jour le feu avait redoublé d'intensité avec une violence des plus vives. Plusieurs abris furent défoncés et des soldats tués ou blessés. La garnison fut très-fortement impressionnée par le résultat de cette dure journée, que le commandant du fort appréciait dans un rapport inquiétant où il demandait du secours. En tenant compte de l'exagération très-compréhensible dans l'exposé et les termes d'un rapport écrit au milieu même du feu de l'ennemi, il fallait reconnaître que la situation de la Double-Couronne menaçait de devenir des plus graves : le fort avait perdu jusqu'à dix hommes, tués ou blessés, dans une seule journée, chiffre considérable pour une aussi petite garnison, et le personnel des officiers d'artillerie y était réduit à deux titulaires. Toutefois, les défenses proprement dites du fort, notamment ses escarpes, avaient une solidité rassurante.

Fort de la Briche. — La position était encore plus grave à la Briche. Le 22 janvier, une reconnaissance prussienne s'était avancée jusqu'à trois cents mètres du fort; le 23, l'ennemi établit des batteries dans nos anciennes tranchées de Villetaneuse et d'Épinay : les quatre batteries de Deuil et de Montmorency, d'un côté, deux à la butte Pinson, de l'autre, croisaient leur feu contre le fort. Ce même jour, nous eûmes trois morts et dix blessés. L'amiral de la Roncière prescrivit au commandant de la Briche de ne pas souffrir que l'ennemi s'approchât aussi près de ses murs, lui enjoignant, si le cas se renouvelait, de faire usage de ses mitrailleuses. Le 24, la position s'aggrava encore, et l'attaque se dessina de plus en plus active et pressante. Dans la journée, le fort reçut des pièces de 7 qu'il avait réclamées, et qui lui permettaient de tirer sur Deuil et sur la butte Pinson. Le 25, le feu fut moins vif et moins meurtrier dans la matinée, mais il reprit dans l'après-midi avec une grande intensité. L'ennemi cherchait à battre en brèche les escarpes souvent atteintes par ses projectiles, et qui tenaient bon, bien qu'on ne pût songer à les réparer. Le commandant signala à ce moment l'infériorité de son artillerie : il n'avait que quatre pièces à opposer aux deux batteries d'Enghien et de Montmorency, renforcées par deux batteries mobiles. Du côté de la butte Pinson, il ne pouvait riposter que par six pièces aux deux batteries — deux fixes et deux volantes — que l'ennemi y avait établies. Les travaux d'approche des Prussiens n'étaient encore qu'à huit cents mètres; mais le pont-levis était démoli, et, dans la dernière journée, quatre hommes avaient été blessés dans une casemate que les obus avaient défoncée. Le 26 janvier, les dépêches étaient un peu moins mauvaises; cependant la violence du feu n'avait pas diminué, les escarpes avaient encore souffert, mais on avait perdu moins de monde. Enfin, pour abriter suffisamment les artilleurs, il fallut renvoyer du fort deux compagnies du 138e qui faisaient partie de sa garnison. Comme on le voit, la situation était sur ce point assez grave.

Saint-Denis. — D'ailleurs, la terrible impression produite sur la population de Saint-Denis par le bombardement n'était pas faite pour augmenter le courage des troupes, qui avaient surtout à en souffrir. Les habitants de cette ville avaient été absolument surpris dans leur quiétude par ce feu épouvantable auquel ils ne s'attendaient pas : la terreur était générale, et chacun s'enfuyait à Paris; l'amiral de la Roncière, d'ailleurs, dans l'intérêt de la défense, engageait lui-même les craintifs à s'éloigner du danger. La ville se désemplit si bien, qu'on ne pouvait plus trouver personne pour enlever les morts et les blessés. Le tir sur la cathédrale[1] commença le 23, à une heure de l'après-midi; il fut très-violent le 25. Quelquefois il s'allongeait et parvenait à atteindre l'enceinte même de Paris : le 24, à deux heures du soir, les obus venaient s'abattre sur les bastions 29 et 32, sur la porte d'Aubervilliers et sur l'usine à gaz. Le 25, il y eut suspension momentanée du feu, qui recommença le 26; mais le tir avait été rectifié, et tous ses coups étaient dirigés sur l'usine à gaz, où il causa des dommages considérables.

L'amiral de la Roncière, dont le quartier général était établi à Saint-Denis même, se multiplia pendant le danger, raffermissant les courages

---

[1] Lire sur le bombardement de la cathédrale de Saint-Denis et sur les dévastations accomplies dans la basilique et sur les tombeaux des rois par les Prussiens pendant leur occupation, deux curieuses lettres de l'abbé Testory, aumônier des éclaireurs Poulizac, publiées dans les journaux en février et septembre 1871.

chancelants et réduisant à leur juste valeur les exagérations trop facilement accueillies par la population civile. Il éloigna les poltrons, qui étaient d'un mauvais exemple pour les troupes, et jusqu'au dernier jour il résista fermement au milieu des plus grandes appréhensions et des plus sérieux périls [1]. Le 24 janvier, il reçut un renfort de trois cents artilleurs, qu'il répartit entre les trois forts [2]. Le 25, d'inquiétantes dépêches, provenant de la Briche et de la Double-Couronne, firent craindre au commandant en chef qu'une attaque prochaine n'eût lieu sur Saint-Denis ; aussi, par précaution, le général de Maussion, dont les troupes étaient cantonnées à Clichy-la-Garenne, reçut l'ordre de mettre aussitôt la division Susbielle à la disposition de l'amiral de la Roncière. Celui-ci crut devoir refuser le renfort qui lui était offert, tout en se réservant de l'utiliser si le besoin s'en faisait sentir, et annonçant, dans la dépêche qui expliquait ce refus, qu'il n'en était encore qu'à un violent combat d'artillerie. Le lendemain 26, il résumait ainsi la situation :

« Le tir sur la Briche et la Double-Couronne

---

[1] Voir l'ouvrage de l'amiral : *la Marine au siège de Paris*, un volume in-8°, avec cartes stratégiques. Paris, Henri Plon, éditeur, 1872.

[2] Cent à la Double-Couronne, cent à la Briche, cent à Aubervilliers.

» augmente de violence ; la Briche souffre beau-
» coup dans son matériel : trois cents travailleurs
» y réparent la nuit les dégâts du jour. La Double-
» Couronne est moins abîmée, mais l'insuffisance
» des abris rend le séjour plus dangereux... La
» glace des fossés est souvent projetée en mitraille
» sur toute la fortification... Un service très-pé-
» nible est de casser la glace dans les fossés ; il est
» nécessaire sur les rigoles de la Briche et du
» Crould ; sans cela, on pourrait les enlever. Les
» marins seuls peuvent faire ce service : les ou-
» vriers civils refusent de travailler si près du
» feu... Sur toutes les défenses de Saint-Denis,
» chacun fait noblement son devoir. »

Ainsi, sur ce point, qui formait la troisième attaque des Prussiens, la situation, bien que grave, n'était pas de nature à donner des inquiétudes immédiates[1]. Cependant l'ennemi activait vivement ses travaux d'approche, et la lutte devait, dans un temps peu éloigné peut-être, prendre une

---

[1] Les pertes journalières, pour la défense du Nord, ont été en moyenne les suivantes :

Drancy.	5
Aubervilliers. . . .	2
Fort de l'Est. . . .	6
Double-Couronne.	10
La Briche.	6
Total. . . .	30 hommes tués ou blessés.

physionomie plus critique et plus décisive, lorsque les événements vinrent l'interrompre, puis l'arrêter tout à fait.

Le 26 janvier, à sept heures du soir, M. Jules Favre, qui, en sa double qualité de vice-président du gouvernement de la défense nationale et de ministre des affaires étrangères, avait commencé des négociations avec l'ennemi, donna par écrit au commandant en chef l'ordre suivant de faire cesser le feu :

« Je reviens de Versailles; je suis tombé d'ac-
» cord avec M. de Bismarck sur les principales
» conditions de l'armistice, et il a été convenu,
» d'*honneur*, entre nous deux, que le feu cesserait
» des deux côtés sur toute la ligne à partir de
» minuit. Envoyez donc de suite l'ordre aux forts
» et aux secteurs, afin qu'il parvienne à temps à
» tous les chefs de poste. »

En présence de cet ordre formel, le commandant en chef ne pouvait qu'obéir, et il transmit aussitôt, sur tous les points en lutte avec l'ennemi, la notification suivante : « Suspension d'armes : à
» minuit, cessez le feu. Exécutez rigoureusement
» cet ordre; accusez réception. » A minuit précis, en effet, le feu était subitement interrompu partout : la défense de Paris venait de finir. Mais l'armée n'avait point encore terminé sa tâche : elle allait se trouver aux prises avec les graves

difficultés intérieures qui devaient naître peu après, comme les résultats inévitables du douloureux armistice que venait de conclure le gouvernement.

CHAPITRE TROISIÈME.

SITUATION MILITAIRE AU MOMENT DE L'ARMISTICE.

Nous croyons indispensable d'établir, en la résumant, la situation militaire des deux parties belligérantes au moment où fut signé l'armistice, qui termina la guerre.

De l'attaque prussienne. — L'attaque des Prussiens contre Paris a compris deux phases bien distinctes : la période d'investissement et la période d'action. L'investissement, commencé par un succès non moins brillant qu'inespéré, a été conduit, il faut bien le reconnaître, avec une habileté extrême. Le 19 septembre, malgré les efforts de la défense, le mouvement tournant qui a complété le blocus absolu de la capitale avait définitivement réussi.

Quand il eut accompli cette grande opération, l'ennemi demeura dans l'inaction, occupant ses loisirs par la construction de lignes de circonvallation très-savamment étudiées et surtout très-pratiquement exécutées. A diverses reprises, les assiégés avaient fait de sérieuses tentatives pour rompre la ligne d'investissement, mais toutes avaient échoué, et après chacun de ces efforts infructueux, la garnison de Paris avait dû se replier prudemment sous le canon de ses forts. Il n'est donc pas douteux que pendant toute la première période du siége, qui s'étend du 19 septembre au 27 décembre, c'est-à-dire pendant un peu plus de trois mois, l'armée allemande a fait preuve de beaucoup de vigilance et de fermeté. Non-seulement elle a su repousser les grands efforts des assiégés, mais, en outre, les petites opérations tentées chaque jour et sur tous les points l'ont toujours trouvée en éveil, et bien qu'elles aient souvent réussi, elles n'ont jamais été pour elle l'occasion d'un réel désavantage. L'ennemi était si bien sur ses gardes, que les nombreux courriers qui cherchaient à s'échapper de la ville ou à y entrer isolément ont presque toujours été saisis, et bien peu ont pu parvenir, soit de jour, soit de nuit, à tromper la sévère surveillance exercée sur un front dont l'étendue était cependant de près de cent kilomètres. Les seules tentatives de ce genre qui aient réussi avaient en général été tentées par la Seine, entre Saint-Denis et Bougival; sur ce point les avant-postes allemands étaient très-faibles, et comptaient un peu, pour garantir leur investissement, sur le fleuve, qui rendait le passage très-incommode. On peut supposer aussi que les quelques émissaires qui purent entrer dans Paris ou bien en sortir jouaient le double rôle de courriers pour le gouvernement et les familles, en même temps que celui d'espion pour le compte de l'ennemi. Quoi qu'il en soit, l'arrivée ou le départ de ces messagers a toujours été des plus difficiles : la locomotion aérienne, qui est restée ouverte jusqu'au dernier jour, a seule présenté sous ce rapport des résultats tout à fait satisfaisants.

Une opinion très-généralement accréditée a donné à croire que les Prussiens ont souvent détaché de leurs troupes d'investissement des forces plus ou moins considérables pour les envoyer, comme renforts, aux autres corps qui avaient à combattre nos armées de province. Beaucoup de journaux de Paris ont propagé à satiété cette assertion, à laquelle des documents émanés de M. Gambetta lui-même ont à diverses reprises donné une certaine créance. Nous croyons, pour notre part, ces affirmations inexactes. En ce qui concerne la rive gauche, où notre surveillance personnelle a dû s'exercer pendant toute la durée du siége, nous pouvons assurer que le 6ᵉ corps prussien, commandé par le général Tumpling, n'a jamais diminué ses forces, qui étaient établies entre la Seine et la Bièvre; il en a été de même du 2ᵉ corps bavarois, sous les ordres du général Von Hartmann. Le corps de la garde qui occupait Meudon, faisait le service à Versailles et se reposait à Saint-Germain, n'a pas non plus quitté ses positions. Le 11e corps, qui, sous les ordres du général Kirbach, défendait les lignes de Saint-Cloud, y est toujours resté. Tout nous porte à affirmer que ces quatre corps sont constamment demeurés sous Paris, n'opérant d'autres mouvements que ceux que nécessitaient nos reconnaissances ou nos sorties, pour se porter alors au secours des troupes menacées. Leur total, pour l'armée du Sud, était à peu près de cent vingt ou cent cinquante mille hommes. L'armée du Nord, qui avait un périmètre plus considérable à surveiller et à défendre, pouvait moins encore que l'armée du Sud songer à dégarnir ses positions, et elle a toujours été très-nombreuse. Il est donc moins que probable que le total des troupes d'investissement ait jamais été réduit à un chiffre inférieur à environ trois cent mille hommes.

Après un blocus de plus de trois mois, marqué par de glorieux combats, l'armée prussienne se décida enfin à attaquer la place elle-même à la date du 27 décembre. Mais cette seconde période est moins brillamment remplie; le rôle de l'assaillant cesse d'être aussi habilement tenu, et l'histoire doit lui réserver, à tous les points de vue, sa juste désapprobation. Tout d'abord, l'attaque commence contre le plateau d'Avron. Nous avons démontré, dans un précédent volume, combien la possession de cette position était devenue peu importante. Elle donnait, il est vrai, à son début, une apparence de triomphe dû au premier essai de bombardement, et dont l'ennemi avait besoin pour satisfaire aux impatiences cruelles de l'opinion publique en Allemagne. La lecture des dépêches officielles prussiennes publiées sur cet événement avec une certaine emphase et une grande exagération ne laisse aucun doute à cet égard. Mais après ce léger et vain succès, dont l'ennemi ne put même utiliser le gage matériel, il dut s'arrêter subitement en présence des forts, que les attaques redoublées de son artillerie ne sont pas parvenues à entamer; il ne put même enlever les ouvrages défensifs qui leur prêtaient leur appui. Trop éloigné pour que ses obus vinssent tomber jusque dans la ville elle-même, il dut s'arrêter et se borner à un bombardement relativement inoffensif sur les forts qu'il avait devant lui, marquant ainsi sur ce point son échec et son impuissance.

L'attaque tentée sur Saint-Denis a été également sans grande importance. Nous avons déjà expliqué qu'en admettant même — ce qui eût été toutefois un résultat considérable — que l'ennemi ait pu parvenir à enlever soit un fort, soit même la position de Saint-Denis tout entière, les défenses sérieuses qui l'auraient ensuite arrêté devant la place n'en subsistaient pas moins. En conséquence, on pouvait, de ce côté, redouter une alerte; mais le danger, le grand danger n'était pas là.

Il était au Sud. C'est là en effet que les Prussiens avaient porté leur principal effort; c'est là qu'avait lieu la lutte acharnée, celle qui, avec le temps, pouvait devenir décisive. A Saint-Denis, les Prussiens avaient quatre-vingts pièces d'attaque, et soixante étaient en outre dirigées sur les forts de l'Est; tandis qu'au sud de Paris ils devaient avoir environ deux cents pièces tournées contre la ville même, dont vingt-quatre dans une seule batterie à Meudon.

Cette formidable accumulation de moyens offensifs criblait pendant le jour nos forts de projectiles incessants; la nuit était réservée à leur action, alors beaucoup plus terrible, sur les quartiers de la place qu'elle pouvait atteindre. Il avait fallu, de ce côté, développer les ressources de la défense dans une proportion très-vaste, et nous étions même parvenus en peu de temps à soutenir la violence du feu avec des résultats satisfaisants. Les forts, beaucoup plus exposés, avaient souffert, mais le terme de leur résistance était bien difficile à prévoir, et dans l'état des choses, au moment de l'armistice, il était certainement encore très-éloigné.

Nous devons donc, en adversaire impartial, reconnaître que la première partie des opérations allemandes autour de Paris a été digne de tout éloge; mais, en revanche, nous devons aussi constater que pendant leur deuxième période ces opérations ont été conduites avec une grande faiblesse. L'ennemi avait passé trois mois dans une inaction apparente, et il avait eu le temps de préparer et de mûrir un plan définitif, dont le résultat devait être le couronnement naturel des grands succès qu'il avait déjà obtenus; cependant l'attaque des Prussiens, qui s'est prononcée successivement à l'Est, au Sud et au Nord, a été mal conçue et plus mal encore exécutée. Il y a eu de leur part une grande hésitation et beaucoup de tâtonnements dans le choix du point où cette attaque devait avoir lieu : trois fois la position primitivement indiquée fut abandonnée pour une autre; les travaux de tranchées, mollement activés, demeurèrent sans utilité; et enfin le bombardement, destiné sans doute à contraindre la ville à se rendre à merci, n'eut d'autres conséquences que de donner aux sentiments des assiégés une force plus énergique encore en vue de la résistance poussée jusqu'à ses dernières limites. D'ailleurs, on sentait que l'ennemi ne paraissait pas lui-même bien confiant dans l'issue de l'attaque entreprise contre une cité si vivement défendue, et dont les habitants étaient depuis si longtemps connus pour leur habileté à mener la guerre des rues et des barricades.

L'artillerie ennemie a rempli certes un rôle important et exhibé, à la grande surprise de la ville qui se croyait si bien à l'abri dans son enceinte, des pièces de canon d'une forme et d'une portée jusqu'alors inconnues, et des munitions d'un calibre tout à fait inusité. Ses artilleurs ont montré beaucoup de solidité et une grande habitude de précision dans le tir; mais, en somme, tout ce déploiement excessif de moyens nouveaux perfectionnés par la science, n'a abouti qu'à un résultat non moins inhumain qu'inutile. Certainement, comme conclusion, Paris a succombé : les assaillants peuvent donc chanter victoire, car en effet ils ont triomphé; mais la chute de Paris n'a été due qu'à la sévérité de l'investissement absolu organisé par eux, et qui n'a pas permis au plus mince objet de ravitaillement de pénétrer dans ses murs. Paris n'a cédé ni à la force, ni au bombardement, ni à la crainte d'un assaut, que la prise encore bien éloignée d'un ou de plusieurs forts aurait pu rendre possible; Paris a cédé seulement à la faim. Nous ne saurions donc trop insister sur ce point capital, en ce qui regarde le mérite de l'attaque prussienne : ce n'est pas aux efforts faits dans la seconde partie de cette attaque que les Allemands ont dû la chute de la grande ville, qui aurait longtemps encore bravé leurs obus, mais bien aux mesures si remarquables qu'ils avaient prises pendant la première période du siége pour fermer hermétiquement et sur tous les points à la fois la moindre communication de Paris avec le reste du monde.

De la défense française. — La défense de Paris a été l'objet des appréciations les plus diverses. Les uns ont rendu pleine et entière justice aux immenses efforts qui ont été tentés ; les autres, au contraire, ne considérant que le résultat, se sont montrés les détracteurs les plus acerbes et les plus impitoyables. La chute de Paris a, en effet, amené la fin de la guerre; mais la grande opération militaire qui a consisté à assurer la résistance d'une gigantesque cité de plus de deux millions d'âmes, pendant près de cinq mois, contre une armée formidable ayant à son service les moyens d'attaque les plus énergiques et les plus nouveaux, ayant en outre pour elle le prestige tout récent de victoires aussi considérables que multipliées, cette opération, quelle qu'ait été malheureusement son issue, n'a pas été sans quelque valeur, et l'histoire, plus impartiale et moins passionnée que nous, lui rendra peut-être aussi plus de justice. Ce n'est point à ceux qui ont pris une part constante et directe à la lutte qu'il appartient d'apprécier ses mérites ou de blâmer ses défaillances : leur opinion ne saurait être, à aucun degré, prépondérante ; ils peuvent seulement, ils doivent même, par le récit des événements auxquels ils ont été mêlés, fournir à l'histoire les renseignements et les matériaux qui lui serviront plus tard à fixer définitivement et en dernier ressort l'opinion des hommes sur les faits si graves qu'ils ont vus s'accomplir. Toutefois, il ne leur est point interdit de faire ressortir dès aujourd'hui par l'examen rapide de ces faits eux-mêmes, et à un point de vue purement théorique, les conséquences et les conclusions qu'ils ont tout naturellement produites.

Tout d'abord la défense de Paris a démontré l'efficacité, avec les armes actuelles, des travaux de contre-approche tels que ceux qui avaient été inaugurés par les Russes à Sébastopol. C'est à la prompte et vigoureuse exécution de ces importants ouvrages, dont nous avons déjà donné la description, que Paris a dû de pouvoir résister aussi longtemps au déploiement des forces énormes de l'attaque ennemie. Elle a démontré ensuite, et surtout, que la puissance des feux d'artillerie ayant augmenté avec leur portée, les distances autrefois admises pour le flanquement efficace des positions ou des ouvrages avancés ne sont plus aujourd'hui les mêmes. Il est de toute nécessité que le front bastionné établi d'après les principes anciens soit agrandi, et que les forts soient aussi beaucoup plus éloignés du rempart, reconstruits sur des positions plus élevées et, en outre, plus distants les uns des autres. Par les mêmes raisons, certains points de l'enceinte de Paris doivent être absolument modifiés. Les travaux les plus urgents à entreprendre devront avoir pour but la suppression des forts d'Issy, de Vanves et de Montrouge. Ces trois forts, d'ailleurs aux trois quarts détruits après les deux siéges successifs qu'ils ont eu à subir, seront de toute nécessité remplacés par des ouvrages établis plus en avant sur des positions nouvelles dont le choix exigera une grande et sérieuse étude. Il faut, en outre, installer au sud de Paris un camp retranché permanent, comme il en existe un au nord, pour protéger ses remparts et lui éviter dans l'avenir un second bombardement. L'attention doit encore se porter sur Saint-Denis, qui est dans une situation des plus désavantageuses; la ligne des forts qui défendent cette partie du périmètre doit être aussi reportée plus en avant.

Mais une fois ces rectifications faites, et elles sont impérieusement exigées par le résultat de notre longue lutte avec l'Allemagne, il ne faut pas oublier que, malgré certaines innovations de détails, rien n'est changé aux anciens et immuables principes de l'art militaire, et que c'est toujours en rase campagne que se décidera le sort des grandes guerres. Quand, après divers échecs, une armée puissante vient se renfermer dans une place forte et demande leur appui à ses remparts, elle avoue implicitement qu'ils lui sont nécessaires, et l'ennemi, qui le sait aussi bien qu'elle, puise dans la connaissance forcée de cette nécessité une confiance plus grande et des forces nouvelles. Quelque considérable que soit une place de guerre, quelle que soit la quantité d'approvisionnements qui ont pu y être accumulés, ses ressources sont fatalement limitées, et le jour où elles sont épuisées arrive infailliblement. Alors l'armée peut tenter de sortir; mais le temps qu'elle a employé pour se refaire dans l'intérieur de la place, l'ennemi l'a occupé en constructions nombreuses de travaux qui doublent encore sa force, et il a de plus la supériorité qu'en dehors de tous ses autres avantages lui donne la défensive. Quant à l'assiégé, il a contre lui toutes les mauvaises chances : une situation morale affaiblie par les précédents revers, et surtout les nombreuses difficultés de l'attaque. C'est donc une erreur que de trop compter sur les places fortes : si même, en ce qui regarde une place de l'importance de Paris, on avait pu y renfermer la meilleure armée de la France, au lieu de celle qu'on avait dû trop rapidement improviser, peut-être serait-on parvenu à retarder plus longtemps l'inévitable résultat; mais, — à moins d'un secours venu du dehors, — on ne l'eût certes pas empêché.

La portée supérieure des armes nouvelles, si elle permet de rejeter plus loin les forts et si elle augmente la zone que commandent efficacement leurs feux, permet aussi de former un investissement plus étendu que par le passé. On peut difficilement se rendre compte des moyens qu'aurait employés l'ennemi pour maintenir avec la portée des armes anciennes le strict investissement de Paris, qui n'a été rendu possible que par suite des récents progrès de l'armement. Toutefois il ne faut pas attribuer à l'artillerie nouvelle une influence exclusive sur l'issue des événements, et le siége de Paris a démontré au contraire toute son inefficacité contre des obstacles solidement établis et vigoureusement défendus. Le tir en brèche à de grandes distances, sur lequel les Allemands paraissaient compter de la manière la plus absolue, s'offrait à eux à Issy et à Vanves dans des conditions exceptionnellement favorables; ils n'y ont pas réussi, du moins comme ils l'avaient espéré, et nous n'y avons guère obtenu plus de succès contre la Commune. C'est un moyen très-lent qui, loin d'abréger, semble plutôt prolonger la durée d'une attaque, et qui expose, en somme, à de regrettables déceptions. Nous avons déjà dit, d'ailleurs, que le fort d'Issy avait souffert au moins autant du tir des bombes que des gros projectiles qu'il recevait de plein fouet. Toutefois, ce nouveau tir en brèche nous oblige à modifier dans certaines parties la construction de nos forts. Les casemates, qui doivent abriter les défenseurs, ne sont plus garanties des coups directs de l'ennemi; il a fallu dans tous les forts attaqués sérieusement les doubler de sacs à terre pour les rendre impénétrables. Ce travail est difficile à exécuter au dernier moment, et doit être prêt avant le combat; mais, dans tous les cas, il ne peut être d'une très-bonne efficacité, et il est préférable de changer tout à fait et définitivement dans tous nos forts la disposition actuellement existante des abris voûtés.

Le siége de Paris a été immédiatement suivi d'une odieuse insurrection qui demeurera sans égale dans l'histoire. Cette conclusion désastreuse d'une guerre aussi funeste a parfois égaré le jugement de ceux qui ont voulu apprécier le mérite de la défense de Paris, et les a même empêchés de rendre à ceux qui s'y sont dévoués la part de justice et d'éloges qui leur est due. Au moment où le général qui avait successivement commandé en chef le 13ᵉ corps et la troisième armée de Paris reçut la lourde tâche de diriger, en remplacement du général Trochu, les derniers jours de la défense, il ne voulut dissimuler ni aux troupes ni à la population la grave réalité de la situation. Nous sommes arrivés, a-t-il dit dans sa première proclamation au peuple et à l'armée, « à un mo- » ment critique », et il ne faut pas « se faire d'illusions ». Alors que s'est produite la douloureuse nécessité de la capitulation, le commandant en chef a été à même de constater que jusqu'à la fin, et à quelques défaillances près, l'armée a su remplir son devoir, et quand elle a dû, quelques semaines plus tard, tourner ses armes contre des concitoyens véritablement parricides, il a retrouvé en elle les mêmes vertus d'abnégation et de courage dont elle avait donné de si éclatantes preuves pendant la longue durée du siége. Le général en chef est heureux de pouvoir signaler au ministre de la guerre cette digne et consolante attitude des troupes qu'il a eu si longtemps l'honneur de commander.

De la situation des esprits. — Pendant le siége de Paris, un conseiller nouveau est venu s'imposer aux inspirations de la défense, contrôler ses actes et parfois les diriger : c'est l'opinion publique. Son intervention a été rarement opportune, et son influence presque toujours fatale. Peut-être était-il difficile à un gouvernement issu d'un mouvement populaire de s'opposer efficacement aux manifestations de ceux qui l'avaient porté au pouvoir, mais il est certain qu'il ne tenta que rarement de le faire. La rigueur des lois sévères qui régissent l'état de siége fut singulièrement adoucie pendant la durée de l'investissement de Paris. L'esprit public a pu, en toute liberté comme en toutes circonstances, exprimer par tous les moyens imaginables les opinions les plus exagérées et souvent les plus coupables. Les clubs existaient en permanence, on les retrouvait même dans la rue sous la forme de réunions nombreuses de citoyens, avec un orateur exalté pérorant au milieu d'elles. D'autre part, une certaine presse, dont on ne saurait trop flétrir les sourdes et criminelles menées, entretenait l'agitation, pendant que des brochures signées par des écrivains de tous les partis, de toutes les professions et de toutes les classes, ajoutaient encore à cette expansion périlleuse et abusive de l'opinion publique. Comme il était de notoriété que le gouvernement se laissait malheureusement influencer par tous ces écrits et tous ces discours, l'ennemi, qui savait profiter de tout et qui avait trouvé le moyen de se procurer nos livres et nos journaux, pouvait juger, par ces manifestations inconsidérées, de notre situation véritable.

Les clubs. — Les clubs qui ont été ouverts à Paris, et sans interruption pendant tout le siége, n'ont été suspendus qu'après l'échauffourée du 22 janvier et sur la demande expresse du nouveau commandant en chef. Leur nombre avait été, au lendemain du 4 septembre et dès le début de l'investissement, encore bien plus considérable; mais quelques-uns n'avaient pu tenir, et ceux-là seuls où se discutaient le plus vivement les questions les plus passionnées et où se soutenaient les opinions les plus exaltées et les plus dangereuses, avaient accaparé à leur profit la grande généralité des auditeurs. Les autres, trop modérés sans doute et où des gens raisonnables venaient exposer des théories plus sérieuses et plus sensées, avaient dû presque tous disparaître devant l'indifférence d'un public qui ne pouvait plus entendre que ceux qui flattaient les passions mauvaises ou encourageaient les folles illusions. Le dernier club qui ait vécu siégeait à Belleville, dans la salle Favié; il servait en quelque sorte de quartier général à l'émeute, et sa dernière séance, celle qu'il a tenue dans la soirée du 22 janvier, a eu pour conclusion un appel aux armes demeuré sans résultat.

La direction où les clubs cherchaient à entraîner l'esprit public était celle de la résistance à outrance : les orateurs y tenaient tous un langage exalté, en vue d'enflammer encore les passions populaires. Dans un moment aussi critique, la défense eût pu profiter sans doute de l'appui qu'elle eût trouvé dans les clubs pour entretenir le courage de la population civile, si les clubs ne l'avaient poussée réellement qu'au noble sentiment de la résistance, et si surtout les actions de ceux qu'ils endoctrinaient trop bien avaient répondu aux belles phrases de leurs orateurs. Mais malheureusement, à ces réclamations constantes de sorties en masse, à ces propositions répétées de marcher à toute heure et à tout prix avec des gardes nationaux mal armés et sans aucune éducation militaire contre des troupes aguerries et solides, venaient s'ajouter des conseils perfides et des suggestions déplorables. L'appel à la révolte s'y mêlait tous les soirs à l'appel aux armes; on y prêchait l'insubordination et l'indiscipline, et surtout le refus de l'obéissance à des généraux que l'on ne manquait pas d'accuser à la fois d'incapacité et de trahison. Le compte rendu à peu près complet de ces clubs a été conservé [1]; on y peut lire une série étonnante de propositions absurdes,

---

[1] *Les Clubs rouges pendant le siége de Paris,* par G. de Molinari, un vol. in-18; Paris, Garnier, 1871.

de critiques haineuses et d'insinuations coupables.
C'est dans ce foyer malsain, qu'un gouvernement
plus fort et plus sûr de lui-même eût balayé inexorablement dès le premier jour, que fut préparée
l'organisation de la future Commune et publiquement discutée la sauvage exécution du prochain
incendie de Paris !

On a pu juger de l'effet produit par les discours
de ces clubs sur la moralité, le courage et la force
de résistance de leurs adhérents lorsqu'il s'est agi
de les conduire aux avant-postes, puis au feu.
Tous ces hâbleurs de tribune et tous ces braillards
de carrefour ont donné aussitôt les plus honteux
exemples de défaillance et de lâcheté. Indisciplinables, menteurs et ivrognes, on les a vus, en
différentes occasions, fuir devant le danger, même
quand il n'était que simplement imaginaire. Certains bataillons, composés exclusivement de ces
hommes qui réclamaient toujours la fameuse
« grande sortie », ont dû être ramenés jusque
chez eux depuis les avant-postes, pour cause
d'ivresse et pour refus de service. Tous ces auditeurs de clubs n'y avaient trouvé que de mauvais
avis et de pernicieux conseils. Leur influence
fatale fut donc bien vite démontrée : leur maintien était un danger et en même temps une preuve
de faiblesse. Quand on se décida enfin à les suspendre, le mal terrible qu'ils ont causé était déjà

fait : la mesure de leur suppression arrivait trop tard.

Les journaux. — Pendant le siége, tous les journaux ont continué leur publication, bien qu'ils aient eu à lutter contre la crise la plus formidable qui pût menacer leur existence, la disette du papier. Ils l'ont affrontée et supportée, d'accord avec leurs lecteurs, les uns en supprimant la moitié de leur numéro, les autres en réduisant leur format, d'autres encore en paraissant imprimés sur des papiers de qualité inférieure et même des couleurs les plus variées.

Le parti avancé avait dans la presse parisienne de nombreux organes très-achetés et très-lus. Ses principaux journaux étaient : *le Combat,* puis *le Vengeur,* de Félix Pyat; *la Patrie en danger,* de Blanqui; *le Réveil,* de Delescluze, et *le Cri du peuple,* de Jules Vallès. Leur mot d'ordre était le même que celui des clubs, dont d'ailleurs ils inspiraient ou reproduisaient tour à tour les discours les plus incendiaires. La résistance à outrance et l'appel à la révolte par les accusations les plus constamment répétées contre les chefs de la défense étaient les thèmes favoris de leurs articles. Ces feuilles cherchaient à répandre leur poison jusque dans les rangs de l'armée, en lui faisant distribuer subrepticement leurs numéros.

A côté de ces coupables journaux, la presse modérée demandait, elle aussi, la résistance à outrance, mais au moins elle s'efforçait, en de bons termes, de soutenir le patriotisme et de rassurer les esprits. Toutefois, dans une ville assiégée, la première condition de sécurité et de discrétion, si indispensable au bon succès des opérations militaires, n'aurait pu être obtenue que par la suppression absolue de tout autre journal que la feuille officielle. On comprend très-bien qu'un journal, qui est obligé de donner chaque matin à ses lecteurs des renseignements sur les nouvelles du jour, soit par cela même porté, si raisonnable qu'il puisse être, à entrer dans des détails de discussion et de dissertation très-nuisibles dans des circonstances aussi critiques que celles où se trouvait Paris. Chaque jour les journaux annonçaient les mouvements militaires, les commentaient, approuvant ou désapprouvant, et faisaient ressortir les côtés forts et faibles des positions qu'on voulait défendre ou attaquer : l'ennemi, qui avait partout des espions, savait toujours ainsi, avant la sortie de nos troupes, qu'elles allaient sortir, et c'est surtout par les journaux qu'il était informé.

Mais si l'on ne voulait pas en venir à cette mesure excessive de la suppression des journaux, il eût été facile de leur interdire absolument toute appréciation des événements projetés, toute discussion intempestive, toute publication, en un mot, de renseignements pouvant éclairer et servir l'ennemi. Si le gouvernement, se montrant plus ferme, eût réprimé sévèrement les écarts de la presse et des clubs, les esprits eussent été plus calmes et la défense moins contrariée à tout moment dans l'exécution de ses projets.

En dehors de la publicité par le moyen de la presse, il y avait encore celle qui a lieu par la voie de la brochure. La ville en était inondée : toutes contenaient des plans admirables et infaillibles, et, ainsi que les journaux, discutaient en les critiquant les actes de la défense. Le gouvernement lui-même recevait des propositions manuscrites de tous genres et de toutes provenances : il en parvint au commandant en chef qui arrivaient directement d'Angleterre et même d'Amérique. Toutes ces communications tendaient au même but : la résistance à outrance. Elles la prônaient comme la ressource suprême, mais sans indiquer aucun moyen pratique de la continuer.

Ainsi toutes les aspirations de cette grande ville, depuis plus de quatre mois étreinte par un ennemi implacable et habile, étaient sans cesse tournées vers le sentiment de la résistance quand même et toujours. Ce sentiment, qui avait certes un côté noble et généreux, était malheureusement irréfléchi : quand il devint tout à fait évident que les jours de Paris étaient comptés et que ses dernières heures étaient proches, la foule n'avait pas encore voulu entrevoir même la supposition de céder! Les esprits plus froids et plus sages s'effrayaient de ces tristes symptômes : en voyant toute cette immense population qui se laissait entraîner aux passions extrêmes par quelques meneurs secrets se dissimulant adroitement derrière les grands mots de patriotisme et d'indépendance, ils pressentaient déjà la difficulté de faire reprendre un jour à ce peuple déchaîné des habitudes d'ordre et de travail, et sans prévoir, certes! une secousse aussi horrible que celle que nous avons subie, ils étaient inquiets et anxieux sur les suites infaillibles de toute cette effervescence et d'un tel excès de liberté.

L'ARMISTICE.

— II —

APRÈS LE SIÉGE DE PARIS.

CHAPITRE PREMIER.

L'ARMISTICE.

La suspension d'armes fut par nous immédiatement et scrupuleusement exécutée; notre feu cessa tout à fait et sur tous les points à l'heure indiquée. Cependant l'ennemi n'éteignit pas sur-le-champ tous les siens, car vers une heure du matin un projectile provenant des batteries prussiennes tomba sur le fort d'Aubervilliers; dans la journée du 27, à deux heures et demie, des pièces de campagne jetèrent des obus sur Rueil; de nombreuses balles de rempart furent tirées le même jour sur les forts du Sud, sur les tranchées qui les relient et sur celles en avant des Hautes-Bruyères; le même fait se produisit à Colombes. De notre côté, il ne fut pas répondu à ce feu; nous eûmes même à punir gravement un maître canonnier du fort de Noisy, qui, après minuit, avait envoyé du bastion n° 1 treize obus à l'adresse des Prussiens[1]. Enfin, pour enlever tout prétexte au feu de l'ennemi, l'ordre fut donné par le général en chef de faire cesser sur toute la ligne les travaux en cours d'exécution, que l'artillerie allemande avait peut-être reçu mission de contrarier, malgré la suspension conclue. Le 27, à cinq heures du soir, de nouveaux incendies éclataient à Saint-Cloud, bien que la convention y fût certainement connue de ceux qui les allumaient.

Le général de Beaufort avait été désigné par le gouvernement pour accompagner M. Jules Favre en qualité de parlementaire, et fixer, de concert avec l'état-major des armées allemandes, la délimitation précise de la ligne de l'armistice autour de Paris; mais le général dut revenir sans avoir pu arriver à une entente définitive[2].

La nouvelle de la suspension d'armes fut accueillie par la population avec plus de calme qu'on ne l'avait espéré. La journée du 27 fut tranquille; quelques désordres sans importance se produisirent seulement à la porte de la Chapelle, où s'étaient présentés de nombreux mobiles de la Seine venant de Saint-Denis, et qui, malgré la consigne, voulaient à toute force rentrer dans

---

[1] L'amiral Saisset, commandant du fort, fit mettre ce maître canonnier au cachot.

[2] Voir aux Appendices.

Paris[1]. Dans l'après-midi, vers trois heures et demie, le 175ᵉ bataillon de la garde nationale vint faire une manifestation devant l'Hôtel de ville ; toute cette troupe rassemblée proféra des menaces de vengeance aux cris répétés de : A bas les traîtres! Mais au bout d'une demi-heure, le bataillon ne se sentant ni suivi ni soutenu, avait repris le chemin de son quartier. Enfin, le soir, à huit heures et demie, les rapports de la police constataient que l'attitude de la population était surtout résignée, et que les tentatives de provocation et d'émeute étaient demeurées inutiles. Mais, pendant la nuit, la situation prit un caractère plus alarmant : plusieurs chefs de bataillon de la garde nationale, au nombre de trente-cinq, se réunirent à la salle dite du Gaulois, au boulevard de Sébastopol, et décidèrent qu'ils n'acceptaient pas l'armistice. Ils accompagnèrent cette déclaration d'un acte de rébellion encore plus grave : méconnaissant l'autorité de laquelle ils relevaient, ils élurent entre eux un nouveau commandant de la garde nationale, le sieur Brunel, chef du

---

[1] Le vice-amiral de la Roncière, qui commandait à Saint-Denis, a jugé ainsi les mobiles de la Seine qu'il avait sous ses ordres : « Malgré les exemples, les punitions et les récompenses, la discipline ne peut s'implanter dans ces corps de mobiles de la Seine. » Voir l'ouvrage déjà cité de l'amiral, *la Marine au siége de Paris*, p. 378.

107ᵉ bataillon [1], et ils lui donnèrent un nommé Piazza pour chef d'état-major. Ils décidèrent ensuite que le rappel serait aussitôt battu dans toute la ville, et qu'avec les bataillons qu'on parviendrait à réunir on irait s'emparer des cartouches déposées dans les magasins des secteurs; après quoi on se dirigerait sur les forts de l'Est, commandés par l'amiral Saisset, que l'on espérait entraîner pour en faire le chef du mouvement. On pouvait commencer par enlever la mairie du dixième arrondissement (Temple), ce qui serait d'autant plus facile que le poste de garde nationale qui la gardait appartenait au bataillon de Brunel.

Presque à la même heure, une autre réunion délibérait à la mairie du troisième arrondissement; elle était composée spécialement des officiers des divers bataillons du quartier, et les décisions qu'elle arrêta n'étaient pas moins inquiétantes : il ne s'agissait de rien moins que de battre la générale, s'emparer de Belleville et des forts de l'Est, et marcher ensuite aux Prussiens. Ces officiers firent de vaines tentatives pour entraîner avec eux le maire de l'arrondissement, M. Bonvalet.

[1] La Commune utilisa peu ce soi-disant général. Le 25 mars, elle le confirma dans ce grade. Le 28, il était élu membre de la Commune, et le 2 avril, mis en disponibilité comme général.

Ce mouvement était sérieusement combiné : il attestait une entente et une organisation secrètes dès longtemps préparées par certains meneurs qui rêvaient déjà de substituer leur pouvoir à celui de l'autorité régulière. Comme moyens d'action, ils débutaient tout naturellement par ordonner le pillage des cartouches, mesure qui donnait à leurs hommes les ressources nécessaires pour la lutte, et avait en même temps une apparence de patriotisme pouvant attirer à eux un plus grand nombre d'adhérents. Toutefois ce complot, qui devait trop bien réussir un peu plus tard, était encore prématuré, et il échoua.

La nuit était froide, un vent glacé soufflait avec violence et rendait difficiles les conciliabules en plein air. Cependant, dès le début de la mise à exécution des projets que nous venons de résumer, il y eut un certain ensemble. A minuit et demi, le rappel fut battu à Belleville et dans le faubourg du Temple, et, une demi-heure plus tard, dans les dixième et treizième arrondissements. A une heure du matin, le tocsin sonnait à Saint-Laurent, à l'église Bonne-Nouvelle, puis à Saint-Vincent de Paul. A une heure et demie, des groupes se formaient sur divers points : devant Saint-Laurent, une centaine d'hommes furent d'abord réunis, et bientôt, en moins d'une heure, trois cents autres étaient venus les rejoindre. Ils étaient tous en tenue et en armes, et appartenaient aux 107ᵉ et 136ᵉ bataillons. Devant la mairie du Temple, huit cents gardes nationaux environ se tenaient également prêts à marcher au premier signal. Vers trois heures du matin, le mouvement ne s'étant pas encore prononcé, les chefs, en présence du petit nombre d'hommes qu'ils avaient pu réunir, remirent à de meilleurs temps l'exécution de l'entreprise. Beaucoup de gardes nationaux, fatigués d'une vaine attente, rentrèrent successivement chez eux, et il ne resta bientôt plus devant Saint-Laurent que cent cinquante gardes environ, indécis sur le parti qu'ils devaient prendre. Une demi-heure plus tard, les rassemblements se dissipaient de toutes parts, et la manifestation se terminait même d'une manière complétement pacifique. Les chefs des bataillons restés sous les armes se transportèrent les uns après les autres, avec les quelques hommes qu'ils avaient pu conserver, au quartier général du 3ᵉ secteur, à la Villette, pour protester contre la reddition des forts. L'amiral Bosse les reçut avec beaucoup de calme et de sang-froid, et parvint à les renvoyer sans conflit [1].

La journée du 28 se passa sans troubles : quelques meneurs tentèrent d'empêcher, à la gare de

---

[1] L'amiral reçut ainsi la visite successive d'officiers et de gardes appartenant à quinze bataillons différents.

l'Est, le départ d'un ballon qui allait porter les nouvelles en province; mais cette petite alerte n'eut pas de suites, et le ballon put partir. Dans la journée, les bataillons de la division d'Exéa, qui étaient demeurés à Belleville pour y maintenir l'ordre, rejoignirent leurs positions à l'extérieur de Paris. Au faubourg Saint-Antoine, les officiers du 73ᵉ bataillon font une tentative au 1ᵉʳ secteur pour entraîner les marins dans le mouvement insurrectionnel. A neuf heures, le 173ᵉ bataillon, qui avait été jadis commandé par Flourens, parcourt l'avenue Daumesnil en manière de protestation, et de son côté, le 18ᵉ régiment de la garde nationale se prépare également à une manifestation. Dans cette même journée, Brunel et son chef d'état-major furent arrêtés sans résistance, et leur capture ne donna lieu à aucun désordre. Toutefois, cette effervescence et cette exaltation de certains bataillons de la garde nationale appartenant aux quartiers les plus turbulents avait un caractère inquiétant : il était évident que ces bataillons obéissaient à un mot d'ordre, et qu'il existait dans l'ombre une organisation régulière et habilement combinée de la révolte à laquelle ils se rattachaient, au moins par leurs chefs.

La situation se compliquait encore d'un autre côté : une certaine partie de la population, plus éloignée du centre et qui avait beaucoup souffert en raison des inquiétudes et des privations du siége, cherchait à tout prix des compensations à ses maux. La résistance étant terminée, une foule de maraudeurs se répandirent de toutes parts dans la campagne, au nord, du côté de la Courneuve, et au sud, du côté de Clamart, pour se procurer des légumes et de la viande jusqu'aux lignes les plus éloignées de nos avant-postes; on eut grand'peine à les arrêter et à les contenir. D'ailleurs, toute crainte de conflit sur ces points avait cessé entre nos troupes et l'ennemi; mais nous pouvions considérer en silence, et l'arme au pied, sans qu'il nous fût possible, soit de protester, soit de lui porter secours, l'incendie persistant de la petite ville de Saint-Cloud, que les Allemands entretenaient encore le **28** janvier, à sept heures du soir.

Dans la matinée, tous les chefs de corps avaient été réunis au ministère de la guerre. Bien que l'armistice ne fût pas encore signé, ses conditions étaient cependant arrêtées, et la signature n'était plus retardée que par quelques difficultés secondaires. Le général Le Flô, prenant la parole, exposa aux officiers convoqués la situation telle qu'elle s'imposait au gouvernement : il ne put que constater l'épuisement absolu des vivres, l'inutilité de nouveaux efforts, en même temps que les revers successifs des armées de province; il termina ce triste tableau en faisant pressentir à quelles dures conditions le vainqueur consentait à accorder un armistice désormais indispensable. Ce fut avec une vive et profonde douleur que tous les officiers rassemblés autour du ministre accueillirent cette cruelle communication, et les sentiments qu'ils montrèrent ou qu'ils exprimèrent alors traduisaient ceux de l'armée tout entière. Le lendemain, un ordre du jour du ministre de la guerre lui fit d'ailleurs connaître officiellement la pénible vérité [1].

Pendant ce temps, les négociations se continuaient à Versailles. Le général de Valdan, chef d'état-major de l'armée de Paris, demandé par M. de Moltke, en remplacement du général de Beaufort, réglait avec le chef d'état-major de l'armée allemande le détail des concessions consenties par le gouvernement pour l'armée de Paris. Il avait, certes, fallu les nécessités invincibles d'une situation inexorable pour nous obliger à accepter de telles conditions! Tous les forts devaient être remis entre les mains des Prussiens, et l'armée assiégée abandonnerait au vainqueur ses armes et ses canons. Nous avions vainement négocié pour obtenir que les troupes qui nous étaient laissées pour la surveillance inté-

[1] Voir aux Appendices.

rieure de Paris fussent portées à trente mille hommes; l'ennemi s'était obstinément refusé à ce que l'effectif de douze mille fût dépassé. Cette seule division restait chargée, avec la gendarmerie, de la défense de l'ordre menacé dès la première heure par des forces adverses qui allaient chaque jour accroître leur puissance jusqu'au moment de leur abominable triomphe. Aucun avantage n'avait été stipulé en faveur de la garde mobile, qui partageait le sort de l'armée. La garde nationale seule avait eu, pour ainsi dire, les honneurs de la guerre; elle conservait ses armes, chargée qu'elle était, par une bizarre ironie du sort ou peut-être par une intention préconçue du vainqueur, de faire la police de la ville. On sait, et nous le verrons bientôt, comment elle s'acquitta de cette tâche! Ce même jour, le ministre des affaires étrangères, M. Jules Favre, s'enorgueillissait, comme d'une véritable victoire, d'avoir obtenu gain de cause sur ce point délicat; à l'entendre, l'honneur de la capitale était sauf, puisque ceux de ses habitants qui avaient pris part à la défense ne subissaient pas l'humiliation du désarmement. Tout le monde cependant ne partageait pas cet avis, l'auteur de ce livre tout le premier; il était facile, en effet, d'après les symptômes signalés dès le premier jour dans l'attitude de la garde nationale, de comprendre que la force considérable qui lui était laissée allait devenir promptement un danger, surtout en présence du peu de ressources défensives que posséderait le gouvernement. Depuis, M. Jules Favre a dû reconnaître publiquement, dans une circonstance solennelle, combien avait été malheureux et fatal l'article de la convention qui favorisait si complétement la garde nationale [1], et dont l'acceptation avait alors rempli son cœur d'une telle joie !

Les négociations ouvertes par le gouvernement avaient été suivies par le ministre des affaires étrangères : des décisions y furent prises par lui au nom de la France tout entière, et le même acte stipula à la fois la question des élections politiques et celles qui étaient relatives à toutes les armées qui avaient combattu soit sous Paris, soit à l'extérieur, sur la Loire, à l'Ouest, au Nord et à l'Est. Le commandant en chef de l'armée de Paris ne put avoir, dans cette circonstance, aucune initiative particulière ou spéciale, il ne participa ni à la direction des négociations, ni à la rédaction de la convention, et encore moins à sa signature. Son devoir était donc tout tracé :

[1] A la séance du 21 mars, à l'Assemblée nationale. « .... Je me suis trompé, s'écrie M. Jules Favre, en conservant les armes à la garde nationale.... J'en demande pardon à Dieu et aux hommes. »

nommé par le gouvernement, il lui devait obéissance. Il subit comme tout le monde les dures conditions imposées par le vainqueur, en se résignant à faire procéder au désarmement des troupes. Aussi doit-il hautement repousser toute responsabilité dans l'accomplissement des mesures et des actes publics qui ont accompagné la désastreuse conclusion de la guerre.

Cependant la diminution des vivres obligeait le gouvernement à hâter encore la signature de l'armistice; il était nécessaire que cette formalité eût lieu dans la journée du 28, on ne pouvait attendre plus longtemps. Déjà, pour venir en aide à la population et utiliser tout ce qui restait d'approvisionnements dans les forts, le ministre de la guerre avait ordonné de faire distribuer quatre jours de vivres aux troupes qui s'y trouvaient, et de faire ensuite rentrer le reste dans Paris. Depuis quelque temps d'ailleurs, la ville ne vivait plus guère que sur les ressources qu'une sage prévoyance avait accumulées pour l'armée. L'armistice fut en effet signé ce même jour, 28 janvier, et aussitôt les mesures nécessaires à l'accomplissement des stipulations qu'il imposait à l'armée furent prescrites par le commandant en chef. Il fallait détruire les fils destinés à mettre le feu aux mines préparées à l'avance en vue de faire, au besoin, sauter les forts; il fallait aussi les faire évacuer et préparer leur remise aux autorités militaires allemandes avec tout le matériel qui les garnissait. A cet effet, les portes de Paris furent fermées et toute sortie interdite. On commença par retirer des forts le plus de vivres qu'on put emporter; malheureusement le manque d'attelages obligea de laisser sur divers points une certaine quantité d'approvisionnements dont l'ennemi s'empara. Dans leur impatience de prendre possession des forts qu'ils avaient regardés si longtemps sans pouvoir s'en approcher, les Allemands se présentèrent le 29 janvier au matin, en divers endroits, avant l'heure indiquée, pour remplacer nos troupes; à la maison Millaud et à Vitry notamment, ils insistèrent pour franchir aussitôt nos lignes. Mais c'est à midi seulement qu'ils durent faire leur entrée dans les ouvrages que nous leur abandonnions : chaque fort fut remis à leurs commissaires par la garnison qui l'avait occupé, et celle-ci rentra aussitôt de tous les côtés à la fois dans l'enceinte.

La nouvelle de la signature de l'armistice et sa publication sur les murs de la ville causèrent à la population, en raison de ses dures conditions jusqu'alors demeurées incertaines pour elle, une douloureuse et profonde émotion, qui ne fut cependant la cause d'aucun trouble. D'ailleurs, la préoccupation générale était portée à ce moment sur la question des approvisionnements, devenus de plus en plus réduits. Dans la même journée, le ministre avait dû livrer aux boucheries parisiennes les chevaux de dix batteries d'artillerie : de petites émeutes avaient eu lieu aux halles et avaient été suivies du pillage de quelques denrées. On prit des mesures pour empêcher le retour de ces scènes de tumulte, qui se reproduisirent cependant le lendemain. Quant à l'ennemi, il s'établit paisiblement dans les forts, et organisa des patrouilles pour en surveiller les alentours et les abords. Dans la soirée du 29, un détachement de deux cents hommes du régiment de grenadiers Saxon-Roi de Prusse poussa même une reconnaissance jusqu'à l'avancée de la porte de Romainville, se mettant ainsi en violation flagrante de la convention. Toutefois, sur les représentations qui furent faites à ses officiers, ce détachement se retira. Nous signalons surtout cet incident, parce qu'il y eut lieu d'en constater plusieurs fois encore le renouvellement.

CHAPITRE DEUXIÈME.

ÉTAT MORAL DE L'ARMÉE APRÈS L'ARMISTICE.

L'armée, rentrée dans la capitale, y demeura sous la surveillance des baïonnettes prussiennes depuis le 29 janvier, jour de la reddition des forts, jusqu'à la signature de la paix, le 3 mars; elle était encore très-nombreuse. Son effectif s'élevait à **250,000** hommes [1], savoir :

Troupes de ligne...	4,590 officiers,	126,657 hommes.
Troupes de marine..	366 —	13,665 —
Garde mobile....	2,548 —	102,843 —
Total.....	7,504 —	243,165 —

Il résultait, en outre, des renseignements fournis par l'intendance, que le chiffre des hommes en traitement, tant dans les hôpitaux militaires que dans les nombreuses ambulances, soit publiques, soit privées, était d'environ **40,000**, sur lesquels près de **32,000** blessés par le feu de l'ennemi.

Jamais un gouvernement n'avait imposé à des soldats une épreuve comparable à celle qui était infligée à l'armée de Paris. Si les souffrances

---

[1] Voir aux Appendices.

physiques de la captivité et de la prison en pays étranger lui étaient épargnées, on lui faisait payer chèrement, à un autre point de vue, ce qu'on semblait lui présenter comme un adoucissement aux rigueurs habituelles de la guerre. Prisonnière dans Paris, elle devait subir l'humiliation du désarmement dans la capitale de la France, sa patrie, et par-dessus tout devant une garde nationale dont une partie, celle qui n'avait pas partagé ses plus sérieux dangers — (le petit nombre de ses pertes en témoignait suffisamment) — ne lui cachait pas ses sentiments hostiles. Elle allait cependant demeurer intacte et conserver ses armes. Autour de la ville où l'armée était enfermée, un ennemi hautain et fier de ses succès la surveillait, tandis que dans la ville même, d'autres causes de tristesse et de vexations se réunissaient contre elle : discours agressifs des clubs, articles irréfléchis des journaux, injures des braillards de la rue, toutes choses auxquelles il lui était interdit de répondre.

Quelle armée placée dans de semblables conditions aurait pu résister aux influences multiples qui devaient la travailler? L'avenir ne lui offrait que deux perspectives également douloureuses : la captivité si la guerre continuait, un licenciement à peu près général si la paix était conclue; dans le présent, l'oisiveté et le contact obligé avec une population dont une partie prête à se soulever lui était contraire, et dans le passé, des souvenirs, hélas! des plus décevants et des plus pénibles. Aussi le sentiment général qui se manifesta dans l'armée au lendemain même de la capitulation fut-il celui d'une lassitude profonde et d'un découragement complet. Après une lutte aussi terrible et aussi longue, chacun avait des aspirations différentes, mais dont la réalisation exigeait avant tout la conclusion de la paix. Les mobiles et les soldats de la réserve, arrachés pour la plupart aux travaux de leur commerce ou de leurs champs, pouvaient calculer alors les pertes que leur absence avait causées et celles que la prolongation de l'armistice allait causer encore. Ils demandaient tous, et ils ne s'en cachaient point, à retourner dans leurs foyers; ils savaient que la paix seule pouvait amener ce résultat. Certaines troupes, plus solides et mieux disciplinées, affichaient moins ouvertement leurs vœux; mais d'autres au contraire, et à leur tête les mobiles de la Seine, qui avaient toujours donné tant de preuves de leur insubordination et de leur turbulence, ne voyaient dans la fin de la guerre que l'occasion de secouer le joug trop pénible pour eux de la discipline militaire.

Dans de telles conjonctures, les officiers, depuis le sous-lieutenant jusqu'au général, sentaient leur impuissance, et ils souhaitaient tous que la prompte et définitive conclusion de la paix vînt mettre un terme à un aussi déplorable état de choses. Les chefs de secteurs avaient voulu se retirer; le président du gouvernement dut les conjurer de conserver jusqu'à la fin leur commandement : « Au nom des plus chers intérêts de la » cité et de l'ordre public, je vous demande de » conserver votre commandement pendant la crise » présente. » Ces postes importants pouvaient devenir et sont en effet devenus dangereux, et il importait que leurs chefs y demeurassent au milieu de leurs anciens soldats, qu'au moment d'un péril quelconque ils parviendraient peut-être mieux que personne à maintenir dans l'ordre et dans le devoir.

Dès le 28, jour de la signature de l'armistice, la police avait signalé de regrettables scènes d'ivresse et de débauche qui s'étaient passées au boulevard de la Chapelle. Le lendemain 29, elle demandait au gouvernement de caserner les troupes, en constatant le danger qui devait résulter des campements sur les places ou les promenades publiques; elle ajoutait qu'il y avait plus d'inconvénients encore pour la sûreté et la bonne tenue de la ville à laisser les soldats logés chez les habitants. Elle signalait aussi des actes de rébellion de plusieurs mobiles du 9ᵉ secteur, qui, ayant voulu arracher des clôtures et des arbres pour faire du feu, avaient menacé les agents chargés de les en empêcher; ses rapports disaient, enfin, qu'un très-grand nombre de soldats de la troupe et de la mobile étaient journellement rencontrés en état complet d'ivresse.

La division de douze mille hommes que les stipulations de l'armistice autorisaient à conserver armée dans Paris, fut composée de la manière suivante :

> Le général FARON, commandant.
> 1re brigade, général DE LA MARIOUZE.
> 2e brigade, général VALENTIN.
> 3e brigade, général DAUDEL.

35e et 42e de ligne, 109e, 110e, 113e et 114e régiments de marche.

La gendarmerie garda ses fusils et dut continuer son utile service pour le maintien de l'ordre. Le reste de l'armée rendit peu à peu ses armes. Les Allemands nous avaient donné trois semaines pour compléter cette opération. Elle fut retardée un moment, le 11 février, par suite des craintes d'un soulèvement populaire; mais sur les pressantes injonctions de l'ennemi, elle fut reprise le 14 et terminée le 19 février. On avait dû expliquer aux Prussiens que le retard survenu devait surtout être attribué au manque de chevaux, que nous avions successivement livrés comme viande de boucherie.

Les causes de démoralisation et de désorganisation que nous venons de signaler agirent avec une rapidité fatale, mais elles n'apparurent dans toute leur gravité qu'à la fin de février. En suivant l'ordre chronologique des événements, nous verrons les influences mauvaises qui troublaient la population civile, et auxquelles elle se laissait sensiblement entraîner, s'étendre peu à peu jusqu'à l'armée et préparer les coupables défaillances qui signalèrent la journée à jamais néfaste du 18 mars.

30 janvier.

Les pillages continuent aux halles, malgré la plus active surveillance. On s'efforce, d'autre part, de faire rentrer dans leurs communes respectives les gardes nationaux de la banlieue qui avaient été organisés en bataillons au début du siége, notamment ceux de Saint-Denis, de Gentilly, de Vanves, de Vitry, etc. Enfin, la foule se presse à la préfecture de police pour obtenir les cartes de circulation qui permettent de s'éloigner de Paris ou de dépasser les lignes.

Ce même jour, le général Callier signale au commandant en chef une proposition écrite qui a été répandue dans son secteur à Belleville[1]. Ce document est signé d'un sieur Lemaître, chef

---

[1] Voir aux Appendices.

du 145ᵉ bataillon de la garde nationale; il émet l'avis :

1° Que chaque bataillon désigne un garde et un officier pour former un comité par arrondissement;

2° Que chaque groupe, ainsi constitué, élise un chef qui recevra le titre de général d'arrondissement, et, en outre, un délégué;

3° La réunion de ces délégués formera un comité central.

Les adhésions devaient être reçues au café de la Garde nationale, rue de Bretagne, n° 49.

Tel fut le berceau du Comité central de la garde nationale, qui usurpa si peu de temps après un important rôle politique.

31 janvier.

Les prisonniers faits par nous pendant le siége sont remis entre les mains de l'autorité militaire allemande pour être échangés contre un même nombre de prisonniers français qui durent être dirigés sur l'armée de la Loire. La journée fut calme à Paris : une foule compacte se rendit aux avant-postes par la route d'Italie et par la route d'Allemagne, devant le 2ᵉ secteur. Cette foule montrait des dispositions pacifiques, et cherchait seulement à se procurer, par voie d'achat, des vivres de meilleure qualité que ceux qu'on pouvait trouver à Paris.

Le soir, par suite de la menace d'un mouvement populaire qui n'eut pas lieu, la salle Favié, à Belleville, est occupée par un détachement armé.

Ce même jour, MM. Jules Simon et Lavertujon, membres du gouvernement, sont envoyés à Bordeaux pour conférer avec M. Gambetta.

CHAPITRE TROISIÈME.

JOURNAL DES ÉVÉNEMENTS DU MOIS DE FÉVRIER[1].

1er février.

De nouveaux troubles ont lieu aux halles centrales, où la foule pille les denrées. De forts piquets de garde nationale y sont envoyés pour maintenir l'ordre et empêcher ces scènes regrettables, qui sont de nature à retarder le ravitaillement de Paris. Dans la zone neutre qui s'étend entre l'armée allemande et les fortifications, au 2e secteur, la foule se porte au dehors, cherchant à se procurer du bois. Elle détruit et arrache tout ce qu'elle trouve, les arbres, les clôtures des jardins, et jusqu'aux boiseries des maisons. La police, avertie trop tard, ne peut, ce jour-là, que prendre des mesures pour prévenir le retour de semblables dévastations.

La sortie des chevaux par les portes de Paris est interdite par le ministre de l'agriculture et du commerce, M. Magnin, qui ce même jour se rend à Dieppe, où le gouvernement l'envoie en

---

[1] Ce chapitre est rédigé surtout d'après les dépêches télégraphiques adressées chaque jour, en très-grand nombre, à l'état-major général du commandant en chef.

mission pour hâter le ravitaillement. Dans la soirée, et pendant la réunion du gouvernement, une interpellation est adressée par l'un de ses membres au général commandant en chef au sujet de l'incarcération du sieur Delescluze, arrêté le 23 janvier pour participation à l'émeute de la veille. Une ordonnance de non-lieu avait été prononcée contre lui et signée par le général commandant la place de Paris, à la suite d'une enquête qui n'avait point fourni de preuves suffisantes à la charge de cet inculpé. Il avait néanmoins été retenu en prison par le commandant de l'état de siége, en attendant qu'une nouvelle enquête vînt mieux éclaircir les faits qui lui étaient reprochés. Un assez vif débat s'engagea sur ce point; mais les droits conférés au chef de l'armée par l'état de siége furent reconnus par la majorité du conseil, après lui avoir été contestés d'abord. Toutefois, pour éviter le retour d'une si fâcheuse discussion, il fut décidé que le service de la justice militaire serait retiré aux bureaux de la 1re division et transféré au grand quartier général. Le commandement de la 1re division militaire fut en même temps confié au général de Malroy.

2 février.

Le 2 février, les désordres s'étant renouvelés dans la zone neutre, un service de patrouilles de gendarmerie fut organisé pour la sauvegarde des propriétés particulières. Le manque de combustible était le principal prétexte de ces désordres ; le gouvernement chercha à y remédier en organisant un service spécial qui, traversant les lignes ennemies avec l'autorisation de l'état-major prussien, allait chercher des approvisionnements de bois à brûler jusque dans la forêt de Bondy.

3 février.

La consigne qui interdit la sortie des chevaux est levée. En même temps, les gares des chemins de fer sont évacuées par les gardes nationaux qui les occupaient, et vont reprendre leur destination normale.

On répand une proclamation de M. Gambetta où le ministre de l'intérieur et de la guerre en province proteste contre la conclusion de l'armistice [1]. Cette proclamation cause une grande exaspération au quartier général de l'armée allemande. Les négociations pendantes en souffrent; des difficultés nouvelles sont soulevées par M. de Bismarck, et les Prussiens vont jusqu'à nous menacer d'arrêter le ravitaillement de Paris.

[1] Cette proclamation fut d'abord publiée par le journal de M. Rochefort, *le Mot d'ordre*, qui eut également la faveur de faire connaître à la capitale le fameux décret de M. Gambetta sur les incompatibilités en matière d'élection.

4 février.

Les vivres touchent à leur terme, ce qui importe d'ailleurs fort peu à l'ennemi, qui, exécutant sa menace de la veille, fait arrêter partout les convois d'approvisionnements en marche sur la capitale. Cependant il consent ensuite à lever cet interdit exorbitant, qui, s'il eût été maintenu pendant quelques heures de plus, menaçait d'avoir des conséquences déplorables.

Naturellement inquiet des embarras que lui suscite la délégation de Bordeaux, le gouvernement y envoie en mission trois de ses membres pour renforcer MM. Jules Simon et Lavertujon : ce sont MM. Arago, Garnier-Pagès et Eugène Pelletan. En voyant ainsi partir successivement presque tous les chefs de la défense, un grand nombre d'habitants s'éloignent à leur tour, et, à l'aide de permis de circulation, vont rejoindre par celles des voies ferrées qui ont pu se rouvrir leur famille en province ou à l'étranger.

5 février.

Une foule compacte se porte aux abords du pont de Neuilly, où s'est établi un marché improvisé. Les cultivateurs des environs, n'osant pénétrer dans la ville par crainte du pillage, ont centralisé sur ce point la vente de leurs légumes et autres objets de consommation. Le préfet de police, en vue d'assurer la sécurité aux voitures de vivres, demande au commandant en chef de prescrire l'organisation d'escouades prises dans la garde nationale pour escorter ces voitures depuis leur entrée dans Paris jusqu'aux halles.

A la porte de Charenton, on voit passer, pour aller rejoindre les lignes ennemies, une colonne de prisonniers prussiens malades échangés contre un nombre égal de nos soldats.

6 février.

Des commencements de troubles ont lieu à la barrière d'Italie, par suite de l'arrestation d'un officier et de trois soldats prussiens qui ont dépassé la ligne délimitée par l'armistice et sont venus en armes jusqu'à la porte du rempart. Cet incident se reproduit journellement, tantôt sur un point, tantôt sur un autre : on l'a signalé à la porte de Flandre les 31 janvier et 1er février; à celle des Prés-Saint-Gervais le 1er, à Vincennes le même jour, et enfin le 5 à Vitry et à la porte d'Italie. Comme ces incursions intempestives pouvaient donner lieu à des troubles fort graves au milieu de l'émotion populaire causée par la vue des uniformes ennemis, on dut faire des représentations à l'état major allemand pour que des consignes sévères fussent imposées aux soldats cantonnés dans le voisinage des portes. Les chefs de l'armée prussienne répondirent que ces consignes existaient, et même qu'elles étaient observées. L'incident se renouvela cependant plusieurs fois encore, et toujours avec de nouvelles craintes de complications.

7 février.

Les mesures prises pour contenir la foule au pont de Neuilly étaient demeurées sans résultat : l'affluence devenait de plus en plus considérable, et les gardiens de la paix étaient insuffisants pour maintenir l'ordre. Le préfet de police déclara que la gendarmerie seule pouvait rétablir la tranquillité sur ce point; mais ce ne fut qu'après que l'état-major prussien eut donné son assentiment que cette troupe intervint pour empêcher les honteux trafics et les pillages. Il fallut en même temps envoyer à l'extérieur des patrouilles pour s'opposer à l'enlèvement des abatis et des palissades établis au pied des glacis.

Dans la journée, une importante saisie de six cents bombes (systèmes Lepet et Orsini) fut faite par la police au n° 55 du boulevard de Belleville.

Le gouvernement appelle à Paris les généraux Faidherbe, Chanzy et Loysel; de son côté, le ministre de la guerre, le général Le Flô, se rend à Bordeaux.

8 février.

Ce jour est celui qui a été fixé pour les élections générales de toute la France. La période électorale a été si courte et les réunions politiques si peu nombreuses, que les esprits n'ont pas été aussi agités et surexcités qu'on aurait pu le craindre. La journée se passa tranquillement et sans aucune apparence de trouble. La population civile vota d'un côté et l'armée de l'autre, la plus grande partie de celle-ci appartenant aux départements avec lesquels les communications postales n'étaient pas encore rétablies.

Dans l'après-midi, une affiche rouge fut placardée en différents endroits sur les murs de Belleville : elle demandait la mise en accusation de tous les membres du gouvernement, et était signée des noms de Raoul Rigault, président; Lavalette, Tanguy, Henri Verlet, assesseurs [1].

9 et 10 février.

Les grandes administrations publiques, qui se préparent à reprendre leurs services interrompus

---

[1] De ces quatre individus, un seul a rempli un rôle considérable sous la Commune, c'est Raoul Rigault. On retrouve Lavalette membre de la commission de l'habillement et du campement à la guerre (19 mai). Tanguy devient membre de la municipalité provisoire du 1er arrondissement (3 avril). Quant à Verlet, son nom ne figure pas au *Journal officiel* de la Commune.

forcément pendant le siége, réclament instamment l'évacuation de leurs résidences depuis longtemps occupées par les troupes qui y avaient été casernées. Cette mesure, à laquelle le gouvernement ne peut se refuser, crée encore de nouvelles difficultés et aggrave les charges imposées à la population, à laquelle on est obligé de demander le logement pour ces troupes. Ainsi, le 9, l'abattoir de la Villette fut rendu à sa destination, et les nombreux soldats qui y campaient durent être répartis chez l'habitant; les baraquements du Luxembourg, qui contenaient beaucoup de mobiles, furent également évacués pour recevoir les malades rendus par les ambulances privées. Cette situation causa de grands embarras, en raison de la pénurie et de la cherté du charbon et du bois, les habitants qui donnaient le logement aux troupes ne pouvant leur fournir, pour cuire leur nourriture, le combustible auquel elles avaient droit, et que beaucoup ne possédaient même pas.

11 février.

La situation s'aggravait de jour en jour au milieu des menaces continuelles auxquelles l'armée était en butte de la part d'une certaine partie de la population. A Belleville surtout, l'exaltation ne connaissait plus de bornes : les généraux et les autres officiers inférieurs étaient insultés à tout moment, et ils étaient obligés de ne plus sortir en uniforme. Le commandant en chef dut prendre à ce propos une mesure de précaution et de sécurité en faisant distribuer trois mille fusils aux troupes cantonnées dans ce quartier, afin qu'elles pussent, dans le cas où les choses seraient poussées trop loin, protéger leurs officiers et se défendre elles-mêmes.

12 février.

Le ravitaillement ne s'opère qu'avec la plus grande lenteur et d'une manière tout à fait inquiétante. Les Allemands cantonnés aux alentours de Paris ne permettent pas que la ville fasse venir des campagnes avoisinantes les ressources qu'elles pourraient lui procurer, et qu'ils se réservent tout d'abord pour leur propre consommation. La nécessité de rétablir toutes les lignes de chemin de fer résulte de cette situation; mais, en attendant, le temps presse, les besoins augmentent, et la population, déjà trop portée à l'effervescence et à la révolte, s'exalte et s'insurge à la porte des boulangeries et des boucheries insuffisamment approvisionnées. Aujourd'hui Belleville est menacé de manquer de pain : les boulangers n'ont reçu que trois cent vingt sacs de farine au lieu de huit cents qui leur sont nécessaires.

13 février.

Les chefs de secteurs signalent de toutes parts le danger croissant qui provient de l'insuffisance des approvisionnements; ils redoutent des émeutes pour le jour où le pain devrait être encore réduit, et surtout pour celui où il viendrait à manquer tout à fait. Les autres vivres étaient totalement épuisés, et il n'avait pu jusqu'alors en entrer qu'une très-minime quantité dans Paris. Cette situation est l'objet des préoccupations générales : la crise paraît inévitable; si les vivres n'arrivent pas dans la nuit, elle aura certainement lieu le lendemain, car il ne reste plus de farine : le matin, les derniers sacs ont été distribués. Heureusement, c'est à l'heure même où ces tristes appréhensions se faisaient jour dans l'esprit de tous, que le ravitaillement en farines commença. On peut dire qu'il avait lieu à point nommé et au moment où il était absolument indispensable. Il faut donc conclure de ce fait que si l'armistice avait été signé seulement quarante-huit heures plus tard, le temps pour faire entrer à Paris le ravitaillement nécessaire eût été insuffisant, et l'on peut difficilement prévoir quelle eût été la conséquence des deux jours de famine que la ville aurait dû subir. D'ailleurs, depuis ce jour, tous les autres approvisionnements affluèrent, grâce aux achats faits en Normandie et aux dons si généreux de la cité de Londres. En quelques jours les marchés de la ville reprirent leur aspect à peu près habituel, qu'ils ne retrouvèrent cependant tout à fait qu'après la Commune ; la question des vivres cessa dès lors d'être une des principales préoccupations du moment.

14, 15, 16 février.

L'empressement qu'avaient mis les membres du gouvernement à s'éloigner de Paris afin de vaincre la résistance que, sous l'inspiration de M. Gambetta, la délégation de province faisait à l'armistice, avait singulièrement réduit leur nombre. Le conseil n'était plus représenté dans la capitale que par MM. Trochu, président; Jules Favre, Picard et Dorian, ministres. Retenus à leur poste par leurs fonctions, le maire de Paris et le commandant en chef de l'armée étaient souvent appelés à prendre part à ses délibérations. Le 16, le général Clément Thomas vint exposer au conseil les craintes graves qu'il éprouvait au sujet de l'attitude de la garde nationale : il reconnaissait qu'en cas de conflit il ne fallait plus compter sur elle. La partie saine de la milice parisienne, fatiguée par le dur service du siége, avait déposé ses armes au lendemain de l'armistice, pour vaquer à ses affaires ou pour s'absenter de Paris.

Elle s'était dès lors désintéressée tout à fait de la politique, et n'aspirait qu'au repos qu'elle avait bien mérité. L'autre partie, au contraire, n'acceptait pas avec satisfaction la nécessité de retourner au travail : défiante et résolue à la fois, n'ayant rien à risquer ni à perdre, elle était prête à lutter de nouveau, mais cette fois contre ses propres camarades, contre ceux qui avaient bravement fait leur devoir pendant le siége, et qui ne rêvaient pas l'organisation permanente de l'oisiveté et du désordre. Cette partie mauvaise de la garde nationale ne déposa point les armes ; elle chercha, au contraire, dans une nouvelle organisation insurrectionnelle et occulte, à centraliser et augmenter ses forces. Le général Clément Thomas pressentait déjà les résultats prochains et terribles de cette fédération naissante dont il devait être la première victime. Il déclara donc qu'il voyait chaque jour tomber de ses mains, sans pouvoir l'y retenir, l'autorité nécessaire pour triompher des menaces constantes de l'émeute, et qu'il préférait se retirer. Sa démission fut acceptée.

Cependant on ne pouvait laisser sans direction ni sans chef les nombreux bataillons de la garde nationale qui subsistaient encore, et qui continuaient avec la même ardeur apparente à faire leur service et à monter leur garde. Mais on ne parvint à faire consentir aucun de ceux qui auraient pu utilement l'occuper à accepter ce périlleux commandement. Le gouvernement décida alors que, provisoirement, et jusqu'au jour où un choix définitif serait possible, le commandement serait réuni à celui de l'armée et confié au général Vinoy. Celui-ci ne se rallia, toutefois, à cette combinaison que sur l'assurance que ces fonctions intérimaires seraient de peu de durée.

17 février.

L'Assemblée nationale avait ouvert le 16 sa première séance à Bordeaux. Le lendemain, les dépêches arrivées à Paris annonçaient la prise en-considération, à une très-grande majorité, de la proposition faite en vue de donner à M. Thiers la présidence du conseil des ministres et les attributions de chef du pouvoir exécutif.

18 février.

Au moment où l'Assemblée se préparait à discuter les termes et les conditions de la paix, l'ennemi prenait toutes ses dispositions pour être à même d'ouvrir, s'il le fallait, les hostilités contre la capitale. Il retournait à cet effet toutes les défenses des forts, dirigeant leur artillerie sur l'enceinte. Ce travail de précaution se trouvait même déjà terminé.

A Paris régnait un calme apparent. Une réunion insurrectionnelle qui devait avoir lieu le soir même à la salle des Pavillons put heureusement être empêchée, sans troubles, par la seule action de la police.

19 février.

La remise des armes de la garnison de Paris stipulée par l'armistice vient de se terminer; mais il résulte du compte présenté par le service de l'artillerie qu'il a livré, par erreur, à l'armée allemande douze mille fusils en plus du chiffre qu'on s'était engagé à verser[1]. Il faut constater, à l'honneur de la loyauté prussienne, que sur la réclamation du général commandant en chef l'armée de Paris, ces armes nous furent rendues quelque temps après la signature de la paix.

20 février.

Les meneurs continuent leurs tentatives de soulèvement dans les faubourgs, mais jusqu'alors leurs efforts ne sont pas couronnés d'un bien grand succès. La veille, une réunion qui devait avoir lieu à la salle Rochechouart avait pu échouer, par suite de mesures préventives habilement prises

---

[1] Ces douze mille fusils se trouvaient, inachevés, dans les arsenaux de l'État. C'est par un scrupule exagéré de loyauté que le service de l'artillerie avait cru devoir les livrer à l'ennemi.

par la police. Aujourd'hui, une autre réunion annoncée à la salle Ménilmontant est également empêchée sans qu'il en résulte aucun trouble.

A la fin de la journée, M. Thiers, chargé par l'Assemblée de diriger les négociations préliminaires de la paix définitive, arrive à Paris.

22 février.

La conclusion de la paix étant probable, il y a lieu de songer dès à présent aux mesures à prendre pour désencombrer Paris des soldats désarmés qui circulent sur tous les points. La garde mobile doit être immédiatement licenciée; en outre, un très-grand nombre des hommes qui sont dans les régiments de ligne vont se trouver libérés par suite de la cessation des hostilités : tels sont les engagés volontaires pour la durée de la guerre, les anciens militaires libérés rappelés sous les drapeaux, les hommes libérables le 31 décembre 1870 et dans les premiers mois de 1871. Ces diverses catégories doivent être tout d'abord congédiées ; mais il y a lieu de prévoir les conséquences de ce départ, qui va causer un vide considérable dans les corps où les hommes figurent, et menace même de les désorganiser. Un travail de reconstitution est donc nécessaire, et il est commencé dès le 21 février.

Le ministre de l'instruction publique réclame

avec une vive instance l'évacuation par les troupes des locaux destinés aux lycées ou aux écoles, et en particulier du lycée Descartes. Nous avons déjà signalé les graves inconvénients qui doivent résulter de cette opération, cependant nécessaire. Le général en chef obtient du ministre qu'il sera encore sursis à l'évacuation du lycée Descartes.

23 février.

Le général d'Aurelle de Paladines, appelé au commandement supérieur de la garde nationale, arrive à Paris. Il n'y fait d'ailleurs qu'un rapide séjour, et ne prend définitivement possession de son poste que la semaine suivante.

24 février.

Jusqu'alors l'agitation a pu être comprimée dans les divers quartiers de Paris, et, depuis les élections, des actes souvent séditieux ont toujours été prévenus et arrêtés à temps. Mais une sourde fermentation est entretenue partout, et l'anniversaire de la révolution de 1848 vient lui donner l'occasion d'éclater au grand jour. Une manifestation est faite par une foule nombreuse sur la place de la Bastille, au pied de la colonne de Juillet; un drapeau rouge est porté, aux acclamations des assistants, jusqu'au sommet de la colonne et placé entre les mains du génie doré qui la surmonte. Ce sinistre emblème devait rester à cette place jusqu'au 28 mai. Mais ceux qui venaient de l'arborer si publiquement, et malgré les efforts de l'autorité, se mettaient par ce fait même en révolte ouverte avec elle : c'était là en quelque sorte une déclaration de guerre et le signal de l'émeute.

Dans la même journée, une réunion nombreuse d'officiers de la garde nationale a lieu au Palais-Royal et sans aucune convocation officielle. Elle a pour but de discuter la situation faite à ces officiers par la loi qui les régit et qu'ils voudraient voir améliorée. Une députation est aussitôt envoyée par eux auprès du commandant en chef pour lui exposer leurs désirs et leurs griefs. Ces délégués insistent surtout sur des questions de solde, représentant que les indemnités qui leur étaient allouées étaient insuffisantes. Ils ne voulaient rien moins qu'un traitement permanent et égal à celui de l'armée. L'un d'eux, M. Rattier, chef de bataillon, contesta incidemment au gouvernement le droit de nommer lui-même le chef de la garde nationale [1]. Cette députation dut partir

---

[1] Il protesta même contre les nominations antérieurement faites par le gouvernement des chefs des régiments de la garde nationale. Ce chef de bataillon a joué un rôle en 1848 : il était alors représentant du peuple à la Constituante. La Commune lui a laissé son grade. Voir le *Journal officiel* de la Commune du 19 mai 1871.

9.

sans emporter même un mot d'espérance en faveur des vœux qu'elle avait émis. L'attitude des hommes qui la composaient dénotait une vive effervescence et des résolutions arrêtées; on devait dès lors s'attendre à d'imminentes complications. Le soir, les séances des divers clubs furent orageuses, et les propositions les plus menaçantes pour l'ordre public y furent chaudement acclamées.

25 février.

Dans un des clubs qui ont tenu séance la veille, il avait été décidé que les manifestations continueraient à la place de la Bastille. En effet, des groupes nombreux stationnent devant la colonne : des cris menaçants sont proférés ; deux dames sont gravement insultées, à cause de leur toilette qui tranche trop sur celle des femmes de la populace accourues en foule. On invective tous ceux que l'on suppose appartenir à la police, car on savait qu'elle avait envoyé des agents pour tenter de maintenir l'ordre.

Vers deux heures, le rassemblement, qui s'est toujours augmenté, peut être évalué à environ trois mille personnes. Des députations de bataillons de la garde nationale viennent déposer des couronnes ; au milieu d'elles marchent une trentaine d'individus portant le costume des chasseurs à pied, avec un clairon à leur tête. A trois heures, la garde nationale intervient en armes, mais c'est pour prendre part au mouvement et l'appuyer au besoin : elle va s'établir au boulevard Richard-Lenoir.

Les feuilles radicales, qui avaient annoncé la manifestation, y avaient convié la garde mobile de la Seine : deux mille hommes de cette troupe se réunirent à deux heures place Saint-Vincent de Paul. A quatre heures, un autre rassemblement de deux mille personnes a lieu sur la place d'Italie et part processionnellement pour la Bastille; on y remarque surtout des gardes mobiles et des soldats de diverses armes. Pendant ce temps, le caractère des manifestations qui se font sur la place devient plus inquiétant : les deux mille mobiles de la Seine y arrivent à leur tour au milieu d'un appareil plus théâtral que solennel, et précédés de deux fourriers qui portent chacun une grande couronne noire. Dès que la tête de cette colonne est en vue, des clairons installés sur le monument sonnent aux champs, et la foule acclame les nouveaux venus aux cris répétés de Vive la République! Ce n'est que vers neuf heures du soir que la foule commença à se retirer; une heure après, la place avait repris sa physionomie habituelle.

Le soir, grâce aux mesures prises dans la journée par la police, il y eut peu de réunions publiques. On avait pu fermer sans difficulté les salles Molière et de la rue d'Arras; le club tenu à la salle de la *Marseillaise* avait cependant ouvert ses portes. Ainsi se termina cette journée, la première où l'insurrection put compter ses adhérents, et où l'impuissance de la répression donna à ses chefs une force dont ils ne devaient pas tarder à tenter de nouveau l'expérience encore plus décisive. C'est au grand jour, cette fois, que l'émeute avait manifesté ses prétentions et suffisamment affiché ses tendances, que caractérisaient d'une manière si alarmante la promenade et l'exaltation de l'infâme drapeau rouge. Un symptôme non moins grave s'était en outre produit : l'uniforme de l'armée et celui de la mobile avaient été vus, pour la première fois, mêlés à celui des bandes insurrectionnelles des gardes nationaux, et la foule avait salué, comme l'une de ses meilleures chances de succès, ce coupable et honteux accord.

26 février.

L'armistice, signé le **28** janvier, expirait le **19** février à midi; il avait été prolongé de huit jours le **15** février, c'est-à-dire jusqu'au **26** de ce mois. Nous sommes arrivés à cette date, et une nouvelle prolongation est nécessaire, car les négociations pour la paix ne sont pas terminées. L'ennemi consentira-t-il à accorder cette indispensable prolongation sans aggraver les conditions qu'il nous a d'abord imposées? C'est ce même jour, 26 février, que fut conclu l'ajournement de la dénonciation de l'armistice par l'ennemi; mais, comme on pouvait s'y attendre, il ne fit pas cette concession sans exiger encore des compensations non moins dures que les sacrifices déjà acceptés et accomplis[1]. La clause la plus cruelle qui dût être alors consentie, était relative à l'entrée momentanée dans une partie de Paris d'un corps d'occupation des troupes étrangères.

L'entrée des Prussiens dans la capitale de la France, c'était pour l'armée allemande, comme pour l'Allemagne tout entière, le couronnement naturel et ardemment désiré de tant de victoires. En revanche, c'était pour la France, pour Paris surtout, la plus cruelle des humiliations. La seule supposition que cette humiliation pouvait avoir lieu surexcitait tous les esprits, longtemps même avant qu'elle eût été décidée. Les négociateurs allemands connaissaient parfaitement le côté grave de cette situation; ils savaient que leur entrée dans la ville turbulente par excellence, et dont l'effervescence actuelle n'était pas ignorée de leur état-major, menaçait d'amener un conflit qui pouvait être sanglant; mais ils déclaraient qu'il ne

---

[1] Voir aux Pièces justificatives.

leur était pas possible de refuser cette satisfaction considérable à leur armée et à leur nation. Quant à la ville elle-même, quelle résistance pouvait-elle opposer à une telle prétention? Comment, sans troupes, puisqu'elles étaient désarmées, aurait-elle pu songer à engager de nouveau la lutte avec une garde nationale déjà à moitié désorganisée, et dont la partie qui subsistait encore manquait aussi bien d'instruction militaire que de bonne volonté et de discipline? Comment surtout aurait-on pu s'arrêter un seul moment à l'idée de défendre une place dont l'ennemi possédait tous les forts, et qu'il pouvait en quelques heures couvrir de ses obus et réduire en cendres? Il n'y avait donc pas à penser à la résistance, même passive, telle que la conseillait le général Trochu[1]. Bien d'autres considérations militaires et politiques démontraient encore le danger qu'il y aurait à faire naître un obstacle nouveau à la conclusion des négociations engagées avec un ennemi qui pouvait contraindre la ville aux extrémités qu'il lui aurait convenu de lui imposer, aussi bien par la suppression du ravitaillement que par les feux de son artillerie. Il était également illusoire de compter sur le secours des armées de province : le gouvernement savait, par les renseignements

---

[1] A ce sujet, voyez plus loin une lettre de ce général.

que lui avaient donnés ceux des chefs de ces armées qu'il avait appelés à Paris, que la continuation de la lutte à l'extérieur n'était également plus possible. Il ne restait donc qu'à se soumettre à la dure loi du vainqueur.

La journée du 26 fut encore plus agitée que ne l'avaient été celles du 24 et du 25. Les manifestations continuent à la place de la Bastille, et ne sont pas moins menaçantes pour l'ordre public : pour la première fois, depuis que ces déplorables scènes ont commencé, l'émeute accomplit un crime au milieu d'une foule de plus de dix mille spectateurs dont les uns assistent sans mot dire au plus horrible des assassinats, pendant que les autres — et c'est la majeure partie — l'encouragent et l'approuvent.

Le début de la journée avait cependant été calme; les premières démonstrations n'eurent lieu que vers neuf heures et demie du matin; elles étaient aussi moins nombreuses et moins turbulentes que la veille. Mais un peu plus avant dans le jour, le bruit se répand que l'ennemi refuse de prolonger l'armistice et qu'il va entrer dans Paris. Cette nouvelle excite et enflamme les esprits; la foule se porte vers la Bastille, proférant des cris de vengeance. A ce moment, un agent de police, nommé Vicensini, est reconnu sur la place : il est aussitôt saisi, injurié et maltraité; puis enfin, après une longue lutte qui fut pour le malheureux une véritable torture, on le lie à une planche, et avec les raffinements de cruauté les plus affreux qui augmentent encore son supplice, on le précipite dans le canal. La foule pousse des cris de haine et de satisfaction en le regardant se débattre au milieu de l'eau, implorer ses bourreaux, puis enfin disparaître et mourir. Quelques hommes de la troupe, des marins, des artilleurs du 9ᵉ régiment et des chasseurs à pied du 23ᵉ bataillon avaient pris part à la manifestation; des renseignements ont même prétendu depuis que des artilleurs, et surtout des chasseurs à pied du 17ᵉ bataillon, avaient aidé à l'accomplissement de cet acte de monstrueuse barbarie. Toutefois, l'enquête qui eut lieu à ce sujet ne permit pas de découvrir le coupable : on put en conclure que les soldats qui avaient été signalés comme s'étant montrés les plus acharnés dans cette odieuse exécution, étaient peut-être des individus revêtus d'un uniforme qu'ils n'avaient pas le droit de porter.

Mais il fallait d'autres victimes à la foule : elle chercha à assouvir la rage furieuse qui l'animait sur ceux qui avaient voulu s'opposer à l'assassinat qu'elle venait de laisser commettre. M. Macé, commissaire de police, et son inspecteur, qui avaient eu le courage d'intervenir en faveur de l'agent, furent reconnus et maltraités à leur tour. Ils purent heureusement se dégager, et ils allèrent se réfugier à la caserne des Célestins, où la foule les poursuivit et, jusqu'à l'arrivée de la nuit, entoura la caserne dans l'espoir qu'elle pourrait ressaisir les deux hommes qui venaient de lui échapper. Mais vers sept heures, la patience lui manqua et elle retourna sur la place, circonstance qui permit à M. Macé et à son inspecteur de regagner leur domicile. Au même moment, à sept heures et demie, un employé de la gare de l'Est, qui traversait la place, est arrêté et maltraité, parce qu'on le prend pour un agent de police; ce n'est qu'avec beaucoup de peine qu'il parvient à convaincre ces forcenés qu'il appartient à l'administration du chemin de fer.

Aussitôt que le gouvernement apprit la gravité de ces événements, auxquels le meurtre de l'agent donnait un caractère de si implacable férocité, il fut résolu que l'autorité militaire interviendrait immédiatement pour faire évacuer la place. En effet, à huit heures et demie du soir, quatre bataillons s'y présentèrent en armes, et à leur vue la foule se dispersa, laissant la place à peu près vide. La troupe l'occupe aussitôt, et y reste depuis neuf heures quinze minutes du soir jusqu'à minuit et demi. Cependant les groupes se reforment moins nombreux, mais aussi moins hostiles, entourant les soldats, discourant et même, sur certains points, fraternisant avec eux [1].

La nouvelle qui s'était répandue dans Paris de l'entrée des Prussiens pour le 27 était prématurée, mais elle n'était pas invraisemblable, puisque l'autorité elle-même ignorait qu'elle dût être différée. La journée du 26 fut employée à l'évacuation des poudres et cartouches du 6ᵉ secteur, qui ne put se faire qu'avec beaucoup de précaution et de lenteur, et la population, qui la voyait s'accomplir, conjecturait avec raison qu'elle n'avait lieu qu'en prévision de l'entrée prochaine de l'ennemi.

Au moment où le bombardement avait paru imminent, les poudres avaient été réparties sur tout le pourtour de l'enceinte, en évitant les grandes accumulations. Des magasins de munitions se trouvaient établis sur tous les points, et des approvisionnements de cartouches existaient près des quartiers généraux de chaque secteur. On songea tout d'abord, après l'armistice, à faire rentrer ces munitions, mais l'opération ne put avoir lieu aussi rapidement qu'on l'aurait voulu. Les attelages de l'artillerie, fort réduits par suite du siége, où une grande partie avait dû être livrée

---

[1] « Sur la place de la Bastille, écrit le maire de Paris au commandant en chef, vos troupes sont absolument mêlées aux groupes et fraternisent. »

comme objet de consommation, furent employés à porter dans les forts les armes que la capitulation nous obligeait à remettre aux Prussiens; quelques-uns, en outre, avaient été mis à la disposition des compagnies de chemin de fer [1] pour assurer le transport du ravitaillement des gares jusque dans Paris; les autres, enfin, avaient été utilisés, dans les quartiers que les craintes d'émeute rendaient les plus dangereux, à l'évacuation des munitions qu'on y avait concentrées [2]. Mais les magasins des remparts conservaient encore leur approvisionnement, et il n'était même pas prudent de l'enlever tant que la paix n'était point signée, et que par conséquent la reprise des hostilités était à la rigueur encore possible.

Le parti du désordre n'ignorait pas cet ensemble de circonstances, et il tira habilement parti de la situation difficile où se trouvait placé le gouvernement. Sous le prétexte que les Prussiens en entrant dans Paris s'empareraient des canons que l'on n'aurait pas eu le temps d'enlever, la foule se porta d'abord au parc d'artillerie de la place Wagram : le poste de garde nationale

---

[1] Les chevaux employés aux nombreux services du camionnage des chemins de fer avaient été également livrés à la consommation.

[2] Le 26 au matin, on achevait de retirer de Belleville trois millions de cartouches.

qui le gardait, soit qu'il se sentît trop faible, soit qu'il fût de connivence avec l'émeute, ne fit pas une résistance sérieuse, et toutes les pièces furent instantanément prises, traînées à bras et conduites, par la rue Saint-Honoré et la rue de Rivoli, jusqu'à la place des Vosges. Au parc de Passy, cinq pièces furent également soustraites; mais trois furent reprises aussitôt, et quelques arrestations eurent lieu. L'armée était malheureusement impuissante, à cause de l'effectif insuffisant auquel on l'avait réduite, à faire face sur tous les points menacés. Ce jour-là, elle était déjà occupée à surveiller la Bastille et en même temps à protéger l'évacuation du 6° secteur. Quant à la foule, il était bien difficile de lui faire entendre raison par le seul effet de la persuasion : beaucoup de ceux qui aidaient à enlever les canons s'imaginaient réellement qu'ils faisaient acte de patriotisme, et ne songeaient pas qu'ils ne travaillaient en somme que pour un parti dont ils devaient bientôt détester et maudire les excès. Cette participation inconsciente d'un grand nombre d'individus donnait au mouvement une importance plus considérable : il n'était pas possible de s'opposer à l'enlèvement des canons, ni surtout de chercher à les reprendre tout de suite ; il eût fallu engager une collision dont le résultat était déjà plus que douteux.

Le Comité central de la rue de la Corderie, dont nous avons signalé la naissance, entretenait toute cette agitation et même la dirigeait : il donnait le mot d'ordre et imposait sa volonté, naturellement en contradiction avec les ordres et prescriptions du pouvoir régulier. Il voulut terminer cette journée, qui avait débuté par un crime, par une véritable revue des forces sur lesquelles il pouvait compter. La réunion de la salle de la *Marseillaise* avait décidé que le peuple résisterait par les armes à l'entrée de l'ennemi dans Paris. Dès neuf heures du soir, le rappel bat à Belleville; à onze heures et demie, deux mille gardes nationaux sont réunis et se dirigent vers la place du Château-d'Eau, où le rendez-vous est indiqué. L'agitation gagne d'autres quartiers; à minuit et demi, le tambour bat dans le faubourg du Temple, et une heure plus tard du côté de la Sorbonne. Les gardes nationaux quittent leur demeure et descendent dans la rue; beaucoup paraissent indécis et peu disposés à aller disputer l'entrée de la ville aux Prussiens. La rue Saint-Antoine est remplie de monde, ainsi que la rue de Rivoli; le boulevard Richard-Lenoir et la rue Oberkampf sont sillonnés par une foule de gens armés. Le 63e bataillon occupe la mairie du troisième arrondissement, et le 141e se rend à la place Wagram. Le maire de Paris affirme pourtant, dans une dépêche officielle, « que ce mouvement n'a pas un caractère factieux ». A une heure trois quarts du matin, des gardes nationaux se dirigent de Ménilmontant vers la Bastille et du faubourg du Temple sur la place du Château-d'Eau : le gros du mouvement est dans les troisième, quatrième, onzième et vingtième arrondissements. A deux heures et demie, cette foule armée semble vouloir se transporter du côté des Champs-Élysées, et à trois heures l'amiral de Challié, qui remplit l'intérim du ministère de la marine en l'absence de l'amiral Pothuau, alors à Bordeaux, rend compte « que les émeutiers se forment sous ses yeux par groupes de cinq cents hommes ». Cette nouvelle donne à craindre une tentative sur le ministère des affaires étrangères, à l'effet d'y enlever le président du conseil; aussi le général en chef se rend-il aussitôt sur ce point avec deux bataillons pour protéger l'hôtel. Il prescrit en même temps de tenir une brigade prête à marcher en cas de besoin et au premier appel. Mais la manifestation n'avait pas ce point pour objectif : vers trois heures, elle remonte les Champs-Élysées, précédée par deux officiers délégués par le Comité central, qui intervient officiellement pour la première fois. Elle se dirige sur le quartier général du 6e secteur pour se faire remettre les pièces d'artillerie qui sont enfermées au Ranelagh. L'amiral Fleuriot de Langle se refuse énergiquement à donner les pièces; alors les officiers délégués font une tentative pour attirer à eux les bataillons de la garde nationale du quartier, qui résiste sagement à leurs suggestions. Un peu plus tard, à quatre heures et demie, une nouvelle colonne, forte de trois mille gardes nationaux, descend par la rue Royale sur la place de la Concorde, et remonte également les Champs-Élysées. Le désordre est le même partout. La prison de Sainte-Pélagie est attaquée par huit cents hommes et forcée. A six heures du matin, l'agitation est extrême à Montmartre.

Cependant, les bataillons armés qui ont marché toute la nuit en vue d'arrêter l'ennemi s'aperçoivent, au lever du jour, que les Prussiens ne se montrent pas : la matinée est brumeuse, et une petite pluie fine et pénétrante commence même à tomber. Réunis autour de l'Arc de triomphe et sur le Trocadéro, les officiers braquent en vain leurs lunettes sur tous les points de l'horizon : aucun ennemi ne se présente. Vers six heures et demie, les bataillons de Belleville et de la Villette, qui sont au Trocadéro, commencent à redescendre par le Cours-la-Reine; enfin, à huit heures, les derniers bataillons prennent le chemin de leurs quartiers respectifs.

Les événements qui venaient de se passer n'avaient pas amené de collision sanglante, mais ils devaient être pour le gouvernement la cause d'une grande préoccupation et d'une vive inquiétude. Près de dix mille hommes en armes étaient accourus et avaient obéi à l'appel d'une autorité occulte qui venait de se dresser, cette fois publiquement, en présence de l'autorité régulière. La force militaire se trouvait placée pour ainsi dire entre deux feux, elle avait les Allemands d'un côté et l'insurrection de l'autre. Comme, à part un petit corps de troupes d'un effectif vraiment ridicule devant un tel soulèvement des esprits et une aussi audacieuse menace d'agression, elle était complétement désarmée et par conséquent impuissante, elle ne pouvait résister avec efficacité, pas plus à l'ennemi du dehors qu'à celui de dedans.

27 février.

L'agitation continue. A huit heures du matin, le général Callier, chef du 2⁰ secteur, voit son quartier général envahi; le petit dépôt des cartouches du secteur est enlevé, et le général séquestré au siége même de son commandement. A cette nouvelle, le commandant en chef, qui ne peut employer la force pour le secourir, fait parvenir au général le conseil de tâcher de s'échapper par la zone neutre, où se trouvent des postes de gendarmerie, et de rentrer dans la ville par une autre porte.

Dans la journée, le mouvement se prononce de plus en plus menaçant, et les meneurs cherchent à agir plus particulièrement sur les soldats, qu'ils font en sorte d'attirer à eux. Quant aux ouvriers, il était plus facile d'entretenir leurs sentiments de révolte, et le Comité les occupe de nouveau à l'enlèvement des canons des parcs intérieurs et du rempart. Trois pièces sont encore prises à la place Wagram avec la connivence du poste; les pièces du bastion 47 sont également emmenées; le magasin d'armes du bastion 39 et celui de munitions du bastion 56 sont pillés. Enfin, à Montmartre, un fait bien plus grave, et qui pouvait avoir des conséquences terribles, est signalé : malgré les termes de l'armistice, les émeutiers remontent sur leurs affûts les pièces du bastion 36 et les tournent du côté des Prussiens.

On parvient à mettre fin aux désordres de la place-Wagram, en faisant enlever par des attelages d'artillerie de l'armée et conduire au Luxembourg les pièces de 7 qui restaient encore dans le parc. Mais les pillages continuent sur les remparts, où on ne peut songer à les empêcher, ainsi que dans les fabriques civiles qui ont été employées à la construction des canons et à la fonte

des projectiles. Les ateliers Frey, passage Rebeval, et Warral et Middleton, avenue Trudaine, 9, sont également pillés. A ces causes de tumulte vint s'ajouter encore un incident qui fournit aux meneurs un nouveau moyen d'exciter, sous le prétexte de patriotisme, les sentiments déjà si exaltés de la foule : « A deux heures cinquante-cinq
» minutes, écrit le préfet de police, une foule de
» deux mille personnes escortait, rue Turbigo,
» une voiture contenant trois individus qui au-
» raient été reconnus pour être des sujets prus-
» siens ; on criait : A l'eau ! et on avait réellement
» l'intention de s'en défaire, car on les conduisait
» quai de Valmy. Un officier du 107ᵉ bataillon
» s'est opposé à ce que ces individus fussent mis
» à mort, et a proposé de les conduire place de
» la Corderie, au Comité central républicain, pour
» y être jugés. La foule les a conduits de ce côté :
» ils ont été perdus de vue rue Dupetit-Thouars. »

Comme on le voit, le Comité central ne dissimulait plus le rôle qu'il s'était donné, et il dirigeait dès lors le mouvement au vu et su de tout le monde ; il siégeait en permanence rue de la Corderie. Dans la journée, un grand conseil de guerre convoqué par lui fut annoncé pour trois heures dans les salles mêmes de la mairie du troisième arrondissement. Une sorte de succursale du Comité siégeait en même temps à Montmartre, au n° 41 de la rue de Clignancourt, et s'intitulait Comité de vigilance.

Les tentatives faites pour embaucher des soldats avaient malheureusement réussi, et un certain nombre de militaires de toutes armes vinrent se mêler en uniforme aux manifestations, et notamment à celles de la place de la Bastille. Dans la foule qui entourait les Prussiens arrêtés, « beau-
» coup de soldats se faisaient remarquer par leur
» exaltation. » A trois heures et demie du soir, des gardes mobiles de Paris, ayant leurs officiers à leur tête, passent sur le boulevard de Clichy et emmènent une pièce de canon. A quatre heures du soir, une compagnie de fusiliers-marins fait une démonstration à la Bastille. « A cinq heures quinze
» minutes, dit une dépêche du préfet de police,
» quinze cents mobiles de Paris, selon les uns,
» trois mille, selon les autres, convoqués par *le*
» *Vengeur*[1], se sont rendus de là à la Bastille, clai-
» rons en tête, pour défiler autour de la colonne...
» Il y avait peu d'officiers, abstention de quelques
» sous-officiers et caporaux. Ils devaient aller à
» l'École militaire délivrer les marins, et à la
» Pépinière. »

La tentative réussit à cette dernière caserne. « A six heures du soir, dit une autre dépêche du
» ministre de la marine, les mobiles de Paris ont

[1] Journal de M. Félix Pyat.

» forcé la caserne de la Pépinière, et cherchent à
» entraîner les matelots vers la place de la Bas-
» tille. J'écris au commandant de faire tout son
» possible pour retenir nos matelots, mais je ne
» dispose d'aucune force. »

La situation était donc des plus graves; l'émeute était entièrement organisée, elle avait des chefs, elle avait pillé des munitions, enlevé des canons, et enfin elle cherchait et parvenait à attirer dans le mouvement les troupes régulières non armées, auxquelles, au mépris de la convention, elle était prête à donner des armes. Le devoir du gouvernement était donc de soustraire à l'action immédiate de l'insurrection les troupes qui étaient casernées dans les quartiers où elle semblait surtout devoir se propager, tels que ceux de Belleville ou de Montmartre. C'est à Belleville principalement que le danger des défections dans l'armée semblait le plus à redouter, et la séquestration dont le général Callier avait été l'objet prouvait suffisamment que l'émeute ne reculerait là devant aucune considération pour assurer son triomphe. On devait donc éviter d'y laisser des troupes désarmées, forcément oisives, par conséquent exposées à toutes les promesses et à toutes les séductions, et qui pouvaient fournir à l'armée de la révolte un renfort qu'il fallait avant tout lui enlever.

ARMÉE DE PARIS.

28 février.

Le commandant en chef donne l'ordre de faire évacuer les cantonnements du 2ᵉ secteur, et le départ des troupes qui y sont campées s'effectue de la manière suivante :

A sept heures quinze minutes, le 136ᵉ de ligne et les mobiles du Morbihan ;

A midi, les mobiles de Seine-et-Marne et le 4ᵉ zouaves.

En même temps, il fallait se disposer à quitter définitivement le 6ᵉ secteur, car les Prussiens devaient y entrer le lendemain matin ; toutes les troupes qui y étaient cantonnées descendent au Champ de Mars, dans le 7ᵉ secteur, et c'est là que se rendent aussi celles qui viennent de Belleville. L'encombrement est donc extrême de ce côté, au Champ de Mars, sur l'esplanade des Invalides, sur les quais et dans les rues. La garde nationale de Passy elle-même ne consent pas à rester, et les 38ᵉ et 72ᵉ bataillons quittent en armes leur quartier, qui doit être occupé par l'ennemi.

Pendant que l'autorité militaire est réduite à se concentrer dans les quartiers de Paris où la population est plus calme, le trouble continue ailleurs. A une heure du matin, quatre mille personnes quittaient la salle de la *Marseillaise* avec la résolution de garder les canons de la place des

Vosges, de s'assurer des portes de Paris et de s'emparer de l'Hôtel de ville. Le sieur Darras avait été investi du commandement de l'opération par la réunion, qui, en se séparant, fit deux tentatives de pillage sur le magasin de munitions de la rue de Flandre, où des cartouches furent seulement enlevées [1].

La journée se passe, comme les précédentes, au milieu des mêmes agitations tumultueuses : la place de la Bastille est de nouveau envahie par les manifestations. A la gare de l'Est, le 258e bataillon s'empare de vive force des fusils et des cartouches ; des scènes de pillage ont lieu au Ranelagh, où des pièces de canon sont prises et emmenées, et au faubourg Saint-Antoine, près du poste-caserne n° 2. A la préfecture de police, une tentative est faite pour enlever une batterie de mitrailleuses de l'armée ; une autre, également sans résultat, a lieu à l'Arsenal. A Montmartre, les canons saisis par les bataillons du quartier sont portés au sommet de la butte : de toutes parts des barricades sont élevées dans les rues qui y conduisent, notamment au boulevard Ornano, à la

---

[1] Cette bravade n'eut pas d'autres suites, et le commandement du sieur Darras fut purement nominatif. On ne retrouve pas cet individu parmi les fonctionnaires portés au *Journal officiel* de la Commune, où ne figure qu'un sieur Darras (Octavie) comme greffier de justice de paix. Voir le n° du 14 mai 1871.

rue Dejean, deux à la place du Château-Rouge, au coin des rues Custine et Poulet; une cinquantaine de bouches à feu s'y trouvent en batterie. Partout, dans Paris, l'anxiété est générale : les hommes d'ordre accusent le gouvernement de faiblesse; hélas! c'est d'impuissance qu'il fallait l'accuser, et nous en avons déjà signalé les raisons, qui ressortent tout naturellement du simple exposé des faits. Le gouvernement avait d'ailleurs, ce jour-là, bien d'autres inquiétudes : les Prussiens devaient entrer à Paris le lendemain, et la crainte d'un conflit éclatant entre eux et le parti du désordre, alors si exalté et si fort, préoccupait à bon droit le chef de l'armée et ceux qui l'entouraient. De ce conflit, s'il était malheureusement engagé, pouvaient naître les complications les plus terribles : des sacrifices d'hommes aussi sanglants qu'inutiles, le pillage possible de la capitale par un ennemi justement irrité, l'aggravation des prétentions qu'il avait déjà proclamées, et enfin, peut-être, la reprise de la guerre, qui aurait lieu alors dans de telles conditions que sa durée et son issue pouvaient être prédites et certifiées à l'avance!

Le gouvernement devait donc avoir pour seul souci, à cette heure critique, de prévenir à tout prix une lutte dans la ville entre l'armée ennemie qui allait y entrer et les bandes de gardes nationaux qui, méconnaissant l'autorité régulière, pouvaient, sur l'ordre du comité qui les dirigeait, se porter à quelque extrémité dont les suites étaient incalculables. Il se réservait seulement, après que l'ennemi aurait quitté Paris, de prendre les mesures nécessaires pour faire rentrer dans l'ordre les bataillons réfractaires et dissoudre l'autorité insurrectionnelle à laquelle ils obéissaient. La première précaution consistait à écarter toute occasion de contact direct entre les soldats de l'émeute et ceux de l'armée d'occupation. A cet effet, on décida que deux cordons de troupes seraient établis sur les points principaux. Le premier, formé par des soldats d'infanterie de ligne, serait le plus rapproché de l'ennemi; mais on pouvait compter sur la discipline de la division Faron qui fournissait ces troupes, et sur la solidité et la dignité de son attitude, pour n'avoir rien à craindre des quelques rapports obligés qu'elle aurait avec l'armée allemande. Une seconde ligne serait placée plus en arrière, et s'étendrait de la place Pereire à la place Vendôme; elle devait arrêter au passage tout groupe armé, et l'empêcher d'arriver jusqu'à la troupe formant le premier cordon. On demanda à la garde nationale de faire l'important service de cette seconde ligne; mais pour obtenir qu'elle y consentît, il fallut payer double solde aux gardes qu'on parvint à réunir. Cette haute paye, non moins exorbitante que scandaleuse en un tel moment, et donnée à des soldats aussi médiocres et aussi peu sûrs, ne réussit cependant pas à attirer tout d'abord, en raison du danger qui pouvait les menacer, une grande quantité de gardes nationaux ; toutefois, le lendemain, quand ils virent que tout était calme, les hommes se présentèrent plus nombreux, et, comme on va le voir, tout conflit fut heureusement évité.

CHAPITRE QUATRIÈME.

ENTRÉE ET SÉJOUR DES PRUSSIENS DANS PARIS[1].

1ᵉʳ mars.

Les préliminaires de la paix avaient été signés le 26 février, et dans la soirée du 27 M. Thiers était parti pour Bordeaux afin de soumettre le traité qu'il avait négocié à la sanction définitive de l'Assemblée nationale. Cette sanction ne pouvait être douteuse, et le projet fut en effet voté à une grande majorité. On peut même dire qu'en confiant à M. Thiers pleins pouvoirs pour négocier avec les Allemands, l'Assemblée avait pour ainsi dire, et par ce fait même, approuvé à l'avance le résultat dû à ses efforts. Ainsi le traité de paix remonte réellement au 26 février ; il porte et gardera dans l'avenir cette date officielle, et c'est le 1ᵉʳ mars, au surlendemain de son acceptation par le chef du pouvoir exécutif, que les Prussiens sont entrés dans Paris, infligeant ce jour-là à la France

---

[1] On trouvera dans l'ouvrage consacré spécialement par M. Charles Yriarte au récit de cet événement, sous ce titre : les *Prussiens à Paris et le 18 mars*, une série de dépêches officielles exactement reproduites. Un volume in-8°, Paris, Henri Plon, éditeur, 1871.

celui des actes d'hostilité qui devait lui être le plus cruel et le plus sensible, et celui de tous qu'elle oubliera le moins. Cet acte est d'autant plus impolitique qu'il était parfaitement inutile, et il emprunte même un caractère encore plus odieux pour la nation qui l'a subi, à cette circonstance qu'il lui a été imposé alors que la conclusion de la paix était inévitable et certaine. En cédant, soit à la pression de ceux qui le lui ont conseillé, soit aux exigences de l'Allemagne tout entière, qui, à ce qu'il paraît, le réclamait impérieusement, l'empereur Guillaume voulait-il donner à entendre à la France et au monde que la paix qu'il allait signer n'était pour son nouvel empire qu'une trêve momentanée dont il chercherait sans cesse à aggraver les conditions déjà si exorbitantes? C'est ainsi que la France l'a compris, et dans l'affront qu'elle a reçu par la vaine parade des troupes allemandes parquées pendant deux jours dans l'un des quartiers de sa capitale, elle a vu et elle verra toujours une arrogante et intentionnelle menace!

Cependant les craintes d'un conflit pouvant éclater dans le cours de cette journée néfaste avaient beaucoup diminué, grâce aux mesures prises pour l'empêcher de naître ou au moins de se développer. Plus on approchait du terme fatal, plus les esprits se calmaient, et ceux-là même qui avaient prêché et organisé la résistance, se voyant arrivés au moment où il fallait, soit agir contre un ennemi qui, on le savait, n'avait pas l'habitude de ménager ses adversaires, soit s'incliner avec résignation contre un fait douloureux, mais inévitable, prirent heureusement le sage et prudent parti de l'abstention. D'ailleurs, l'opinion publique — nous parlons de celle de la partie saine de la population — s'était prononcée par la voie des affiches ou des journaux contre toute résolution désespérée, telle, par exemple, que celle conseillée par le général Trochu, qui crut devoir publier, au sujet de l'entrée de l'ennemi, une lettre[1]

---

[1] Cette lettre a paru dans le journal *la Liberté :*

« Paris, 19 février 1871.

« Monsieur,

» Vous me demandez mon sentiment au sujet du bruit qui se répand de plus en plus de l'entrée prochaine de l'armée allemande dans Paris. Je vous le dirai tout entier.

» Après quatre mois et demi de siége, après huit combats et quatre batailles, dont l'initiative a toujours appartenu à l'assiégé ; après le bombardement, qui a fait tant d'innocentes victimes ; après la convention que la famine seule a pu dicter, l'ennemi devait à Paris les honneurs de la guerre, à moins qu'il n'eût aucun souci des traditions et des règles qui sont devant l'opinion les titres de la noblesse des vainqueurs et des vaincus.

» Pour Paris, les honneurs de la guerre, c'était le respect de son enceinte et le respect de son deuil.

» L'ennemi veut pénétrer dans Paris, alors qu'il n'a forcé aucun des points de l'enceinte, pris d'assaut aucun des forts détachés, enlevé aucune des lignes extérieures de défense !

» S'il en est ainsi, que le gouvernement de la cité lui soit re-

généralement jugée comme regrettable et inopportune.

L'entrée des Prussiens eut lieu à onze heures du matin sans provoquer aucun incident grave, et conformément aux termes de la convention imposée pour la prolongation de l'armistice. L'armée d'occupation, forte de trente mille hommes, et composée de détachements fournis par le 6ᵉ et le 11ᵉ corps prussien et le 2ᵉ corps bavarois, s'étendit dans tout le quartier des Champs-Élysées, borné par la Seine, la place de la Concorde, la rue Boissy-d'Anglas et la rue du faubourg Saint-Honoré jusqu'à l'avenue des Ternes. Ces troupes arrivèrent militairement et s'organisèrent de manière à agir vivement, dans le cas où un conflit viendrait à se produire. Cette première journée fut tout entière employée à régler l'installation des soldats allemands, qui furent, les uns enfermés dans les monuments publics, et les autres logés chez l'habitant. Tout le quartier occupé par l'ennemi était surveillé par la première ligne de sentinelles de l'armée placées derrière des barri-

mis, pour qu'il ait seul l'odieux et les responsabilités de cette violence. Que par une muette et solennelle protestation, les portes soient fermées, et qu'il les ouvre par le canon, auquel Paris désarmé ne répondra pas.

» Et laissons à la vérité, à la justice, à l'histoire, le soin de juger.

» Recevez; etc. Général TROCHU. »

cades improvisées à l'aide de caissons vides d'artillerie, et elles se trouvaient ainsi face à face avec les sentinelles allemandes.

Pendant que toutes les troupes d'infanterie dont pouvait disposer le gouvernement étaient employées à ce service, pour lequel elles étaient tout au plus suffisantes, vu l'étendue de la ligne à garder, le parti de l'émeute avait le champ libre dans Paris. Il n'avait pas suspendu, même en une telle journée, ses détestables opérations, et ses adhérents, moins nombreux cependant que les jours précédents, étaient encore allés « manifester » à la place de la Bastille. Mais la foule ne célèbre plus l'anniversaire du 24 février : ce prétexte de troubles n'a plus sa raison d'être aujourd'hui. C'est aux agents de police qu'elle s'attaque actuellement, et ces agressions se succèdent du matin jusqu'au soir. A la rue de l'Ouest, un poste de gardiens de la paix est dispersé, après une lutte assez vive, par deux compagnies de garde nationale en armes, et forcé de se replier jusqu'à la rue de Tournon : un officier de police, M. Revel, et deux gardiens sont enfermés au poste de la rue du Château. Ailleurs, les pillages de munitions continuent; on en signale dans le magasin de la rue de Flandre et sur les remparts du 1er secteur, où trois cents hommes se présentent munis d'ordres du Comité central qu'ils veulent faire exécuter les armes à la main. Des visites domiciliaires ont lieu, pour la recherche des armes, à l'usine à gaz d'Aubervilliers et au siége de la compagnie, 6, rue Condorcet; trois cent cinquante fusils y sont enlevés. Enfin, le 103ᵉ bataillon se présente en armes au Luxembourg pour y enlever un canon; on réussit à gagner du temps sans livrer la pièce réclamée, mais on est obligé, pour éviter un conflit, de laisser la garde du Luxembourg à la garde nationale.

Le soir même, arrive à Paris la nouvelle que l'acceptation des conditions de paix a été votée par l'Assemblée nationale, et M. de Bismarck en reçoit aussitôt l'avis par une dépêche télégraphique officielle datée de Paris à dix heures un quart. Il n'est pas douteux que cette dépêche causa un vif désappointement au quartier général de Versailles. L'ennemi s'était flatté qu'il aurait la joie ineffable d'humilier plus longtemps le vaincu : tous les corps de troupes qui composaient l'armée allemande devaient successivement, dans le projet de l'état-major général, venir par fractions visiter Paris. On avait compté que l'examen du traité de paix par l'Assemblée nationale donnerait lieu à de longs discours et occuperait de nombreuses séances. La nouvelle de son acceptation subite, le jour même où l'on pouvait croire sa discussion à peine commencée, obligeait les Prussiens, d'après les termes mêmes de l'armistice consenti par eux, à évacuer aussitôt la ville. L'ennemi se résigna difficilement à cette extrémité, qui diminuait encore le caractère déjà si peu triomphal de son entrée dans la capitale de la France, et il chercha, à l'aide de mesquines subtilités, à retarder son départ. M. de Bismarck objecta que la paix ne pouvait être considérée comme conclue que lorsqu'il aurait entre les mains l'acte même qui consacrait sa sanction par l'Assemblée. Ce spécieux prétexte prolongea en effet de vingt-quatre heures le séjour des Prussiens à Paris, mais il faillit amener le conflit que le gouvernement s'était avec tant de soin étudié à éviter.

2 mars.

Lors de la discussion des conditions relatives à l'entrée et au séjour des Prussiens dans Paris, le quartier général allemand avait insisté pour que les officiers et soldats du corps d'occupation fussent admis à visiter les principaux monuments [1]. Mais les négociateurs français objectèrent que bien des dangers, et même des rixes sanglantes, pouvaient résulter de semblables visites; elles devaient forcément mettre en contact les visiteurs allemands et la population, qui surveillait avec un soin jaloux toutes les issues du quartier où l'occupation avait

[1] Voir aux Appendices.

été restreinte. Il fut alors décidé qu'on se bornerait à faire entrer les soldats par petites escouades dans le palais et les musées du Louvre, ainsi qu'à l'hôtel des Invalides.

Le général Von Kammecke, qui commandait le corps d'occupation dans Paris, demandait, le 1ᵉʳ mars, à six heures quarante minutes du soir, si les mesures avaient été prises pour que la visite des monuments désignés pût avoir lieu le lendemain, à huit heures du matin. Comme la nouvelle de la sanction donnée au traité de paix par l'Assemblée avait fait espérer au commandant en chef que l'évacuation commencerait le 2 au matin, il avait dû croire aussi que les visites projetées par les Prussiens n'auraient pas lieu. Il se contenta donc de faire une réponse évasive et qui, sans engager aucunement sa responsabilité, pouvait néanmoins paraître satisfaisante à l'ennemi. Mais le lendemain matin, 2 mars, le général Von Kammecke revenait à la charge; il envoyait au commandant en chef le colonel prince de Putbus[1] pour insister de nouveau sur l'exécution de la convention en ce qui regardait la visite au Louvre et

---

[1] Aide de camp du roi de Prusse, provisoirement détaché à l'état-major du général Von Kammecke, pendant l'occupation prussienne à Paris. C'est le prince Guillaume, né en 1833, et qui est aussi membre héréditaire de la Chambre des seigneurs de Prusse.

aux Invalides, et pour en régler les détails. Le commandant en chef chercha à démontrer au prince les difficultés considérables que devaient rencontrer ces sortes de visites. Pour le Louvre, il expliqua que la plupart des tableaux avaient été enlevés au moment du siége et expédiés au loin, et que le peu de salles où il pouvait se trouver encore quelques toiles et statues, ayant eu leurs fenêtres fermées et blindées en prévision du bombardement, l'obscurité qui y régnait devait rendre la visite projetée absolument inutile. Quant à l'introduction des Prussiens aux Invalides, elle avait des inconvénients bien plus graves encore. Les Invalides étaient situés en dehors de la ligne d'occupation, entourés d'une population très-surexcitée et que tous les raisonnements les meilleurs du monde n'empêcheraient pas de se livrer contre l'ennemi pénétrant dans leur quartier, et surtout dans un palais que les habitants de Paris avaient toujours considéré comme un sanctuaire sacré, à tous les excès que pourraient leur inspirer leur colère et leur vengeance patriotiques. Le commandant en chef se refusait donc absolument à prendre sur lui la responsabilité des conséquences peut-être terribles que la visite aux Invalides risquait d'amener.

Obligé de reconnaître la justesse de ces raisonnements, le prince renonça à parler plus longtemps de la visite aux Invalides ; mais, en revanche, il insista pour que celle du Louvre eût lieu, et il fallut se rendre à cette exigence. Toutefois, on crut devoir entourer l'entrée des Allemands dans le vieux palais de Henri II de toutes les précautions propres à prévenir un conflit, et il fut décidé que les troupes ne se présenteraient que par petites fractions, et seraient dirigées sur le Louvre par le jardin des Tuileries et la cour du Carrousel. Ces troupes marcheraient en bon ordre et ne seraient pas armées.

Cette périlleuse promenade au travers du jardin et des deux palais commença à onze heures du matin. Une foule considérable encombrait la rue de Rivoli, se tenant tout le long des grilles des jardins des Tuileries et du Louvre ; elle s'étendait également sur la place qui fait face à la colonnade de ce dernier palais. Cette foule avait le cœur rempli des plus sinistres pensées de haine et de vengeance contre l'ennemi qu'elle pouvait apercevoir à deux pas d'elle, circulant sur la grande place qu'on lui avait abandonnée. Aussi, quand elle vit par les grilles des jardins passer les soldats allemands, puis entrer dans la cour du Carrousel, et enfin dans le palais du Louvre, il y eut une explosion spontanée de cris de rage et de colère contre cette visite, qu'en un tel jour on pouvait à bon droit — puisque la paix était signée et que l'ennemi le savait aussi bien que nous — considérer comme gratuitement vexatoire. Le commandant en chef avait prévu les scènes tumultueuses qni se passèrent à ce moment dans la rue de Rivoli, et surtout sur la place du Louvre, où des épithètes injurieuses furent échangées entre la foule qui occupait la place et l'ennemi qui venait se montrer fièrement aux fenêtres du palais, comme pour mieux étaler son triomphe. Il avait dû cependant, tout en faisant ses réserves, donner les ordres nécessaires pour que les stipulations de la convention fussent strictement exécutées; mais, par cela même, il voulut que de son côté l'ennemi les observât non moins rigoureusement que nous. Or, les premiers détachements de l'armée allemande qui étaient entrés aux Tuileries avaient gardé une attitude convenable et ne s'étaient pas écartés des prescriptions convenues. Mais bientôt des officiers se montrèrent à cheval dans le jardin, où ils vinrent caracoler le long des grilles, ayant à leur suite des ordonnances armées de mousquetons; des sous-officiers parurent également avec leurs fusils, et enfin des voitures de louage d'un aspect misérable et grotesque, et que l'ennemi avait réquisitionnées chez des commerçants de bas étage, pénétrèrent aussi dans le jardin avec un certain nombre d'officiers dont une partie se tenait debout en regardant la foule de l'air le plus provocateur et le plus arrogant. La foule, de son côté, accueillit ces visiteurs et leur étrange cortége par des injures et des huées, et si la situation s'était prolongée, les grilles n'eussent certainement pas été une barrière suffisante pour empêcher le conflit si redouté d'éclater entre les vainqueurs et les vaincus.

Le commandant en chef ayant été prévenu que les Allemands n'observaient pas les termes de la convention, vint s'en assurer lui-même par ses yeux; il put voir la cour du Louvre traversée par une quantité de soldats étrangers, les uns en armes et à cheval, les autres en voiture, marchant par groupes isolés ou à la débandade, mais non pas en troupe et en ordre régulier, toutes choses absolument contraires à la convention. Il fit aussitôt prévenir le général Von Kammecke qu'il faisait fermer les grilles du jardin et suspendre les visites, et il envoya un officier de son état-major, le commandant Bourcart, pour assurer l'exécution de cet ordre. Le général prussien, qui était absent de son quartier général quand la dépêche du commandant en chef y arriva, se présenta pour entrer lui-même aux Tuileries au moment où le commandant Bourcart faisait procéder à l'évacuation du jardin et à la fermeture des grilles. Interrogé sur les causes de cette mesure, cet officier exposa avec détail au général les raisons qui l'avaient motivée, et celui-ci ne fit pas de difficultés pour reconnaître que nous étions dans notre droit[1]. Il donna aussitôt des ordres pour arrêter les visites, qui auraient dû se continuer jusqu'au soir, et sans insister davantage, il se retira. Il était alors une heure de l'après-midi.

Dans la soirée, l'acte authentique de la ratification des préliminaires de la paix fut apporté par courrier de Bordeaux à Paris. Cette pièce fut immédiatement transmise à Versailles, et cette fois l'état-major allemand n'ayant plus aucune raison à alléguer pour rester plus longtemps dans Paris, se décida à donner l'ordre de l'évacuation de la capitale par ses troupes.

3 mars.

Dès le matin, les Prussiens quittèrent Paris. Les mêmes mesures qui avaient été prescrites dans l'intérêt de la sécurité publique lors de leur arrivée, furent également observées au moment de leur départ. A midi, il était complétement terminé, et nos troupes, reprenant possession des portes de la ville, les fermèrent, pour empêcher la population de se porter à la suite de l'ennemi jusque dans la zone neutre, où un conflit aurait

---

[1] *Général Von Kammecke au général en chef.*
« Les ordres les plus formels ont été donnés immédiatement
» pour maintenir strictement la convention, à laquelle il ne peut
» avoir été manqué que par une erreur regrettable. »

pu éclater. Dans l'après-midi, la foule accourut en masse compacte aux Champs-Élysées, et elle pilla et saccagea les établissements des cafetiers ou restaurateurs qui — par force ou de bon gré — avaient ouvert leurs portes aux troupes allemandes.

Libre désormais de toute préoccupation du côté de l'ennemi, le commandant en chef put songer aux moyens qu'il convenait de prendre pour triompher des désordres intérieurs et mettre un terme à la situation inquiétante qu'entretenait leur prolongation. Elle n'avait d'ailleurs fait que s'aggraver encore pendant les journées des 2 et 3 mars : les manifestations continuaient à la Bastille; au faubourg Saint-Antoine, un bataillon appartenant au quartier de Belleville s'était montré en armes, et était venu enlever quatre pièces de canon sur les remparts du 1er secteur; les armes des militaires malades à l'hôpital Saint-Antoine avaient été pillées, il s'y trouvait deux mille fusils. Au 9e secteur, un parc était établi place Jeanne d'Arc, et les émeutiers, aidés par quelques marins, remontaient sur leurs affûts les pièces des fortifications. On signalait aux remparts les mêmes faits de violence et de dilapidation : la poudrière du bastion 89 est prise et défoncée, et le soir devaient éclater, ainsi que nous le dirons plus loin, des désordres encore plus graves.

Le 3, les manifestations avaient encore diminué à la Bastille, mais pour se porter sur beaucoup d'autres points. Il ne restait là, placé sur le sommet de la colonne et dans la main de ce génie doré de la liberté, au nom de laquelle les chefs de l'émeute recrutaient leurs adhérents et proclamaient la révolte, que ce vil drapeau rouge, ignoble et éternel symbole des insurrections sanglantes et des révolutions sociales.

CHAPITRE CINQUIÈME.

LICENCIEMENT DE L'ARMÉE DE PARIS.

Nous avons dit qu'au moment de la capitulation l'effectif de l'armée de Paris se composait d'environ deux cent cinquante mille hommes. A l'exception de douze mille hommes de la division Faron et de trois mille hommes de gendarmerie, qui étaient armés, deux cent vingt-cinq mille hommes environ se trouvaient, en vertu de la convention, oisifs et désarmés dans Paris. Ces soldats avaient presque tous droit à une libération immédiate. Les mobiles, ainsi que les hommes libérables à la fin de l'année, n'aspiraient qu'au moment où ils pourraient regagner leurs foyers. Si une émeute sérieuse venait à éclater, la présence et la réunion à Paris de cette grande quantité de soldats inoccupés pouvaient avoir les inconvénients les plus graves; leur contact obligé avec la population en avait déjà détourné quelques-uns de leurs devoirs en les attirant au parti de la révolte; en admettant qu'ils demeurassent d'abord spectateurs désintéressés du conflit, qui pouvait assurer qu'ils ne seraient pas bientôt pour la plus grande partie entraînés à y prendre part? Qui pouvait surtout dire dans quels rangs et de quel côté ils iraient combattre? La prudence exigeait donc que ces hommes fussent immédiatement congédiés. Mais, pour arriver à ce résultat, une mesure générale était préalablement nécessaire, c'était le licenciement de l'armée de Paris.

Cette mesure était certainement facile à prendre, mais plus difficile à exécuter. Il ne faut pas oublier qu'à la date du 3 mars les Prussiens occupaient encore tout le terrain délimité par l'armistice, c'est-à-dire une sorte de circonférence dont le rayon était de plus de quarante lieues autour de Paris. Il n'était donc pas possible de renvoyer à pied ceux de ces militaires qui avaient plusieurs étapes à faire ; ils se seraient trouvés, lors de leurs différentes stations, en contact avec les Prussiens, dans des conditions désastreuses et sans vivres ni logements.

On ne pouvait davantage songer à se servir des voies ferrées. Elles avaient toutes été coupées autour de Paris, et leur rétablissement n'avait lieu qu'avec une extrême lenteur, à cause des immenses dégâts causés sur les lignes par les travaux militaires exécutés pendant le siège par l'ennemi aussi bien que par nous. Celles de ces lignes qui avaient réussi à rétablir leur circulation, notamment la ligne du Nord, qui avait été ouverte la première, avaient été utilisées d'abord au transport du ravitaillement de Paris. On peut voir ci-dessus, dans notre journal des événements du mois de février, que c'est seulement dans la nuit du 13 au 14 février que les premiers convois de vivres purent arriver à Paris, et il a fallu plus de quinze jours pour ravitailler la capitale. A la date du 3 mars, toutes les lignes de chemin de fer se trouvaient rétablies, sauf celles de l'Ouest, qui n'allaient pas au delà du Mans, et que les Prussiens exploitaient d'ailleurs pour leurs propres besoins. Le licenciement des troupes était donc, à cause de toutes ces raisons, une mesure d'une exécution excessivement difficile, qui surtout ne pouvait avoir lieu aussi rapidement qu'on l'aurait voulu.

La garde mobile de Paris se trouvait tout naturellement dans ses foyers, et pouvait être licenciée sur-le-champ; mais ce licenciement présentait plus d'inconvénients que d'avantages, et menaçait même de devenir un danger. En effet, le travail n'avait pas encore repris à Paris, et si l'on rendait à eux-mêmes et à la liberté absolue de leurs mouvements les vingt et un mille soldats de la mobile de la Seine, on jetait pour ainsi dire sur le pavé, et au milieu de l'oisiveté la plus grande, ces jeunes gens exaltés et turbulents qui avaient déjà donné pendant le siége tant d'exemples de leur mauvais esprit et de leur insubordination. Dans ces derniers jours, on les avait vus pactiser avec l'émeute et se joindre aux manifestations : ils étaient à la Bastille, mêlés aux mouvements populaires ; ils étaient aussi avec ceux qui pillaient les munitions et les canons, et enfin, le 26 février, ils avaient accompagné dans leur expédition les meneurs qui avaient cherché à débaucher les marins à la Pépinière. Toutefois, pour donner le temps de trouver du travail à ceux de ces hommes qui pouvaient être disposés à rentrer régulièrement dans la vie civile, le ministère de la guerre alloua, le 7 mars, à la garde mobile de la Seine une indemnité de licenciement de dix jours de solde. Mais ce licenciement ne s'accomplit pas sans désordres : les sociétés secrètes, telles que le Comité de vigilance et autres comités insurrectionnels, avaient déjà jeté leur dévolu sur ces futurs adhérents, dont un grand nombre passa en effet au service de l'émeute. Le 7 mars, le 10⁰ bataillon se révolte rue de Laval ; il enlève son commandant et l'entraîne, bien surveillé et bien gardé, jusqu'à la place du Château-d'Eau. A une heure du matin, des délégués du bataillon se rendent à son domicile pour y faire une perquisition. Deux jours après, le 9 mars, les 7ᵉ, 8ᵉ et 16ᵉ bataillons se mutinent à leur tour ; évidemment ils obéissent déjà à un mot d'ordre, car dans chaque bataillon les faits d'insubordination se produisent de la même manière : les soldats maltraitent et insultent leurs officiers, les arrêtent et les conduisent, sous bonne escorte, devant le Comité central républicain. Celui-ci, qui n'a pas encore toute la cynique audace qu'il doit montrer plus tard, fait mettre les officiers en liberté; mais leur vie demeure toutefois menacée, et les hommes de ces bataillons sont tellement exaltés qu'on peut craindre à tout moment qu'ils ne poussent leur coupable rébellion jusqu'au massacre de leurs officiers. Ces mêmes hommes osent encore, à la suite d'un tel acte, envoyer des députations au quartier général du commandant en chef, où elles viennent en grand nombre apporter leurs réclamations et leurs griefs. Mais on ne veut même pas entendre ces indignes soldats, et on les repousse comme ils le méritent.

En même temps qu'on opérait le licenciement de la garde mobile de la Seine, on effectua celui des vingt-six mille mobiles des départements voisins de Paris, qui n'avaient pas plus de quatre jours de route à faire pour regagner leurs foyers. On leur fit distribuer des vivres pour ces quatre jours, ainsi que leur solde de route, de telle façon qu'ils pouvaient facilement, et sans crainte de manquer des moyens de subsistance, arriver jusqu'au chef-lieu de leur département. Là, ils devaient être dissous et dirigés par petits groupes jusqu'à leur résidence. Cette catégorie comprenait :

11,000 hommes environ pour les départements de Seine-et-Oise et de Seine-et-Marne;

15,000 hommes pour ceux de l'Aube, de la Seine-Inférieure et de la Somme.

Ces mobiles furent mis en marche le 6 mars. Ils étaient animés d'un tout autre esprit que leurs camarades de la Seine, et ne songeaient guère à demeurer à Paris et à se joindre aux troupes dont allait disposer l'émeute. Pressés de rentrer chez eux, où leurs familles souhaitaient si ardemment leur retour et où les travaux de la campagne les attendaient, ils partirent gaiement, en bon ordre et avec un empressement bien facile à comprendre.

Mais il restait encore à Paris, après cette évacuation, un peu plus de 54,000 soldats de la mobile qui ne pouvaient être renvoyés dans leurs foyers que par les voies ferrées, et de la manière suivante :

1,600 mobiles par la voie du Nord, la mieux rétablie et qui, par malheur, ne pouvait transporter que ces seules troupes appartenant au département de l'Aisne;

4,700 mobiles de l'Ain et de la Marne, pouvant être dirigés sur ces départements par la ligne de l'Est.

Les autres lignes, qui n'étaient encore qu'imparfaitement rétablies, ne pouvaient que quelques jours plus tard servir au transport des troupes savoir :

La ligne de Lyon reconduirait chez eux les contingents de la Côte-d'Or, de la Drôme, de Saône-et-Loire, de l'Hérault et de l'Yonne, représentant environ 12,900 hommes.

La ligne d'Orléans transporterait ceux du Tarn, de l'Indre, du Puy-de-Dôme, de la Vienne, de la Vendée et de la Loire-Inférieure, soit 15,600 hommes.

Enfin, la ligne de l'Ouest prendrait ceux des Côtes-du-Nord, du Finistère, d'Ille-et-Vilaine et du Morbihan, c'est-à-dire 19,800 hommes.

Ces divers départs ne s'opérèrent pas aussi facilement que les premiers, ni surtout sans quelques désordres provoqués par l'impatience qu'avaient ces troupes de regagner leurs foyers. Les mobiles de l'Hérault se révoltèrent au passage de l'Opéra pour des questions de solde; ceux de la Côte-d'Or et de Saône-et-Loire voulaient partir sur-le-champ, bien que le départ ne fût pas encore possible. Ils avaient hâte d'être rentrés au pays avant l'achèvement de la taille de la vigne, et ils manifestaient une irritation extrême du retard obligé de leur mise en marche. Le jour de leur départ, 10 mars, les mobiles de Saône-et-Loire mirent le feu à leurs baraquements du boulevard de Grenelle, et occasionnèrent ainsi un grand tumulte : dix de ces baraques devinrent la proie des flammes.

Les mobiles de l'Ouest — Poitou, Bretagne et Vendée, — qui avaient d'ailleurs, pendant le siége, offert l'un des meilleurs éléments de résistance comme discipline et solidité, montrèrent aussi plus de calme et d'ordre lors de leur départ de Paris.

C'est seulement le 15 mars que fut complétement terminée cette difficile opération du licenciement et du renvoi de la mobile. On avait trouvé, pour ce départ, beaucoup de bonne volonté chez les administrateurs des chemins de fer, mais aussi beaucoup d'insuffisance provenant soit du mauvais état des voies, soit surtout de l'absence des moyens complets de transport. Toutefois, il faut signaler à part la Compagnie du chemin de fer de Lyon et Méditerranée, où l'on rencontra des obstacles inattendus pour l'exécution de son service.

Au licenciement de la garde mobile succéda celui du régiment des gardes forestiers et de douaniers : ces utiles agents de l'ordre furent renvoyés à leur poste aussitôt que la mesure qui les concernait put être prise.

Toutefois l'encombrement ne diminua pas très-sensiblement dans Paris : beaucoup de troupes étaient parties, une assez grande quantité de personnes appartenant à la population civile s'étaient éloignées; mais les chemins de fer y débarquaient chaque jour, et par tous les trains, un nombre considérable de nouveaux arrivants, civils ou militaires; beaucoup de mobiles y venaient de la province, et on rencontrait surtout, dans tous les quartiers de la ville, des francs-tireurs qui avaient fait partie des armées de la Loire ou du Nord, ou qui avaient agi pour leur propre compte, et qui portaient les costumes les plus variés et parfois les plus étranges. Parmi ces derniers, on remarquait tout particulièrement les soldats du corps d'armée de Garibaldi, à la chemise rouge, avec le chapeau orné de plumes.

On procédait en même temps à l'évacuation de l'armée régulière; elle commença par le renvoi des marins, dont la bonne discipline avait été mise à une si rude épreuve le 26 février par les embaucheurs de l'émeute. Leur présence n'était plus d'ailleurs d'aucune utilité à Paris, et vers le 10 mars ils furent dirigés par les voies ferrées sur leurs ports respectifs.

Les troupes qui restaient encore à Paris après le licenciement de la mobile atteignaient le chiffre de 120,000 hommes. On ne pouvait songer à les faire partir par le chemin de fer, la lenteur de ce moyen de transport devant prendre un temps beaucoup trop considérable. Toutefois, comme la prolongation du séjour de ces troupes menaçait d'être un danger, leur départ fut décidé quand même, et on prit une mesure radicale pour l'effectuer. Le commandant en chef ordonna qu'elles feraient la route par étapes, dès que la retraite de l'armée prussienne au nord de la Seine aurait laissé libres les routes de l'Ouest et du Sud. On forma trois grandes colonnes comprenant non-seulement les hommes libérables de tous les corps, mais encore tous ceux qui étaient désarmés. Elles reçurent une organisation suffisante : un général en prit le commandement, et un intendant fut détaché près de chacune d'elles pour assurer le service de la solde et des subsistances.

Leur ordre de départ et leur direction eurent lieu de la manière suivante :

La première colonne, commandée par le général Porion, dut se rendre à Orléans ;

La deuxième, sous les ordres du général de Chamberet, partit pour Chartres ;

La troisième, général Martenot, fut dirigée sur Évreux.

Ce grand mouvement reçut son exécution le 15 mars : à cette date, le licenciement de l'armée de Paris put être considéré comme terminé ; il ne restait plus dans la ville, comme troupe régulière, que les douze mille hommes de la division Faron. Cette opération, qui eut pour résultat d'enlever une partie des forces qu'aurait pu utiliser le gouvernement insurrectionnel du 18 mars, fut heureusement achevée trois jours avant l'avénement de la Commune. Elle n'avait duré que douze jours, du 3 au 15 mars, et avait dû être organisée et accomplie par le quartier général du commandement en chef de l'armée, le ministre de la guerre se trouvant alors à Bordeaux et n'ayant pu donner, en vue de cet objet, que des instructions et une direction générales.

CHAPITRE SIXIÈME.

RECONSTITUTION DE L'ARMÉE DE PARIS.

Dès les premiers jours de mars, en voyant l'influence croissante du Comité central républicain, les troubles sans cesse renouvelés, le pillage des munitions et des armes; en voyant surtout combien le gouvernement se trouvait impuissant, en présence de la révolution naissante, avec le petit nombre de soldats qu'il avait pour la réprimer, le commandant en chef avait cru devoir écrire au ministre de la guerre, à Bordeaux, pour lui exposer la situation sous son jour véritable. « Une » insurrection s'organise en plein jour, disait-il; » envoyez-moi des troupes. » Le jour même, le ministre répondait au général et lui faisait connaître, dans une lettre confidentielle, les bases d'après lesquelles il procédait pour la réorganisation de l'armée. Cette lettre était accompagnée d'un tableau indiquant la composition des troupes qui, avec la division Faron restée dans la capitale, devaient composer la nouvelle armée de Paris. Les conventions militaires arrêtées avec l'ennemi permettaient d'élever l'effectif de cette armée à 40,000 hommes, chiffre évidemment insuffisant pour tenir tête à l'émeute qui se préparait. Les renforts annoncés formaient trois divisions d'un total de 20,420 hommes d'infanterie, comprenant quatorze régiments et six bataillons de chasseurs à pied de marche. Une division de cavalerie devait suivre : elle ne comprenait également que des régiments de marche. Il n'y avait pas plus de 7 à 8,000 hommes par division ; les régiments, très-inégaux, avaient en moyenne de 14 à 1500 hommes seulement, avec un minimum de 900 hommes pour deux régiments, les 31e et 33e, et un maximum de 2,400 hommes pour deux autres, les 88e et 89e de marche. Ces troupes avaient été choisies dans l'élite de l'armée de province, et le ministre, qui avait dirigé leur formation, recommandait expressément de n'y apporter aucune modification : « Je vous prie de maintenir absolument, » sans y rien changer, l'organisation de ces divi- » sions telle que je l'ai faite, parce que c'est avec » réflexion et après force renseignements pris que » j'en ai groupé les divers éléments. »

Il importait que ces renforts fussent réunis et concentrés aussi vite que possible à Paris. On chercha à hâter leur mise en marche et leur arrivée ; mais malheureusement la présence des Prussiens aux alentours de la capitale ajoutait encore aux difficultés de la situation militaire, et le service insuffisant des chemins de fer ne permettait pas de les utiliser, comme on l'aurait voulu, pour le transport des troupes. On parvint toutefois, grâce aux efforts et à la bonne volonté de tous, stimulés par le besoin si évidemment urgent qui pressait la réunion de ces troupes, à organiser leur départ. Mais quelque diligence que l'on eût faite, il n'était encore arrivé à Paris, à la date du 18 mars, que deux divisions à peu près complètes; la troisième n'était pas entièrement entrée dans la ville, lorsque le gouvernement dut commencer son action offensive contre l'émeute.

Les troupes destinées à l'armée de Paris étaient tirées, les unes de l'armée de la Loire, les autres de l'armée du Nord [1]. Elles devaient venir du Havre, de Cherbourg, de Laval, de Poitiers, de Châteauroux, de la Rochelle et de Saint-Amand (Cher).

Il n'y eut que 6,000 hommes d'infanterie à faire arriver par les voies ferrées, savoir :

Du Mans, la brigade Béhic : 45ᵉ et 46ᵉ de marche (2,400 hommes), le 5 mars, par la ligne de l'Ouest;

Le 33ᵉ (915 hommes) et le 38ᵉ (1,240 hommes), le 7 mars, par la ligne d'Orléans;

---

[1] Huit régiments avaient appartenu à l'armée de la Loire : c'étaient les 31ᵉ, 33ᵉ, 36ᵉ, 38ᵉ, 39ᵉ, 41ᵉ, 45ᵉ, 46ᵉ de marche;

Six régiments provenaient de l'armée du Nord : c'étaient les 67ᵉ, 68ᵉ, 69ᵉ, 76ᵉ, 88ᵉ et 89ᵉ de marche.

3,000 hommes de l'armée de la Loire vinrent également par les voies ferrées.

Les troupes qui se trouvaient à l'Ouest furent dirigées sur Mantes, où une sorte de concentration s'opéra par le chemin de fer de Rouen :

6,600 hommes (76e, 88e, 89e de marche) venaient du Havre, sous la conduite du général Berthe;

7,500 arrivaient de Valognes (Manche), sous les ordres des généraux Deplanque et Derroja. Cette colonne comprenait :

1° Les 67e, 68e et 69e régiments de marche, donnant un effectif de 3,560 hommes, qui étaient tirés de l'armée du Nord;

2° 4,000 hommes provenant de l'armée de la Loire.

Ces troupes étaient obligées, pour arriver à Paris, de traverser en partie les lignes de l'ennemi : le mouvement sur Mantes offrait ainsi de grandes difficultés. Il fallait en effet renoncer sur ce point à la voie ferrée, les ponts n'ayant pas encore été rétablis. Le ministre de la guerre avait envoyé à Mantes un de ses officiers d'ordonnance, le capitaine de mobiles Du Lau, pour y arrêter tous les trains de troupes; elles devaient être dirigées de là, par étapes, sur Saint-Germain, puis sur Paris. Toutefois, une entente était nécessaire entre M. Jules Favre et le prince de Bismarck pour que cette marche pût être ainsi exécutée. La note relative à cet objet fut soumise, le 4 mars, à l'approbation du chancelier fédéral, qui ne fit aucune objection contraire. Dans la journée du 5 au 6, les trains qui amenaient les troupes arrivaient à Mantes; elles furent aussitôt dirigées sur Saint-Germain, et de là sur Paris, où elles entrèrent le 8 et le 9.

Ce mouvement, bien que M. de Bismarck l'eût approuvé, avait failli ne pas réussir. L'état-major général prussien, dans la personne de M. de Moltke, avait rappelé, le 7 mars, que quelques jours auparavant, à Saint-Ouen, des coups de fusil avaient été tirés sur un avant-poste prussien[1]. Se fondant sur ce précédent, il protesta, par dépêche adressée au quartier général français, contre les ordres qui avaient été donnés pour l'arrivée de nos troupes. Il demandait que Mantes fût évacué sur-le-champ, afin qu'il pût faire traverser la Seine à divers corps allemands dans les environs de cette ville. Heureusement cette dépêche parvint trop tard à sa destination; elle était envoyée le 7, et portait l'indication de onze heures du soir; à ce moment la plus grande partie de la première colonne de nos soldats était déjà à Saint-Germain, la seconde devait y arriver le lendemain, et il était

[1] Cet incident s'était produit dans la nuit du 1er au 2 mars, pendant l'occupation prussienne.

trop tard pour l'arrêter. Aucun contre-ordre ne fut donc donné, et cet incident n'apporta pas de retard à l'arrivée des troupes à Paris. Ces troupes, qui étaient destinées aux divisions Susbielle, Maud'huy et Barry, campèrent, les unes dans l'avenue de l'Impératrice, et les autres dans la grande avenue qui s'étend du Trocadéro à la porte de la Muette et au Cours-la-Reine. Elles arrivaient très-fatiguées, mais surtout animées — au moins quelques-unes — d'un assez mauvais esprit, ainsi que le commandant en chef put s'en apercevoir par lui-même en les passant en revue.

Le mouvement de l'artillerie se fit tout entier par le moyen des voies ferrées, et de la manière suivante :

Le 4 mars, trois batteries de 4 sont mises en marche de Saint-Amand ;

Le 5, quatre autres de 7 sont envoyées d'Argentan ;

Enfin, le 7, trois batteries de mitrailleuses sont dirigées de Châtellerault.

Le transport de cette artillerie prit un temps assez long ; elle arriva cependant à Paris avant le commencement du mouvement définitif.

Les troupes dirigées sur la capitale n'avaient pas encore renvoyé ceux de leurs hommes qui étaient libérables à la fin de la guerre : elles durent donc fournir un contingent aux trois colonnes de soldats libérés qui sortaient de Paris pour se rendre en province. Il fallut aussitôt combler les vides produits par ces départs, et on répartit entre les divers régiments tous les militaires de l'ancienne armée de Paris qui n'avaient pas droit à leur libération. Cette mesure était urgente et ne pouvait être différée, puisque, en vertu de la loi, la libération et le départ d'un grand nombre d'hommes étaient inévitables. On s'occupa de la réaliser sur-le-champ ; mais on se trouvait déjà arrivé au 15 mars, et l'opération équivalait à un remaniement complet de l'effectif. Nous insisterons tout particulièrement sur ce point, qui a une grande importance au point de vue de l'insuccès des opérations qui furent engagées contre l'émeute. Il est de fait que le 18 mars, la plupart des régiments appelés à donner leur concours à une action que depuis longtemps la population — nous parlons toujours de la partie saine du peuple de Paris — poussait le gouvernement à engager, n'étaient dans Paris que depuis neuf jours, et que les hommes qui les composaient n'avaient encore que trois jours d'incorporation.

Le premier soin du commandant en chef devait être de rétablir dans ces éléments assez confus et d'une solidité douteuse la tenue, l'ordre et la discipline. Déjà, dans son ordre du jour du 9 février, il avait insisté sur le retour aux prescriptions réglementaires; il y revint de nouveau le 16 mars. Les troupes récemment arrivées auraient certainement acquis en peu de temps la cohésion qui leur faisait principalement défaut, si les nécessités politiques n'avaient pas obligé le gouvernement à les utiliser presque au lendemain même de leur organisation. L'effort qu'on allait leur demander devait être rendu plus difficile encore par ce fait aggravant que cette fois ce n'était pas contre l'ennemi commun qu'on les ferait marcher, mais contre des compatriotes, contre des Français.

CHAPITRE SEPTIÈME.

MOUVEMENTS POPULAIRES DU MOIS DE MARS.

3 mars.

Dans cette soirée, l'émeute devait essayer ses forces d'une manière à la fois plus efficace et plus sérieuse; elle vint s'attaquer à un poste. A dix heures quinze minutes du soir, quatre bataillons de la garde nationale investirent le poste des gardiens de la paix aux Gobelins, et l'obligèrent à déposer les armes. On leur prit leurs chassepots, puis la foule pénétrant à la suite de la garde nationale dans le poste et dans l'établissement qu'il protégeait, il y eut pillage général des armes qui s'y trouvaient en dépôt.

A la première nouvelle de cet audacieux coup de main, le préfet de police avait envoyé au secours de ses agents menacés une compagnie de la garde républicaine prise à la caserne Mouffetard, puis deux escadrons, l'un de la Cité, l'autre des Célestins, et enfin une nouvelle compagnie de la Cité, bientôt suivie de quatre autres. Ces renforts, qui formaient un effectif respectable, n'arrivèrent pas à temps : la compagnie sortie de la caserne Mouffetard, arrêtée dans la rue de ce nom par la foule qui l'entourait et la pressait de toutes parts, eut même beaucoup de peine à se dégager sans conflit.

Dans la même soirée, au 3ᵉ secteur (la Villette), une bande d'émeutiers s'empare de vingt-neuf obusiers à âme lisse; les portes du magasin du bastion 25 sont défoncées, et plusieurs barils remplis de munitions sont enlevés sur des voitures.

4 mars.

Dans la matinée, la caserne de la rue Mouffetard est évacuée par la garde républicaine, qui reçoit l'ordre de se replier sur celle de la rue de Tournon. Les gardiens de la paix du sixième arrondissement se concentrent dans le même poste, ceux du cinquième et du treizième viennent à la préfecture. Le quartier général du 9ᵉ secteur, trop éloigné du centre, quitte le boulevard d'Italie et s'installe à la rue d'Ulm, voisine du Luxembourg.

Dans la journée, la préfecture de police annonce que des menaces sont faites publiquement à l'effet de se porter sur la prison de Sainte-Pélagie et de l'enlever. C'est dans la soirée de ce même jour que le général d'Aurelle de Paladines, nommé général en chef de la garde nationale, arrive à Paris pour y prendre définitivement possession de son commandement, dont le général Vinoy se trouve ainsi déchargé. L'intérim nécessité par l'obligation imposée au général d'Aurelle de prendre part, comme député, aux discussions relatives au traité de paix, n'avait pas duré moins de seize jours, du 16 février au 4 mars.

5 mars.

La prison de Sainte-Pélagie n'a pas été forcée, comme on l'avait craint la veille; mais obligé de céder aux cris et aux menaces de la foule, le directeur de la prison avait dû, pour éviter de plus grands malheurs, faire relâcher un individu détenu sous l'inculpation d'avoir pris part à l'émeute du 22 janvier[1]. Aussitôt le commandant en chef fit augmenter la force militaire de garde à la prison, qui fut portée à cent hommes, et il enjoignit à l'officier commandant le poste de résister par tous les moyens, même les plus extrêmes, dans le cas où une nouvelle attaque se produirait. La promptitude de cette mesure et la ferme attitude de la troupe maintinrent dès lors la foule en respect et empêchèrent toute autre tentative sur ce point.

6 et 7 mars.

Ces deux journées ne furent signalées que par

---

[1] C'était le trop fameux Serizier, alors capitaine au 101e bataillon, et dont la Commune devait faire un colonel.

des essais de révolte de la mobile de la Seine, que nous avons ci-dessus mentionnés. L'insurrection, qui toutefois ne s'endormait pas, préparait ses menées en secret, et d'ailleurs elle avait à sa disposition les armes et les munitions nécessaires pour tenter l'aventure, qui ne réussit que dix jours plus tard.

Le 7, les Prussiens évacuèrent les forts du Sud; les troupes de la brigade Daudel (113ᵉ et 114ᵉ) furent chargées de les y remplacer.

8 mars.

Au 9ᵉ secteur, les gardes nationaux du treizième arrondissement installent un commandement insurrectionnel pour leur quartier. Le commandant élu est un ouvrier du nom de Duval, improvisé général de par la grâce de l'émeute, et qui devait l'un des premiers donner son sang pour elle[1]. Il choisit pour son chef d'état-major le nommé Pathé, capitaine de la 1ʳᵉ compagnie de

[1] Voici quels furent les services subséquents rendus par ce Duval au gouvernement de la Commune :
    21 mars, commandant délégué à l'ex-préfecture de police;
    25 mars, confirmé général;
    28 mars, élu à la Commune;
    30 mars, membre de la commission militaire;
    2 avril, délégué au commandement militaire de l'ex-préfecture de police.
On verra plus loin dans quelle circonstance il fut tué.

marche du 134ᵉ bataillon. L'état-major du nouveau « général » prit pour quartier général un local situé au n° 76 de l'avenue d'Italie[1].

9 mars.

On craignit pendant toute la nuit une attaque en règle annoncée sur l'Hôtel de ville : elle n'eut pas lieu. Les mobiles de Paris renouvellent l'agitation qu'ils ont déjà causée au moment de leur licenciement, et le Comité central de la rue de la Corderie intervient, et évoque devant lui le règlement du différend survenu entre les mobiles et leurs officiers. Il apporte d'ailleurs dans l'instruction de l'affaire une modération inattendue, et ordonne la mise en liberté des officiers.

La municipalité, qui venait d'être soulagée de bien des contrariétés par le licenciement de la mobile, adressait au commandant en chef des plaintes réitérées au sujet des troupes irrégulières, francs-tireurs et garibaldiens, qui exigeaient impérieusement des billets de logement chez l'habitant, et qui n'avaient pas toujours une tenue et une conduite à l'abri de tout reproche. D'autre part, le renvoi dans leurs foyers des hommes libérables avait permis de rendre à leur destination les lycées Descartes et Rollin, où tous les préparatifs se faisaient en vue de la prochaine

[1] Ce local appartient à la ville de Paris.

réouverture des classes. On avait affecté au logement de la nouvelle armée de Paris les baraquements nombreux que le départ de la mobile avait rendus libres.

10 mars.

L'évacuation des forts de la rive gauche de la Seine par l'armée prussienne avait été réglée par une convention négociée par le général de Valdan et le général Von Podbielski le 4 mars, et celle de Versailles par une entente semblable conclue par les mêmes généraux le 6 du même mois.

Il résultait de la teneur de ces importants documents[1], que les chefs de l'armée allemande s'engageaient à quitter les forts du sud de Paris le 7 et la ville de Versailles le 11 mars. Le commandant en chef devait considérer ces arrangements comme définitifs, et ne supposant pas que de nouveaux obstacles pussent arrêter leur exécution, il donna les ordres nécessaires pour que, le 11 mars, une colonne de nos troupes fût dirigée sur Versailles afin d'y remplacer les Prussiens. Mais dans la journée du 10, un avis parvenu au ministère de l'intérieur fit connaître que l'ennemi venait d'ajourner son départ de Versailles, et cela sans avoir cru convenable de fixer le terme de cet ajournement. Les troupes qui devaient

[1] Voir aux Appendices.

partir furent donc obligées de rester à Paris et d'attendre le bon plaisir du vainqueur. Cependant l'Assemblée devait ouvrir ses séances à Versailles le lundi 20 mars, et il était indispensable qu'à cette date la ville fût évacuée par les Allemands et occupée par nos troupes.

A Paris, le Comité central de la garde nationale, en présence de l'impuissance, trop facile à constater, de la répression, devient de jour en jour plus impudent et plus audacieux. Dans cette journée, il députe au commandant du 8e secteur quelques-uns des officiers qui se sont ralliés à lui, pour demander que deux batteries d'artillerie soient mises à sa disposition par l'autorité militaire en faveur du quinzième arrondissement. Ces inqualifiables prétentions sont naturellement repoussées. On peut s'attendre, d'après ce refus, à une agression imminente sur ce point.

La veille, à Grenelle, Varlin [1] avait prescrit,

---

[1] Chef révoqué du 193e bataillon pendant le siége. Il remplit sous la Commune les fonctions suivantes :
    24 mars, délégué aux finances;
    28 mars, élu à la Commune;
    30 mars, membre de la commission des finances;
    22 avril, membre de la commission des subsistances;
    4 mai, directeur général de la manutention et des approvisionnements militaires;
    6 mai, adjoint à la commission de la guerre;
    21 mai, délégué à l'intendance.

au nom du même Comité central, à trois bataillons ayant adhéré à l'émeute d'aller enlever les canons au parc du Luxembourg. Ce parc était gardé par l'ancien bataillon de Varlin, le 193°, que commandait alors M. Marius Topin. Toutefois, on pouvait craindre l'influence que Varlin avait peut-être conservée sur quelques-uns de ses hommes, bien qu'il eût été révoqué sur la demande même du corps des officiers qui l'avaient d'abord élu. Mais le mouvement annoncé ne se produisit pas ; il n'y eut, vers le soir, qu'une démonstration sans armes, faite à la Conciergerie par les 56°, 57° et 182° bataillons, qui étaient venus réclamer l'élargissement d'un officier de la garde nationale. La garde républicaine fit une bonne et ferme contenance, et vers six heures du soir, les bataillons durent se disperser sans avoir obtenu ce qu'ils désiraient.

Dans cette même journée, des pourparlers ont lieu, sur l'initiative de M. Clémenceau, maire du dix-huitième arrondissement (Montmartre), en vue de faire réintégrer dans un parc militaire les canons accumulés et gardés par l'émeute sur la butte Montmartre. Ce fonctionnaire est venu déclarer que des symptômes d'impatience et de lassitude se faisaient déjà remarquer parmi les gardes nationaux qui s'étaient chargés de la surveillance des canons ; le nombre des hommes de garde diminuait chaque jour, et il espérait que son influence — qu'il s'exagérait malheureusement — serait assez efficace pour obtenir d'eux la reddition immédiate des pièces. Le devoir du commandant en chef était de tenter toute mesure qui pouvait, sans effusion de sang, amener le résultat désiré. Il fit donc envoyer, sous la conduite d'artilleurs sans armes, afin de bien indiquer le caractère pacifique de l'entreprise, de nombreux attelages d'artillerie qui attendraient sur la place de la Trinité l'effet des bonnes promesses de M. Clémenceau, et remmèneraient aussitôt tout ce qu'ils pourraient prendre de canons, si la négociation avait réussi. Mais, comme on devait bien un peu s'y attendre, les gardes nationaux de Montmartre, qui dans toute cette triste affaire n'agissaient pas tout à fait pour eux-mêmes, ni surtout par eux-mêmes, refusèrent de rendre les pièces qu'ils détenaient. Le Comité central intervint personnellement dans la question, et voulut même dicter des conditions! Tout effort de conciliation pacifique était donc irréalisable, et le soir les attelages, qui étaient demeurés pendant toute la journée sur la place, s'en retournèrent comme ils étaient venus.

11 mars.

Le conseil de guerre, qui avait depuis quelques

jours commencé le jugement des prévenus pour participation à l'affaire du 31 octobre, condamne à mort par contumace les sieurs Flourens et Blanqui. Le même jour, le gouvernement décide la suppression de six journaux dont la polémique particulièrement violente était une incessante provocation à la révolte. Le commandant en chef de l'armée signe, en sa qualité de commandant de l'état de siége, cette mesure rigoureuse mais nécessaire[1].

Les Prussiens évacuent les forts du Sud; mais des dépêches expédiées de Versailles par le maire de la ville font connaître que le départ de l'ennemi continue à être différé. Cependant, à dix heures du soir, contrairement à cet avis, une dépêche du général de Bosc, commandant le 11ᵉ corps prussien, annonce qu'il part le lendemain, et que les troupes françaises peuvent dès midi se présenter à Versailles. A la même heure, le com-

---

[1] Ces journaux étaient :

1º *Le Vengeur*, de Félix Pyat, qui a reparu le 30 mars.

2º *Le Cri du peuple*, de Jules Vallès, qui parut à nouveau le 19 mars.

3º *Le Mot d'ordre*, de Henri Rochefort; reparaît le 1ᵉʳ avril.

4º *Le Père Duchêne*, de Vermersch; reparaît le 21 mars.

5º *La Caricature*, du dessinateur Pilotell; n'a depuis reparu qu'une fois, le 23 mars.

6º *La Bouche de fer*, de Paschal Grousset, n'a eu que deux numéros, et n'a pas reparu.

mandant en chef fait parvenir à tous les commandants de secteur les recommandations les plus minutieuses sur la surveillance prudente qu'ils doivent exercer le lendemain plus que tout autre jour. En effet, Paris peut être excité encore davantage par trois causes qui touchent directement certaine partie de la population à différents points de vue : la résolution que vient de prendre l'Assemblée de siéger à Versailles, la condamnation à mort de Blanqui et de Flourens, et enfin la suppression de six journaux qui s'étaient prononcés ouvertement contre le gouvernement régulier et pour le parti de l'émeute.

12 mars.

Les craintes conçues la veille n'étaient pas vaines : une grande effervescence agite la cité. Le Comité central fait placarder sur les murs de Paris une grande affiche rouge qui porte la signature de ses membres, et qui n'est qu'une longue excitation à la révolte et à la désertion, à l'adresse de l'armée régulière. Le préfet de police et les chefs des secteurs font arracher partout cette affiche; mais très-souvent l'opération est dangereuse, à cause des obstacles qu'y vient mettre la foule. Le 9e secteur est surtout très-turbulent : l'amiral qui le commande donne avis au commandant en chef qu'il ne lui est plus possible d'avoir la moindre confiance dans la garde nationale du quartier, dont la plus grande partie est manifestement hostile et dont le reste n'offre qu'une force insuffisante. Il ajoute que les magasins de munitions, mal gardés par elle, sont pillés toutes les nuits avec sa participation évidente.

Dans cette même journée, le 119ᵉ de ligne se rend à Versailles, que vient d'évacuer l'armée allemande.

13 mars.

La populace, voyant le succès et l'impunité toujours croissants des actes de pillage auxquels elle se livre journellement, se jette sur les baraquements en planches construits dans Paris pour le logement de la mobile. La municipalité est impuissante devant une telle agression, et c'est en présence des agents de la police que s'accomplit la destruction des baraques inoccupées, dont les matériaux sont aussitôt enlevés par les démolisseurs.

Une prescription du ministre de la guerre décide que tous les régiments de marche créés pendant la guerre seront fusionnés avec les régiments de numéros correspondants qui rentrent de captivité. Tous les services de ce ministère seront reconstitués à Paris le 15 mars.

14 mars.

Un ordre du jour du ministre de la guerre adresse de publiques félicitations à la garde mobile licenciée, pour les bons services qu'elle a rendus pendant la crise terrible que vient de traverser le pays. Cet ordre du jour comprend dans le même éloge les gardes mobiles des armées de Paris et de la province.

On s'efforce d'évacuer sur les forts du Sud, pour les soustraire aux actes de pillage qui se produisent à tout moment, les munitions qui sont encore restées dans les magasins des remparts, au 9e secteur : neuf voitures chargées de caisses de cartouches sont dirigées sur le fort d'Ivry. A midi, quatre nouvelles voitures sont mises en marche; mais les gardes nationaux du 101e bataillon étant intervenus, parviennent à arrêter le convoi et à s'emparer de la dernière voiture.

Dans la journée, un incident assez grave menace de provoquer un conflit auquel l'ennemi pourrait, avec quelque raison, vouloir prendre part. Deux employés des chemins de fer prussiens, les nommés Weilsch et Haussmann, ayant le grade d'officiers, sont arrêtés par la garde nationale et conduits au Comité central. Ces deux individus étaient entrés à Paris pour une opération financière qui réclamait leur présence personnelle. Le général en chef de la garde nationale, apprenant que le Comité les a séquestrés, croit devoir faire auprès de lui une tentative pour que les prisonniers soient remis entre ses mains. Le Comité refuse; il prétend que les Prussiens ont saisi et gardé au fort d'Aubervilliers un capitaine de garde nationale, le nommé Soumin, appartenant au 147° bataillon, et déclare en outre qu'il ne rendra les deux Allemands qu'en échange de l'officier arrêté. Ce Soumin avait, en effet, été appréhendé par l'ennemi à la suite d'une tentative d'assassinat commise par lui sur un factionnaire de garde au fort, où on l'avait alors enfermé.

15 mars.

La nuit passe sur cet incident, qui au matin menace de prendre de très-graves proportions. Le Comité central persiste à garder les deux Prussiens, pendant que le commandant en chef de l'occupation allemande en France, M. de Fabrice, les réclame par dépêche adressée de Rouen à M. Jules Favre, ministre des affaires étrangères. Il donne au ministre les raisons qui ont motivé l'arrestation du capitaine Soumin, et termine « en » réclamant de nouveau les officiers avec la plus vive instance. Je rends le gouvernement fran-

« çais responsable de leur retour sains et saufs. » Les pourparlers et les tentatives recommencent auprès du Comité, et les officiers sont même pour un moment délivrés et remis aux mains du commissaire de police ; mais bientôt des gardes nationaux insurgés du 147ᵉ bataillon, qui ne parlent que de venger leur capitaine, ressaisissent les Prussiens et les emmènent jusqu'à la rue Mathis, à la Villette. Des mesures plus énergiques sont alors prises pour mettre un terme à cette situation qui n'a déjà que trop duré, et à quatre heures du matin deux bataillons, l'un de garde républicaine, l'autre de gendarmerie, sont désignés pour aller reprendre de vive force les deux officiers prussiens. Mais à ce même moment le commissaire de police de la Villette parvenait à se faire rendre les sieurs Weilsch et Haussmann, que le gouvernement fit reconduire aussitôt aux avant-postes. Le conflit, toujours imminent, avait été une fois encore évité.

Ce même jour, des mesures furent prises pour mettre à l'abri du pillage l'importante cartoucherie de la rue de Vanves, et une compagnie d'infanterie vint occuper ce poste, qui fut retiré à la garde nationale.

Dans la matinée, les douze mille chassepots que nous avions remis en trop aux Prussiens arrivent de Mayence par le chemin de fer. Ces armes sont dirigées de Nogent-sur-Marne, où l'on fait arrêter le train, sur le fort de Vincennes, afin d'éviter le passage dans Paris.

16 mars.

Le 119ᵉ de ligne, envoyé à Versailles pour y relever les Prussiens, n'avait pu occuper sur-le-champ les casernes de la ville, qu'il était avant tout urgent de nettoyer et d'assainir. On y attendait la division Bruat, destinée à servir de garde à l'Assemblée et qui devait remplacer le 119ᵉ. Ce régiment dut, en conséquence, aller camper à Satory; mais il y fut assailli, le 16 mars, par une véritable tourmente de neige qui lui causa de grandes souffrances : on le fit aussitôt rentrer en ville et loger chez l'habitant. Il avait ordre de revenir à Paris dès que la division Bruat serait arrivée. Mais l'émeute du 18 mars suspendit le départ de ce régiment, qui forma l'un des premiers éléments de la nouvelle armée constituée à Versailles.

Le même jour, à Paris, une collision semble sur le point de s'engager vers onze heures du soir, au 9ᵉ secteur, entre le 134ᵉ bataillon de la garde nationale qui veut piller les poudrières au nom du Comité central, et le 21ᵉ bataillon qui a l'ordre de les garder pour le gouvernement régulier et qui se déclare prêt à les défendre. En présence de cette ferme résistance, la troupe dissidente entre à l'amiable en composition et se retire.

17 mars.

Cependant l'état de trouble et d'agitation permanents, causé par la résistance du Comité central et la réunion d'un si grand nombre de pièces d'artillerie massées sur divers points de Paris en dehors de l'action du gouvernement, ne peut se prolonger bien longtemps encore. Tout le monde comprend que le moment d'en finir est proche : le Comité sent bien que la lutte est inévitable, qu'elle va éclater ; aussi il se remue, il s'inquiète, il se prépare. Par ses ordres, des déplacements ont lieu dans les pièces parquées à la place des Vosges, qui semble ne pas être suffisamment protégée, et trois batteries en sont enlevées par la garde nationale et menées sur les hauteurs de Belleville, point stratégique des plus importants pour l'émeute.

En effet, la situation ne pouvait durer plus longtemps : on avait temporisé dans l'espoir d'une conciliation pacifique, aujourd'hui reconnue impossible ; d'ailleurs, les principaux membres du gouvernement n'étaient pas à Paris, et leur réunion était nécessaire pour les graves décisions qui devaient être prises. Mais les ministres venaient d'arriver, et avec eux le chef du pouvoir exécutif.

Un grand conseil eut lieu; on y discuta la question d'une offensive indispensable et immédiate, qui devait avoir pour but deux points principaux : la reprise des canons, armes et munitions enlevés et gardés à vue par les bataillons dévoués au Comité central; la dissolution de ce comité et l'arrestation de ses membres. L'Assemblée allait se réunir dans peu de jours : pouvait-elle délibérer avec calme et sécurité, à quelques lieues seulement de Paris, alors que l'émeute y régnait à peu près en souveraine maîtresse? L'opération offensive avec l'objet qu'elle se proposait fut donc aussitôt adoptée et décidée en principe.

Des considérations d'une autre nature — purement militaires — obligeaient le général en chef à ne pas partager sur tous les points l'avis unanime du conseil. Il reconnaissait parfaitement avec lui la nécessité d'une offensive énergique; mais, par les raisons que nous allons dire, il aurait préféré qu'elle fût encore ajournée. Les manifestations de la place de la Bastille avaient démontré que le Comité central comptait des adhérents dans plus de la moitié des bataillons de la garde nationale [1]; on ne pouvait donc espérer le concours absolu de cette force reconnue en partie hostile, d'autant plus qu'à la suite de l'armistice un grand nombre des gardes nationaux

[1] Voir aux Appendices.

appartenant au parti de l'ordre avaient, pour diverses raisons, quitté momentanément Paris. En même temps, beaucoup d'hommes du même parti avaient profité de la conclusion de la paix pour déposer leurs armes et reprendre leurs affaires. Ainsi, les gardes nationaux sur le concours desquels le gouvernement aurait pu porter sa confiance étaient ou absents, ou décidés à rester chez eux et à ne point intervenir d'une manière active dans la grande lutte qui allait s'engager. On pouvait, en faisant un retour sur le passé, convenir que lors des insurrections survenues pendant le siége, c'était à la bonne attitude de la partie saine de la garde nationale qu'on avait dû de triompher des tentatives des nombreux partisans de l'émeute qu'elle comptait dans ses rangs. Aujourd'hui on devait les trouver seuls devant soi. On ne pouvait donc plus songer à les voir contenus dans le devoir par l'exemple et la force de résistance de leurs camarades, alors éloignés ou désintéressés du conflit.

Il était donc certain que tout l'effort de l'action décisive qu'on méditait devrait être demandé à l'armée; il ne fallait pas se dissimuler qu'elle était alors dans de bien mauvaises conditions pour le donner d'une manière efficace. A l'exception de la division Faron, qui commençait à avoir cette fermeté dont elle a depuis donné tant de preuves, les troupes nouvelles de l'armée de Paris étaient, ainsi que nous l'avons déjà dit, à peine organisées : la plus grande partie des hommes ne figuraient dans le rang que depuis deux jours seulement, et les régiments n'avaient point par conséquent l'homogénéité et la cohésion nécessaires. On se préparait donc à engager un combat, d'où dépendaient tant de graves et considérables intérêts, avec une petite armée de vingt-cinq à trente mille hommes, en partie de médiocre qualité, contre trois cent mille gardes nationaux, les uns indifférents, la plupart hostiles, ces derniers bien armés et possédant des moyens de résistance inattendus. Le général en chef ne se dissimulait donc pas les difficultés de l'entreprise, et il considérait que toutes les bonnes chances n'étaient point pour nous. Il aurait voulu que le gouvernement patientât encore quelque temps, de manière à permettre à l'armée, toujours en voie de formation, de recevoir les renforts nécessaires que la mise en liberté de nos prisonniers d'Allemagne allait nous procurer. Nous aurions pu alors, à l'aide de ces vieilles troupes, d'une solidité éprouvée, nous présenter devant l'émeute avec la presque certitude de la vaincre au moment même où elle ne disposait pas encore de toutes ses forces. Qui sait si, à la suite de cette première et rapide victoire, qui aurait eu pour résultats obligés la reddition de l'artillerie et des munitions enlevées et le désarmement de la garde nationale, qui sait si le règne odieux de la Commune n'eût pas été étouffé à l'heure même où son avénement pouvait paraître le plus certain?

Le conseil des ministres avait apprécié différemment la situation; il ne partagea pas, en ce qui regardait l'ajournement de l'opération à entreprendre, les idées émises par le commandant en chef. Il crut que l'action offensive devait être terminée avant la réunion de l'Assemblée; et comme celle-ci devait ouvrir ses séances le lundi 20 mars suivant, il décida que la tentative qui avait pour but de reprendre les canons serait faite dans la nuit même du 17 au 18 mars.

CHAPITRE HUITIÈME.

ÉMEUTE DU 18 MARS[1].

L'auteur de ce livre ne veut entrer que dans le détail des seuls événements auxquels il a pris une part directe et personnelle. Il n'a dû, en raison de la nature de ses fonctions, que diriger loin du lieu où se passait l'opération militaire du 18 mars, la tentative malheureuse qu'il aurait, ainsi que nous l'avons dit, préféré voir retarder de quelque temps encore. Il ne fera donc pas ici le récit complet de la journée du 18 mars; il se borne à exposer les mesures qu'il avait prises d'accord avec le gouvernement, ainsi que les tristes résultats qui se sont produits. Il croit aussi devoir, afin de mieux élucider les faits, et dans l'intérêt de l'histoire, répondre à certaines attaques inconsidérées et irréfléchies dont ces mesures ont été l'objet dans l'opinion publique, dans la presse, dans les brochures ou les livres qui les ont appréciées,

---

[1] On consultera utilement sur les événements multiples de cette date douloureuse, l'*Enquête parlementaire sur l'insurrection du 18 mars*, publiée par l'Assemblée nationale, et qui contient les dépositions de soixante-trois témoins oculaires. Un volume in-4° à deux colonnes, Paris, Germer Baillière, 1872.

attaques qui se sont même fait jour jusque dans l'un des conseils de guerre chargés de juger les individus inculpés au sujet de l'insurrection du 18 mars.

Les diverses dispositions arrêtées en vue de la reprise des canons et des munitions enlevés par l'émeute furent discutées entre M. Thiers, chef du pouvoir exécutif, le général Le Flô, ministre de la guerre, le général d'Aurelle de Paladines, commandant supérieur des gardes nationales de la Seine, et le général Vinoy, commandant en chef de l'armée de Paris. L'opération était des plus délicates et des plus difficiles, et l'on devait s'attendre, à cause des moyens puissants de défense réunis par le Comité central et ses adhérents, à une résistance des plus vigoureuses. L'opération était également très-compliquée, car l'attaque devait être conduite en même temps sur plusieurs points : les parcs d'artillerie gardés par les insurgés étaient nombreux et disséminés en différents endroits, fort éloignés les uns des autres[1]. Il était indispensable, si l'on voulait arriver à un résultat efficace et complet, de s'emparer à la fois de tous les parcs clandestins et de rentrer en possession de toutes les ressources militaires pillées par l'émeute. Il ne suffisait donc pas d'enlever des positions, il fallait pouvoir s'y

[1] Voir aux Appendices.

maintenir pendant le temps nécessaire pour la descente des pièces établies sur les hauteurs et leur translation jusque dans les bâtiments de l'État. On trouvera aux Appendices la reproduction du document qui régla le détail de toutes les dispositions prises à ce sujet, et dont voici le résumé :

Deux colonnes de la division Susbielle durent attaquer les buttes Montmartre : l'une, formée de deux bataillons, sous les ordres du général Paturel, s'avancerait par l'avenue de Saint-Ouen, la rue Marcadet, la rue des Saules et la rue de Norvins, pour s'établir au moulin de la Galette; l'autre, commandée par le général Lecomte, et composée de deux bataillons du 88ᵉ de ligne, devait passer par le boulevard Ornano, traverser aussi la rue Marcadet, gravir la hauteur par la rue du Mont-Cenis pour prendre position à l'église Saint-Pierre et s'étendre jusqu'à la tour Solferino.

Deux autres bataillons, joints à la première colonne, seraient placés en réserve, l'un le long de la rue Marcadet, et le second sur le boulevard de Clichy.

Deux bataillons, appartenant à la deuxième colonne, garderaient le bas de la butte, l'un du côté du nord-est, le long de la rue Marcadet et de la rue de Clignancourt, l'autre sur le boulevard de Rochechouart, à l'angle de la rue de Magenta.

Le général Susbielle se tiendrait de sa personne à la place de Clichy, avec deux batteries d'artillerie.

Le deuxième point retranché, fortement occupé par les émeutiers, était la hauteur de Belleville. La division Faron reçut la mission de s'en emparer. Un bataillon du 35e de ligne devait se rendre au parc des buttes Chaumont par les rues Lafayette, d'Allemagne et de Crimée, pendant qu'un deuxième bataillon, marchant d'abord à sa suite jusqu'à la hauteur de la rue de Puebla, suivrait cette voie et s'établirait à son intersection avec la rue de Ménilmontant. Le général Faron aurait son quartier général à la mairie de Belleville. En même temps, le 42e de ligne, sous les ordres du colonel Comte, occuperait la place de Puebla, après avoir laissé un bataillon sur le boulevard de la Villette, où une partie du 109e de ligne serait en réserve, tandis que l'autre se porterait aux gares du Nord et de Strasbourg. Enfin, un bataillon du 120e se tiendrait rue du Faubourg du Temple, sur le canal.

D'autre part, la brigade Wolff, de la division Maud'huy, garderait la place de la Bastille, et la brigade Hanrion la Cité et l'Hôtel de ville. Le 135e occuperait le Luxembourg.

Enfin, la brigade Bocher, de la division Barry, qui ne comptait encore que cette brigade, prendrait position à l'esplanade des Invalides et à l'École militaire. C'est là que seraient ramenées et concentrées les munitions et les pièces reprises aux insurgés. Le 110ᵉ de ligne resterait à l'Hôtel de ville ; deux bataillons du 120ᵉ à la caserne du Prince-Eugène, et le 89ᵉ de ligne aux Tuileries. Toute l'armée de Paris se trouvait donc mise en mouvement.

Comme il était de la plus grande urgence de mettre en état de défense les positions de Montmartre et de Belleville dès qu'on les aurait enlevées, on adjoignit à chaque colonne d'attaque un officier avec une section du génie pour faire déblayer au plus vite les obstacles qui gêneraient l'accès des parcs d'artillerie et le mouvement des troupes. « Un officier d'artillerie accompagnera
» aussi le général de division pour reconnaître le
» nombre des pièces et voitures à enlever et le
» nombre d'attelages nécessaires, afin qu'on puisse
» procéder de suite à cette opération et les con-
» duire toutes à l'esplanade des Invalides. » Les attelages, haut le pied, seraient en attente aux Champs-Élysées et à la place de la Concorde.

Ces dispositions furent mises à exécution pendant la nuit et accomplies sans difficulté. A cinq heures du matin, les colonnes du général Susbielle étaient maîtresses de Montmartre, et celles du général Faron des buttes Chaumont.

Ici s'est placé un incident des plus fâcheux dont

l'opinion publique s'est emparée avec empressement pour en faire, par la voie des livres ou des journaux, contre le gouvernement et contre le général qui commandait alors en chef toute l'armée de Paris, une arme de dénigrement et — disons le mot — de calomnie, en attribuant à une prétendue négligence de l'autorité militaire l'unique raison de l'avortement de la tentative du 18 mars. Il s'agit de l'absence sur le point où étaient concentrés les canons, au moment où la position qu'ils occupaient fut enlevée, des attelages nécessaires pour les emporter. Le commandant en chef ne se serait peut-être pas autrement préoccupé de ces appréciations faites généralement à la légère, sans grand examen et surtout sans la parfaite connaissance des choses, si un acte presque officiel, auquel s'attache toujours un certain caractère de gravité, c'est-à-dire un réquisitoire de M. le commandant Rustant, du 88ᵉ de ligne, prononcé devant le 6ᵉ conseil de guerre, ne les avait reproduites dans les termes suivants :

« Il est absolument démontré aujourd'hui que
» si les chevaux d'attelage eussent été rendus assez
» tôt et en nombre suffisant aux buttes, l'expédi-
» tion eût été complétement terminée, et avec le
» plus grand succès, avant six heures du matin[1]. »

[1] Affaire dite des assassins des généraux Clément Thomas

C'est là une affirmation plus qu'erronée. Le commandant en chef croit devoir lui donner un démenti absolu et positif. Il est complétement faux qu'une heure eût pu suffire pour l'évacuation des pièces et des projectiles qui garnissaient la butte Montmartre. Un simple moment de réflexion aurait dû, si l'esprit de passion et de critique n'y avait été introduit, établir aux yeux de tous et d'une manière évidente et irrécusable la réalité même de la situation. Il y avait sur la hauteur cent soixante et onze pièces d'artillerie enchevêtrées l'une dans l'autre, ce qui rendait leur déplacement encore plus long et plus difficile. Lors de la discussion en conseil des dispositions d'attaque, il avait été reconnu qu'il fallait laisser les attelages un peu loin des têtes de colonne afin qu'elles n'en fussent pas encombrées, dans le cas plus que probable où elles auraient rencontré une vive résistance, que l'insuccès des tentatives en vue d'une conciliation obligeait de prévoir. En outre, les attelages de l'artillerie étaient peu nombreux; beaucoup de chevaux avaient été livrés pendant le siége à la consommation publique, et ceux qui étaient depuis entrés à Paris, et qui provenaient

et Lecomte. Voir le *Dossier de la Commune devant les conseils de guerre*, reproduction intégrale des rapports, réquisitoires et jugements, page 210. Un vol. in-18 jésus. Paris, 1871, à la librairie Générale.

des armées de province, avaient dû être utilisés à traîner les pièces de campagne qui suivaient les troupes. Une partie des canons pris par les insurgés manquaient de leurs avant-trains, qu'il était également nécessaire d'amener. Un millier de chevaux, pour le moins[1], était donc indispensable pour l'enlèvement des deux cents pièces qui se trouvaient dispersées sur les divers points où l'émeute les avait séquestrées, et la colonne qui eût dû agir pour opérer en même temps partout n'aurait pas occupé une ligne d'une longueur moindre de quatre kilomètres. Affirmer que par des pentes comme celles de Montmartre, par un seul et étroit débouché, il fût possible, en une heure, d'atteler et de mettre en marche une telle quantité d'artillerie, c'est faire preuve d'une expérience militaire insuffisante et d'une ignorance absolue des grands mouvements de troupes. Ajoutons qu'il ne fallait pas se borner à enlever les pièces, mais qu'il était également urgent de reprendre les munitions, de fouiller les maisons, en un mot, de faire les recherches nécessaires pour arrêter sur place tous les chefs de l'insurrection.

Quand, dans des conditions beaucoup meilleures de viabilité et de sécurité, après le 28 juin et lorsque toute trace de résistance eut disparu,

[1] Il en fallait exactement 1,200.

on voulut procéder à l'évacuation des munitions et des pièces réunies en masse à Belleville, tous les attelages de l'artillerie de l'armée de réserve furent employés à cette opération. Ils étaient beaucoup plus nombreux que ceux dont disposait l'armée de Paris au 18 mars : les voies étaient plus larges et le parcours moins long, puisqu'on n'avait alors qu'une seule ligne à suivre. Néanmoins, malgré un travail incessant et une activité aussi grande que possible, huit jours suffirent à peine pour mener l'entreprise à bonne fin. Il est donc bien difficile d'admettre qu'au 18 mars Montmartre aurait pu — avec les moyens si restreints que possédait alors le gouvernement — être évacué en moins de quarante-huit heures des pièces et des munitions qui se trouvaient sur la hauteur. L'opération aurait même demandé plus de temps pour être entièrement complétée. L'opinion soutenue par tant de personnes, qu'une heure aurait pu suffire pour débarrasser tout le plateau, est donc mise à néant par le simple exposé de la vérité et l'examen logique et sérieux des faits, des circonstances et de la situation.

Comment expliquer d'ailleurs — si ce n'est par la défection d'un certain nombre de ses soldats — qu'une division occupant le sommet d'une position aussi forte, avec ses flancs assurés, ait pu se trouver si gravement et surtout si promptement compromise? Elle était dans des conditions extrêmement favorables pour résister, et les pièces mêmes qui garnissaient les buttes en rendaient encore la défense plus facile : il suffisait de s'en servir. Par malheur, il n'en fut pas ainsi, et il y a lieu de le déplorer amèrement. Si ce jour-là les troupes eussent fait leur devoir aussi bravement qu'elles le firent depuis, tout se fût peut-être borné à une courte lutte, et les malheurs de tous genres qui devaient suivre notre échec eussent été certainement prévenus et évités [1].

[1] Ces pages, auxquelles nous n'avons rien à changer, étaient écrites lorsque nous avons lu, non sans un vif étonnement, la déposition du général Le Flô devant la commission d'enquête (*Enquête parlementaire sur l'insurrection du 18 mars,* tome II, *Déposition des témoins,* page 79). Le général semble attribuer, lui aussi, au retard de ces malheureux attelages l'insuccès de l'attaque des buttes Montmartre, et surtout à cette circonstance que les soldats chargés de s'en emparer n'étaient pas partis le sac sur le dos. Nous regrettons vraiment que M. le ministre de la guerre, qui, ainsi qu'il l'a raconté dans la déposition que nous rappelons (à la page 87), s'était rendu ce jour-là en voiture, accompagné d'un aide de camp du ministre de la marine, jusqu'à la place de la Bastille pour voir ce qui s'y passait, et d'où il n'a pu revenir qu'avec l'aide d'un escadron de gendarmerie, n'ait pas été mieux inspiré en se dirigeant de préférence à Montmartre, soit à pied, soit à cheval. Il aurait sans doute mieux jugé les choses en embrassant leur ensemble du haut de cette position dominante. Il aurait vu là le 88e de ligne, un de ces régiments qu'il avait envoyés de Bordeaux à Paris, et auquel appartient précisément le commandant Rustant, qui levait la crosse

A Montmartre, le 88ᵉ de marche donna le regrettable exemple de la défection ; il se laissa entourer et circonvenir par la garde nationale du quartier, qui se réunit bien vite et que d'autres bataillons vinrent encore renforcer : les troupes, mettant alors la crosse en l'air, firent cause commune avec la révolte en lui abandonnant la hauteur qu'elles avaient conquise.

A Belleville, nos soldats étaient encore maîtres de la position à neuf heures du matin ; mais vers onze heures, les chances tournaient contre nous. Néanmoins, la garde républicaine avait pu y enlever un certain nombre de pièces ; mais la troupe, entourée par l'émeute, se dégageait avec beaucoup de peine : elle dut s'ouvrir un passage par la

---

en l'air et fraternisait avec le peuple en l'aidant à arrêter les attelages et à séquestrer l'un de ses généraux. Le général Le Flô aurait-il pu, même en usant de sa grande influence sur l'armée, s'opposer à ces actes déplorables ? Nous ne le pensons pas. Se serait-il aussi chargé, même en admettant que les attelages fussent arrivés sur les hauteurs dès le début de l'action, de faire enlever en quelques heures, et au milieu du mouvement de confusion qui se produisit alors, la quantité considérable de canons qui se trouvaient sur les buttes ? Nous ne le pensons pas davantage. Nous bornerons là ces réflexions, laissant à l'impartialité du lecteur le soin de juger ceux qui, dans ces tristes circonstances, ont considéré l'obéissance comme leur premier devoir, et qui surtout, croyant qu'il est de leur dignité de ne point tenter de vaines récriminations, préfèrent garder le silence sur l'origine de certaines responsabilités qu'on peut vouloir leur faire encourir.

force, et grâce à l'énergie du général Faron, elle parvint à reprendre la liberté de ses mouvements.

A midi, la victoire restait incontestablement à l'insurrection : elle avait repris les buttes Chaumont et Montmartre. L'armée avait eu de coupables défaillances : elle avait laissé sans défense entre les mains du Comité central et livré aux fureurs de la populace un de ses plus braves officiers, le général Lecomte. Elle n'avait pas tenté davantage de secourir le général Clément Thomas, qui allait expier dans un infâme guet-apens ses trop justes sévérités contre la lâcheté de certains bataillons de la garde nationale. En effet, dans la journée, vers cinq heures du soir, les deux généraux étaient fusillés après un simulacre de jugement, et des hommes qui appartenaient ou avaient appartenu à l'armée prenaient part à cet horrible attentat. Le triomphe de l'émeute s'affirmait et s'inaugurait dans le sang ! Un autre de nos généraux, le général Paturel, avait été blessé, et le chef de l'escorte du général Susbielle avait été tué.

Un peu plus tard, une foule considérable, composée de gardes nationaux et de soldats débandés, se dirige sur l'Hôtel de ville. Le 120ᵉ de ligne, caserné au Prince-Eugène, se laisse circonvenir à son tour, ouvre les portes de la caserne, fraternise avec les insurgés et dépose ses armes sans en avoir fait usage. Quant à la garde nationale dévouée au parti de l'ordre, elle était demeurée chez elle; le rappel, battu de toutes parts pour la rassembler, avait réuni tout au plus un millier d'hommes[1] qu'il fallut, à cause de leur petit nombre, renvoyer sans pouvoir utiliser leur zèle devenu impuissant.

Le devoir du gouvernement, en présence de circonstances aussi graves, était de prendre un parti immédiat et décisif. Les événements de la matinée venaient de prouver que l'armée de Paris n'avait encore ni la force ni la cohésion nécessaires pour qu'on pût tenter de recommencer aussitôt la lutte avec elle, et qu'il ne fallait pas compter davantage sur le concours de la partie honnête mais insuffisante de la garde nationale. D'autre part, il était évident que l'émeute chercherait à profiter de son succès et à en augmenter aussitôt les conséquences et les résultats : il était donc dangereux de laisser plus longtemps les troupes exposées à des séductions et à des embauchages auxquels beaucoup de soldats avaient déjà cédé. Le chef du pouvoir exécutif pensa donc qu'il était indispensable d'arracher au plus vite les troupes au séjour contagieux de Paris et de concentrer l'armée tout entière à Versailles, auprès

[1] Dans sa déposition devant la commission d'enquête, M. Thiers fixe ce chiffre à 600. Voir le volume l'*Enquête parlementaire*, déjà cité.

de l'Assemblée nationale. Il exposa les motifs de cette résolution devant le conseil des ministres, qui depuis la veille au soir siégeait en permanence, et malgré quelques divergences d'opinion, soit sur la question elle-même, soit sur les détails de son exécution, le conseil, se rendant à l'évidence des faits accomplis, reconnut la nécessité et l'urgence du départ. Le chef du pouvoir exécutif donna l'ordre[1] d'évacuer complétement Paris, où il laissa momentanément le ministre de la guerre pour prendre les mesures relatives à cette grave opération. Il partit ensuite de sa personne pour Versailles, entre trois et quatre heures de l'après-midi. Le ministre de la guerre et le commandant en chef de l'armée s'occupèrent aussitôt d'organiser avec toute la promptitude possible, mais de façon toutefois à garantir sa sécurité, l'évacuation complète de l'armée de Paris sur Versailles.

[1] L'ordre d'évacuation fut donné verbalement par M. Thiers.

CHAPITRE NEUVIÈME.

RETRAITE DE L'ARMÉE SUR VERSAILLES.

Il était devenu très-difficile, au milieu de l'agitation de la ville sillonnée de toutes parts par des hommes armés appartenant à l'émeute, de prévenir les commandants des troupes régulières; d'autre part, ceux-ci, après avoir reçu leurs instructions, ne pouvaient à leur tour les faire parvenir à leurs détachements éloignés. Les officiers isolés étaient attaqués dans les rues, et même jetés à bas de leurs chevaux [1]; la ville devenait de moins en moins sûre pour l'armée, et il fallait hâter au plus vite son départ. La troupe la plus périlleuse à dégager était la brigade Derroja, formée des 109ᵉ et 110ᵉ de ligne, et alors cernée en arrière de l'Hôtel de ville par une foule nombreuse et hostile. On put cependant lui faire parvenir, vers cinq heures, l'ordre de rejoindre par tous les moyens possibles le quartier général à l'École militaire. Cet ordre, donné par le ministre de la guerre, avait été porté au général Derroja par

---

[1] Le capitaine Clément (Charles), de l'état-major général, fut ainsi bousculé et maltraité à Belleville en allant porter un ordre au général Faron.

M. Choppin, ancien préfet de police. Après s'être assuré de l'authenticité de l'ordre qui lui arrivait par une voie si inusitée, le général rassembla ses hommes dans la cour de la caserne Napoléon, en fit ouvrir les portes à deux battants, et, l'épée à la main, il se mit bravement en marche à la tête de ses soldats. Cette attitude énergique de son chef permit à la brigade de se rendre sans plus d'obstacles à l'École militaire. Les autres troupes purent également y arriver sans collision, à l'exception toutefois du 69ᵉ de marche, de la division Maud'huy[1], qui occupait le Luxembourg. Ce régiment n'avait pu être prévenu à temps, et il resta enfermé dans le palais, se protégeant lui-même par sa fermeté et sa bonne tenue. Quelques jours après, le commandant de cette troupe[2] suivit l'exemple du général Derroja ; il ouvrit les grilles du jardin et emmena ses soldats jusqu'à Versailles, au milieu d'une populace haineuse mais lâche, et qui s'inclinera toujours devant un acte d'énergie hardiment accompli.

---

[1] Ce régiment appartenait à la brigade Wolff.

[2] Ce courageux officier était le lieutenant-colonel Périer. A son arrivée à Versailles, le 23 mars, le régiment fut présenté par le général Vinoy à M. Thiers, qui le félicita sur sa belle conduite. Enfin, dans sa séance du même jour, l'Assemblée vota des remercîments aux troupes qui venaient de donner un si bel exemple d'énergie et de fidélité.

Vers dix heures du soir, le 18 mars, le mouvement de concentration s'avançait; à une heure du matin, il était achevé, et la tête de colonne prenait la direction de Versailles. Le mouvement s'exécuta avec lenteur, mais avec ordre : la brigade de La Mariouse (35⁰ et 42ᵉ de ligne), chargée de former l'arrière-garde, prit position au Trocadéro et ne se mit elle-même en marche que le 19, vers neuf heures du matin, à la suite de la réserve d'artillerie, qui passait le pont de bateaux de Sèvres. Sauf deux régiments, le 88ᵉ et le 120ᵉ de marche, dont les rangs étaient diminués par la désertion, la plupart des autres régiments étaient intacts.

En même temps que l'armée abandonnait la ville, les troupes qui gardaient les cinq forts de la rive gauche reçurent l'ordre de les évacuer. Cet ordre avait été donné verbalement par le chef du pouvoir exécutif lui-même avant son départ. La brigade Daudel, qui composait la garnison de ces forts, dut se diriger aussitôt sur Versailles. A son passage au pont de Sèvres, M. Thiers avait encore réitéré la prescription de ce mouvement, la renouvelant cette fois *par écrit*, *au crayon*, sur un billet qu'il remit à M. Goëbb, commandant le peloton d'escorte du général Vinoy, avec mission de le lui remettre dès son arrivée.

En faisant évacuer par cette brigade les forts

qu'elle occupait, le général en chef de l'armée de Paris n'a donc fait qu'obéir strictement aux ordres qu'il avait reçus; mais il a toujours eu et il a encore, aujourd'hui que les événements sont mieux connus, la conviction que ce douloureux sacrifice était nécessaire. Vincennes, qui se trouvait dans de bien meilleures conditions de défense que les autres forts, put être conservé; il avait ses escarpes intactes et un matériel d'artillerie suffisant : beaucoup d'armes et de munitions s'y trouvaient réunies, et la garnison ne comptait pas moins de trois mille cinq cents artilleurs. La défection le fit pourtant tomber entre les mains de l'émeute. A quels dangers n'eussent pas été exposés les forts de Bicêtre et d'Ivry, presque aussi éloignés, puisqu'ils eussent été isolés et sans aucun des moyens de défense que possédait Vincennes, avec une garnison peu nombreuse et coupée de ses communications? Les forts de Montrouge et de Vanves ne sont fermés à la gorge que par un mur non doublé d'un terrassement, et sont disposés l'un et l'autre de manière à être facilement battus par l'artillerie du rempart. Celui d'Issy n'était plus qu'un monceau de ruines; il était impossible d'y laisser des troupes, qu'on ne pouvait approvisionner sur-le-champ ni suffisamment en artillerie, en munitions et en vivres. Les secourir par la voie de Paris était de tous points impossible; le temps, d'ailleurs, eût manqué pour le faire. Quant à tenter un ravitaillement quelconque qui serait parti de Versailles, et qu'on ne pouvait diriger par les routes de Châtillon, de Clamart et de Meudon, que les feux de l'enceinte battaient sans interruption, c'était courir les chances d'une réussite peu probable. En laissant des garnisons dans ces forts, on eût donc risqué, presque avec certitude, de les obliger à se rendre faute de munitions et de vivres, et à être capturées par l'émeute. L'effet moral de ce déplorable résultat eût été considérable, et on devait le prévenir à tout prix.

D'ailleurs, les régiments qui se trouvaient alors dans les forts ont rendu de grands services dans l'armée de Versailles : les 113º et 114º sont les deux premiers régiments qui se soient engagés énergiquement contre l'émeute les 2 et 3 avril, et le président du conseil avait été bien inspiré en leur confiant la garde de l'Assemblée. Enfin, en se retirant à Versailles avec toutes les forces de l'armée de Paris, on obéissait à une nécessité militaire absolue. On devait avant tout songer à réorganiser complétement cette armée qui venait de donner une preuve si fatale de sa faiblesse et de son inexpérience, et si l'on n'arrivait pas promptement à ce résultat, il fallait s'attendre à des malheurs plus grands encore que ceux qu'on avait subis. Mais pour réussir à donner aux troupes en quelques jours seulement un peu de cohésion et de fermeté, il était avant tout indispensable de les avoir toutes sous la main, réunies dans un même lieu et groupées sous les ordres directs de leurs chefs. C'était le seul moyen de les soustraire à de funestes excitations, et surtout d'obliger l'insurrection à venir offrir elle-même le combat en rase campagne, où ses soldats n'étaient pas capables de tenir devant l'armée régulière. Dès que celle-ci serait reconstituée et se battrait avec sa vigueur habituelle, on serait peut-être forcé, pour reprendre Paris sur ses indignes oppresseurs, de faire le siége des forts, qu'il était alors indispensable d'abandonner. Mais cette difficile opération, entreprise avec des troupes habiles agissant contre les bandes inexpérimentées de la Commune, avait — ainsi que l'événement l'a prouvé — beaucoup de chances de succès, tandis que le maintien dans les forts des garnisons qui les occupaient au 18 mars ne pouvait produire que de désastreux résultats.

La retraite de l'armée sur Versailles s'opéra sans aucun obstacle apporté par l'émeute, trop surprise et même déjà embarrassée de son rapide triomphe. A l'aurore d'une belle journée de printemps, le 19 mars au matin, on pouvait voir la route de Paris à Versailles, par Sèvres, couverte d'une longue colonne de troupes traînant à sa suite son artillerie, ses voitures et ses divers objets de campement : la marche était lente et triste, l'anxiété était peinte sur tous les visages, et chacun, sans prévoir déjà ses sanglants et terribles excès, songeait aux suites possibles de la révolution qui venait de naître. Quant à l'émeute, le départ subit de l'armée assurait trop la prise de possession de son pouvoir pour qu'elle tentât de s'y opposer. Elle avait d'ailleurs d'autres soucis : ses chefs s'étaient bien vite préoccupés, dès la première heure, d'envahir les ministères, les grandes administrations de l'État, les palais abandonnés, et surtout les caisses publiques. La ville avait un singulier aspect : les bataillons des quartiers excentriques, dévoués au Comité central, descendaient en ville et occupaient les postes principaux des quartiers connus pour leur dévouement à l'ordre, et depuis longtemps déjà qualifiés « réactionnaires ». Le gouvernement nouveau s'emparait habilement des mairies, les remplissait d'hommes à sa dévotion, et pour donner dès le principe à l'insurrection les apparences d'une révolution purement municipale, il préparait déjà les proclamations qui convoquaient la capitale à élire sa Commune. Ces bandes de gardes nationaux parcouraient la ville en tous sens, tambour en tête et dans l'attitude la plus grotesquement triomphale et provocante. Quelques jours encore, et l'Europe épouvantée apprendrait le début de cette guerre fratricide et douloureuse qui allait armer l'un contre l'autre les citoyens d'une même nation. Leur lutte impie devait avoir pour théâtre les lieux mêmes où, si récemment encore, ils avaient côte à côte et dans un accord inattendu combattu l'ennemi commun du pays.

L'armée s'établit en partie à Versailles et surtout aux alentours de la ville même, toujours prête à défendre l'Assemblée contre toute velléité d'attaque. Sa réorganisation fut en même temps commencée, et, dès le premier jour, le gouvernement appelait pour les incorporer dans ses rangs les solides renforts qui devaient lui permettre de reprendre Paris sur la Commune pour le rendre à lui-même et à la France.

DEUXIÈME PARTIE

LA COMMUNE

LA COMMUNE.

— I —

L'ÉMEUTE REFOULÉE DANS PARIS.

CHAPITRE PREMIER.

L'ARMÉE A VERSAILLES.

En arrivant à Versailles, le premier soin du gouvernement dut être de s'établir solidement dans cette ville, afin de pouvoir s'y défendre contre un mouvement offensif de l'émeute triomphante. Trois routes principales conduisent de Paris à Versailles : l'une par le plateau de Châtillon, l'autre par la vallée de Sèvres, la troisième par les buttes de Picardie. La brigade Derroja (109° et 110°) gardait la première, en prenant position à l'extrémité ouest du plateau de Vélizy, dans les bois, près du pont Colbert; ses grand'gardes occupaient l'auberge de l'Hôtel-Dieu pour étendre leur droite jusqu'au château de Jouy, et leur gauche à l'autre extrémité (nord) du plateau que la ligne traversait parallèlement au chemin qui va de Jouy à Chaville.

Au bois de Meudon, les grand'gardes étaient fournies par la brigade de La Mariouse, qui surveillait les routes passant par Sèvres. Les campements étaient établis au bout de l'avenue de Paris, près de Viroflay et au bas Viroflay. La ligne de ses avant-postes, suivant un tracé assez irrégulier, allait rejoindre la gare de la station de Viroflay (rive droite), et sa gauche se trouvait sur le coteau qui sépare Chaville de Ville-d'Avray, à hauteur de l'étang situé au-dessous du village. Enfin, en avant de cette brigade, le régiment de gendarmerie, commandé par le colonel Gremelin, était cantonné à Sèvres et au bas Chaville.
avait un poste sur sa droite à Meudon, un second au pont de Sèvres, et un troisième sur sa gauche, avec trois pièces de 12, à la Lanterne de Démosthène, au parc de Saint-Cloud. Du côté de cette ville, l'excellente ligne de défense construite par les Allemands subsistait toujours; mais l'armée était trop peu nombreuse pour pouvoir l'occuper, et notre avant-poste le plus éloigné était le Mont-Valérien.

La division Bruat fournit, dès son arrivée, le service de l'intérieur à Versailles : elle garda toutes les portes, et envoya des piquets de troupes pour assurer la sécurité de l'Assemblée et celle du chef du pouvoir exécutif[1]. Les divisions Maud'huy

---

[1] Voir aux Appendices.

et Susbielle, qui avaient plus particulièrement souffert pendant l'attaque infructueusement livrée contre l'émeute, campèrent sur le haut du plateau de Satory. Elles y étaient protégées par l'enceinte de murs qui entoure ce plateau, et chacune des portes y donnant accès était occupée par un poste. Un autre poste établi dans le bois des Gonards, non loin de la ferme de la Bouillie, servait à relier les premières lignes du camp de Satory avec les bivouacs de la brigade Derroja. Enfin, comme extrême réserve, la brigade Daudel (113ᵉ et 114ᵉ) était installée dans les avenues du parc de Versailles, du côté des Trianons, surveillant les portes de la ville qui regardent Saint-Germain.

Ainsi qu'on peut s'en rendre compte par ce rapide exposé, toutes les mesures de précaution commandées par la gravité de la situation avaient été prises en vue d'une attaque possible des insurgés. Tous les corps de l'armée devaient pouvoir, en raison des positions qu'ils occupaient, se donner la main assez vite pour résister au premier choc : Versailles serait prévenu aussitôt en cas d'alerte subite, et on aurait le temps nécessaire pour organiser, soit l'offensive, s'il était reconnu qu'on pouvait la tenter, soit la retraite, si la prudence conseillait une fois encore de s'y résigner.

Le point le plus faible de la ligne des avant-postes était le coteau qui domine Versailles du côté de Saint-Cloud ; il n'était pour ainsi dire pas gardé, car depuis le poste occupé à gauche, à l'étang de Ville-d'Avray, par le général La Mariouse, jusqu'à celui de la porte de Clagny, sur la hauteur où campait la division Bruat, il n'y avait aucune troupe en position. Mais, de ce côté, la route était défendue par le Mont-Valérien.

Il importe d'expliquer tout d'abord comment cette forteresse de premier ordre, en ce qui concerne la défense aussi bien que l'attaque de Paris, demeura définitivement entre nos mains. Nous rectifierons ainsi, par le simple récit des faits tels qu'ils se sont passés, beaucoup d'appréciations erronées dont nous avons trouvé la trace jusque dans certaines dépositions faites devant la commission d'enquête sur l'insurrection du 18 mars (tome II).

Au moment de cette triste insurrection, le Mont-Valérien avait pour seule garnison le 2e bataillon du 113e de ligne. On avait en outre interné dans le fort, depuis quelques jours, les 21e et 23e bataillons de chasseurs à pied désarmés et qui avaient pris part aux manifestations de la Bastille. Un des soldats de ces bataillons était même soupçonné d'avoir aidé très-activement au meurtre de l'agent Vicensini. Formés pendant le siége, ces deux bataillons se composaient presque exclusivement d'éléments parisiens, et ils devaient, en un moment aussi critique, inspirer toute espèce de défiance. Après le départ de l'ennemi, ils avaient été éloignés au plus vite de Paris et dirigés sur le Mont-Valérien, mais pour n'y faire qu'un très-court séjour, le ministre de la guerre ayant ordonné que ces bataillons seraient envoyés en Algérie afin d'y prendre les habitudes d'ordre et de discipline qui leur manquaient si essentiellement. Leur mise en marche avait même été fixée, quelques jours avant l'émeute, au lundi 20 mars, à six heures du matin.

On ne pouvait donc considérer cette troupe comme renforçant la garnison du fort, que représentait absolument, ainsi que nous venons de le dire, le seul bataillon du 113e de ligne[1]. Ce bataillon appartenait à la brigade Daudel, qui, d'après l'ordre réitéré du chef du pouvoir exécutif, dut être dirigée sur Versailles. Cet ordre était formel et n'admettait point de retards. Le général Daudel fut informé vers sept heures par le télégraphe, et dans la soirée même du 18 mars, du mouvement qu'il avait à opérer. Il partit aussitôt, et fit une marche de nuit. Le 19, à six heures du matin, il était à Sèvres avec les bataillons de sa brigade retirés d'Issy, de Montrouge, de Bicêtre et d'Ivry. Il rallia également le bataillon qui gardait le Mont-Valérien, et qui abandonna en effet le fort dans

[1] Environ 500 hommes.

la nuit du 18 au 19 pour gagner immédiatement Versailles. Il n'était cependant pas entré dans la pensée du général en chef de dégarnir cette forteresse. Il n'avait pas d'abord supposé qu'elle fût comprise dans la mesure générale qui prescrivait l'évacuation des forts, parce qu'il l'avait toujours considérée comme un fort détaché et tout à fait indépendant des autres. Par suite, il advint que, pendant toute la journée du 19 et la nuit du 19 au 20, le fort se trouva sans garnison, car on ne pouvait compter comme telle les 21ᵉ et 23ᵉ chasseurs à pied désarmés et les quelques employés restés au fort et qui ne pouvaient faire aucune résistance ; d'ailleurs, leur départ devait également avoir lieu le lendemain 20 mars, au matin.

Dans la soirée du 19, le colonel Lochner, commandant la forteresse, demandait par dépêche de nouveaux ordres à Versailles. Cette dépêche, remise au général en chef, insistait tout particulièrement sur l'urgence de pourvoir d'une manière sérieuse à la défense du fort, si l'on voulait prévenir de grands dangers. Le commandant de l'armée, que préoccupait vivement l'abandon de cette importante position militaire, crut de son devoir de tenter, pour la conserver, une démarche immédiate auprès du chef du pouvoir exécutif. Beaucoup de députés, de généraux, et même d'officiers supérieurs de la marine, avaient déjà, dans la journée, appelé l'attention de M. Thiers sur ce grave objet, et l'impression que leurs démarches avaient dû faire sur son esprit a certainement exercé une grande influence sur la décision qui fut prise. Il est toutefois un fait incontestable : c'est qu'à minuit et demi, alors que le commandant en chef se rendit spontanément chez le chef du pouvoir exécutif avec la dépêche du colonel Lochner et une note rédigée à l'appui, aucun ordre n'avait encore été donné, ni aucune mesure prescrite à l'effet d'envoyer des troupes pour remplacer dans la garde du fort celles qui venaient de l'évacuer. L'importance de la possession du Mont-Valérien n'a pas besoin d'être démontrée : si l'on n'en est pas maître, il est difficile de se maintenir à Versailles, dont ses obus peuvent gêner les communications; d'autre part, il est plus menaçant encore pour Paris, qu'il lui est facile de bombarder dans toute la partie qu'il domine. Quand il connut son abandon, le général en chef avait, comme tout le monde, estimé qu'il fallait à tout prix réoccuper la forteresse. Il était près d'une heure du matin quand il se présenta à l'hôtel de la présidence. Très-fatigué à la suite des grandes émotions des jours précédents, M. Thiers prenait quelques instants de repos, et on dut le réveiller avant d'introduire le commandant de l'armée. Le général exposa aussitôt au chef du pouvoir exécutif les considérations qui militaient si fortement en faveur de la conservation du fort. M. Thiers reconnut bien vite la justesse de ses objections, et il admit sans discussion l'urgence de la réoccupation du Mont-Valérien. Les mesures nécessitées par cette décision furent immédiatement prises, et comme un seul bataillon était évidemment insuffisant pour assurer la défense du fort, on arrêta qu'on y enverrait un régiment tout entier. Le commandant en chef proposa de confier ce poste important au 119º de ligne, que commandait le colonel Cholleton. Ce régiment, établi à Versailles depuis le 12 et logé dès le 16 chez l'habitant, était sous la main et pouvait être dirigé aussitôt sur sa nouvelle destination. Comme il n'était pas à Paris au moment de l'émeute, il n'avait pas souffert, et se trouvait au contraire très-reposé. Le colonel Cholleton fut immédiatement appelé au quartier général, où il reçut l'ordre de former une tête de colonne le plus rapidement possible et de la conduire au Mont-Valérien. Le reste de son régiment le rejoindrait ensuite, sous le commandement de l'un des chefs de bataillon. En même temps, une dépêche était envoyée au commandant du fort, et lui prescrivait d'y maintenir jusqu'à l'arrivée des premières troupes du 119º les deux bataillons de chasseurs à pied qui s'y trouvaient encore.

Dans la même nuit, et seulement quelques heures après l'entrevue du commandant en chef et de M. Thiers, la troupe du colonel Cholleton se mettait en marche, et le matin, vers huit heures, elle arrivait au Mont-Valérien, qu'évacuaient aussitôt les deux bataillons de chasseurs à pied. Le fort était armé de quelques pièces de campagne et d'un certain nombre d'obusiers à âme lisse qui avaient été repris aux insurgés. C'était assez pour repousser une attaque, qui d'ailleurs ne se produisit pas. Les fédérés avaient employé la journée du 19 à prendre complète possession de Paris, et ils ne se présentèrent au Mont-Valérien que dans la soirée du 20 au 21. Trouvant le fort occupé, ils envoyèrent des parlementaires à son commandant pour le sommer de le rendre au gouvernement de la Commune. On leur répondit par un refus énergique, qui leur sembla suffisamment péremptoire, car ils se retirèrent sur-le-champ sans faire de protestations, et aucune tentative hostile ne fut renouvelée sur le fort avant le combat du 3 avril. On dut prendre, toutefois, la précaution d'approvisionner le Mont-Valérien en vivres et en munitions pour le tenir en sécurité contre tout événement. Il reçut un convoi considérable de poudres et projectiles, et fut ravitaillé pour quinze jours.

Nous fûmes moins heureux du côté de Vincennes. Le fort, très-rapproché des lignes prussiennes et pourvu d'une garnison nombreuse, semblait devoir défier toute attaque. Il se rendit cependant, sans se défendre, à la première sommation qui lui fut faite par une troupe de gardes nationaux. Sa chute[1] avait une grande importance, à cause des munitions, des armes et des pièces d'artillerie qu'elle faisait tomber entre les mains des insurgés. Elle leur donnait en outre un puissant renfort, beaucoup des artilleurs qui composaient sa garnison étant passés aussitôt au service de l'émeute.

Les quinze jours qui s'écoulèrent du 19 mars au 2 avril furent, de part et d'autre, employés à l'organisation des forces militaires qui allaient engager la lutte. Il fallait avant tout augmenter l'effectif de l'armée, et on ne pouvait le faire qu'avec l'assentiment des Prussiens. Les négociations ouvertes à ce sujet furent couronnées d'un plein succès. L'état-major général allemand, après en avoir référé à l'empereur Guillaume, consentit à ce que l'armée qui devait tenter de reprendre Paris sur la Commune fût portée de quarante mille à quatre-vingt mille hommes. Ce chiffre fut même, peu après, encore augmenté de vingt mille hommes, et au moment où nous pûmes

---

[1] Elle eut lieu le mercredi 23 mars.

rentrer dans la capitale, l'armée dite de Versailles dépassait cent mille combattants. Elle fut reconstituée surtout au moyen des nombreux prisonniers de guerre que l'Allemagne nous rendit, en commençant par les officiers, ce qui permit de former aussitôt des cadres nouveaux où furent reversés les soldats qui arrivèrent ensuite. On créa, pour recevoir ces troupes à leur rentrée en France, deux grands camps :

1° Un camp placé près de Cherbourg, où seraient ralliés tous les militaires arrivant par la voie maritime. Le commandement de ce camp fut confié au général Ducrot.

2° Un camp aux environs de Cambrai, où seraient réunies toutes les troupes rentrant par le chemin de fer ou par toute autre voie de terre. Le général Clinchant fut appelé au commandement de ce camp.

L'un et l'autre se recrutèrent bientôt en cadres vigoureux et en excellents soldats. Comme la reconstitution de chacun des cent régiments de ligne eût demandé un temps considérable, et qu'il y avait urgence absolue à ce que le travail de réorganisation fût terminé promptement, il fut décidé qu'on formerait des régiments provisoires où l'on ferait entrer toutes les troupes au fur et à mesure de leur arrivée. En attendant, on appela à Versailles tous les corps provenant des armées de la

Loire et du Nord, pouvant être utilisés immédiatement. La division Bruat se présenta la première[1] : elle était formée des 74ᵉ et 75ᵉ de marche, d'un régiment d'infanterie de marine et d'un régiment de fusiliers-marins. Elle bivouaqua sur les grandes avenues de Versailles. En même temps, le chemin de fer amenait de nombreuses batteries d'artillerie, et un parc immense s'établissait sur la place d'armes. Enfin deux camps étaient installés dans les environs de la ville, et à une courte distance, pour y recevoir les troupes qui venaient rejoindre l'armée :

1° Un camp à Porchefontaine, où les divisions Vergé et Pellé s'organisèrent en arrière de la brigade Derroja.

2° Un camp près de la grande ligne de défense des Prussiens, du côté de Garches : la division Grenier vint s'établir au bois des Hubies et sur le plateau de Jardy, et la division Montaudon dans l'enclos du château de la Marche.

A son entrée dans Versailles, chaque bataillon campait d'abord sur les grandes et larges avenues de la ville : celles de Paris et de Sceaux se couvrirent de soldats; les vastes allées qui bordent la pièce d'eau des Suisses leur donnèrent également asile. Les troupes se reposaient là un jour ou deux,

---

[1] Cette division arriva à Versailles le 20 mars.

reprenaient un peu d'ordre et de tenue, puis se dirigeaient, suivant leur destination définitive, sur leurs camps respectifs.

Au moment où l'armée de Paris vint se concentrer à Versailles, le 19 mars au matin, elle ne se composait que des divisions Faron, Maud'huy et Susbielle, de la brigade Bocher, des deux régiments de gendarmerie et du 9ᵉ chasseurs. Quinze jours après, le 2 avril, date de la première sortie des insurgés, cinq divisions — Bruat — Vergé — Pellé — Grenier — Montaudon — étaient venues s'ajouter à ce premier contingent. Mais elles étaient encore en voie de formation, et leur effectif était des plus minimes : les deux dernières surtout avaient grand besoin de renforts, car elles ne comptaient alors qu'environ deux à trois mille hommes. Le gouvernement avait donc un grand intérêt à retarder le plus longtemps possible le moment d'une action nouvelle. Chaque jour augmentait ses ressources et accroissait le chiffre de ses troupes. En outre, celles-ci, éloignées du contact dissolvant de l'émeute, reprenaient la solidité et la discipline, qui sont les premières conditions du succès. On les réorganisait avec une sévérité nécessaire, et déjà le bon effet s'en faisait sentir : on pouvait signaler le retour du respect que le soldat doit à ses officiers, la diminution des cas d'ivrognerie, le soin et la propreté dans la tenue, dans l'armement et dans l'habillement des hommes. En même temps, on était revenu avec une grande activité aux exercices militaires indispensables pour entretenir le soldat dans l'habitude et l'usage du maniement de ses armes : de fréquentes instructions avaient lieu, et le tir à la cible se faisait avec beaucoup de régularité. Les prisonniers arrivant d'Allemagne étaient pleins d'ardeur, et les officiers montraient une bonne volonté des plus louables. Enfin les généraux accouraient en foule, et le gouvernement pouvait choisir avec plus de facilité, eu égard à leur nombre, les chefs qu'il convenait en un tel moment de placer à la tête de l'armée.

Tous les autres services — artillerie — vivres — remontes — se reconstituaient avec une égale rapidité[1]. Le jour où commença la première attaque, l'armée se trouva en mesure, bien qu'incomplétement organisée encore, de faire face aux troupes nombreuses de l'émeute. Jusque-là, elle garda une attitude purement défensive.

La France entière assistait avec une anxiété bien facile à comprendre à ces préparatifs de la lutte, que les quinze jours d'inaction apparente qui s'écoulèrent du 19 mars au 2 avril faisaient

---

[1] Le gouvernement adjoignit au général Le Flô, ministre de la guerre, en vue de cette reconstitution, le général de division Letellier-Valazé, avec le titre de sous-secrétaire d'État.

évidemment pressentir. Les sympathies du pays étaient toutes pour le gouvernement, car chacun comprenait que du triomphe de l'armée régulière dépendait le salut de la société tout entière. Quelques démonstrations isolées en faveur de la Commune eurent lieu dans certaines villes, telles que Lyon, Marseille et Toulouse, où le contre-coup de toutes les insurrections parisiennes s'est toujours fait sentir; mais le gouvernement rebelle profita peu du secours purement moral que ces centres turbulents tentèrent de lui offrir, et les opérations qui suivirent ne furent nullement entravées par ces velléités de révoltes demeurées tout à fait locales.

Il est incontestable que le Comité central, qui venait de s'emparer du pouvoir à Paris, commit une grande et irréparable faute en ne cherchant pas à poursuivre immédiatement les avantages inattendus qu'il avait remportés. Toutes les chances étaient alors pour lui; il aurait dû, dès le lendemain, tenter l'action offensive à laquelle il ne se décida que deux semaines plus tard. Il est vrai que les préoccupations intérieures ont pu paralyser tout d'abord ses intentions agressives, si réellement il en a eu. Son triomphe ne s'était pas établi sans de nombreuses oppositions qu'il lui fallait vaincre à tout prix. Le parti de l'ordre, qui n'avait pas cru devoir se montrer pendant la journée funeste du 18 mars, revenait peu à peu de sa stupeur première ; il se reprochait, trop tard, hélas ! sa coupable inertie, et il cherchait, trop tard encore, à se compter et à s'organiser pour une résistance que son peu d'habitude d'une entente pratiquement combinée devait rendre bien vite impuissante. La manifestation du 22 mars eut lieu : le parti de l'ordre se réunit, traversa les boulevards sans difficulté, et voulut gagner la place Vendôme, devenue le principal centre militaire de l'émeute. Les personnes qui composaient la manifestation avaient voulu témoigner de leurs intentions pacifiques en se présentant sans armes. Elles s'imaginaient donc, dans leur naïve crédulité, qu'une révolution qui venait d'inaugurer son triomphe dans le sang de deux généraux innocents allait s'incliner devant une protestation toute morale, que d'ailleurs ce gouvernement odieux ne pouvait considérer que comme un attentat à sa souveraineté ! Le Comité central n'hésita pas ; il fit tirer des coups de fusil sur les manifestants, dont quelques-uns payèrent de leur vie cette tentative de pacification qui, contre de tels hommes, n'aurait dû être engagée que les armes à la main.

C'est dans ce sens que le parti de l'ordre chercha, le lendemain même, à s'organiser de nouveau. On avait fait appel au bon vouloir de l'amiral Saisset, qui consentit à prendre la direction de la résistance : le Grand Hôtel devint le quartier général des forces que l'on put rassembler. La garde nationale de divers quartiers du centre réunit le plus d'hommes qu'elle put, et le nombre en fut bien restreint : elle occupa la Bourse et les rues avoisinantes, la gare Saint-Lazare et les quartiers de l'Élysée et de Passy. L'amiral songea à se servir aussi des troupes du 69e de marche, qui étaient encore enfermées au Luxembourg. Mais, hélas! cette petite armée était trop insuffisante pour garder tant de postes et surveiller tant d'issues! Les munitions surtout lui manquaient, et elle n'avait que quelques pièces d'artillerie mal servies à opposer aux nombreux canons qu'avait capturés le Comité central. Le 28 mars, après diverses tentatives infructueuses, et pour éviter un conflit dont le résultat pouvait être désastreux, l'amiral Saisset licencia les forces qui s'étaient ralliées à lui. Toutefois, le quartier de Passy, qui se trouvait le plus proche de Versailles, persista à ne pas déposer les armes et à garder les portes de l'enceinte qu'il avait conservées. Ces portes, au nombre de cinq, étaient celles du Point-du-Jour, d'Auteuil, de Passy, de la Muette et la porte Dauphine[1]; les 38e et 72e bataillons ne les abandonnèrent que le 31 mars, et seulement en présence de la défection

---

[1] Voir aux Appendices.

générale du parti de l'ordre auquel ils avaient toujours appartenu. C'est donc à cette dernière date que le Comité central devint le maître absolu et incontesté de la ville tout entière. Il attendait ce moment pour chercher à étendre son action au dehors de la place, et à diriger sur l'Assemblée nationale les criminels efforts dont il avait résolu de prendre l'initiative. Les élections illégalement faites à Paris lui avaient donné, malgré l'abstention d'un grand nombre de votants, comme une certaine consécration de ses actes et de son droit. Pour gagner du temps et faire croire à ses désirs de modération, qui n'étaient, comme on peut le supposer, qu'involontaires et apparents, il avait fait des ouvertures de conciliation. Plusieurs maires et députés de Paris s'étaient laissé prendre — avec ou sans intention préconçue — à ce simulacre grotesque de pacification impossible, et ils avaient cru devoir entrer en composition avec ce gouvernement non moins odieux que ridicule. Ils étaient venus jusqu'en pleine Assemblée nationale proposer aux représentants de la France de conclure un accord sur les bases mêmes indiquées par les chefs de l'émeute. L'Assemblée fut assez bien avisée et assez soucieuse de sa dignité pour repousser toute entente de ce genre. D'ailleurs, la discussion d'une loi municipale, d'une loi sur les échéances commerciales et d'une autre sur les loyers prouvait ses dispositions accommodantes et devait donner, par une sorte de concession toute spontanée, ample satisfaction à ce que pouvaient avoir de légitime les réclamations du parti démagogique.

Malheureusement toutes ces propositions, ces tentatives, ces lois nouvelles étaient alors illusoires : l'émeute qui régnait à Paris ne pouvait, quoi qu'on fît, être soumise et réduite autrement que par la force. C'était une présomption généreuse, mais un peu irréfléchie, que de s'imaginer qu'elle déposerait les armes avant de s'en être servie ! Le gouvernement insurrectionnel, lui aussi, préparait ses forces, pendant que des pourparlers, qu'il répudiait secrètement à l'avance, s'engageaient en son nom. Il recrutait de toutes parts de nouveaux renforts : des garibaldiens et des francs-tireurs, qui avaient pendant le siége guerroyé un peu partout et à leur guise, venaient se mettre à sa disposition. Il arrivait aussi à Paris, pour grossir cette armée de la révolte, des révolutionnaires de tous les pays, émeutiers patentés et insurgés de profession prêts à s'enrôler sous le drapeau des émeutes universelles. Anglais, Russes, Polonais, Italiens, Espagnols et même Allemands ! il en vint de tous les coins de l'univers. Ces troupes cosmopolites accouraient toutes joyeuses, afin de prendre leur part à la curée qui ne pouvait manquer d'être leur récompense finale! Garibaldi, à qui on avait offert, nous ne saurions trop dire pourquoi, le commandement suprême de ces bandes indisciplinables, avait décliné l'honneur qu'on avait voulu lui faire; mais l'Italien La Cécilia, le Russe Bagration, le Polonais Dombrowski, l'Américain Cluseret, et cent autres non moins illustres dans les fastes révolutionnaires, étaient venus prendre des commandements. L'armée parisienne fut confiée à ces hommes et à quelques autres qui, de simples ouvriers qu'ils étaient encore la veille, furent subitement le lendemain improvisés généraux en chef, et se chamarrèrent bien vite de broderies et d'insignes que surmontait en sautoir l'inévitable écharpe rouge.

La lutte était proche : déjà une première fois, le 26 mars, le chef du pouvoir exécutif avait cru qu'une attaque menaçait le camp de Satory; mais une reconnaissance faite de nuit avait démontré que l'alerte était sans fondement. Le Comité central décida que ce jour-là il marcherait sur Versailles; il y entrerait facilement, grâce aux régiments qui, comme à Paris le 18, s'empresseraient de le recevoir la crosse en l'air, il en chasserait l'Assemblée, et il serait dès lors maître de la France entière! Il s'était bien gardé d'intercepter les voies de communication qui devaient être utilisées pour l'exécution de ce vaste projet; seulement les lignes de chemin de fer de la rive droite et de la rive gauche, qui amenaient ou remmenaient chaque jour une grande affluence de voyageurs et de curieux, devinrent l'objet d'une surveillance particulière : des agents de la Commune se mêlèrent habilement au public pour avoir des renseignements; aucun moyen, en un mot, ne fut oublié en vue d'assurer le nouveau triomphe que l'émeute se promettait. Ses journaux cherchèrent aussi à exciter le sentiment populaire et à l'exalter à la hauteur de la situation; le 31 mars et le 1ᵉʳ avril, ils se montrèrent plus enflammés encore dans l'expression de leur haine contre Versailles. Leurs articles de ces deux jours contenaient de longs appels aux armes, entremêlés de discussions stratégiques et politiques [1] qui rappelaient celles qu'ils avaient jadis publiées contre les Prussiens, et qui tous se terminaient, non plus cette fois par le cri : A Berlin! à Berlin! mais par celui de : A Versailles! à Versailles! Toute cette effervescence, habilement soulevée et exploitée, annonçait un mouvement prochain. Il eut lieu, en effet, le 2 avril. La garde nationale, qui faisait partie de cette sortie en masse que depuis six mois

[1] Nous signalerons surtout comme les plus ardents, en cette occasion, le journal de M. Rochefort, *le Mot d'ordre*, celui de M. Vallès, *le Cri du peuple*, et principalement *le Père Duchêne* du « citoyen » Vermersch.

on lui déclarait si facile et qu'on lui montrait comme le remède infaillible à ses maux, la garde nationale avait fini par croire qu'elle valait autant et peut-être mieux que l'armée. Ceux de ses bataillons qui faisaient cause commune avec l'émeute allaient apprendre à leurs dépens que la triste victoire qu'ils avaient remportée le 18 mars ne devait pas avoir pour eux de lendemain.

CHAPITRE DEUXIÈME.

COMBATS DE COURBEVOIE ET DE RUEIL.

2 avril.

L'attaque des fédérés sur Versailles se prononça par la route de Neuilly : un certain nombre de bataillons sortis de Paris suivirent la grande avenue qui conduit directement au rond-point de Courbevoie. Le plan des fédérés était facile à saisir, et il ne fallait pas attendre qu'ils en eussent poussé bien loin l'exécution pour en arrêter les progrès. Leurs colonnes marchaient évidemment sur Versailles : on dut songer, dès le début, à faire obstacle à leur mouvement, afin de les obliger à rentrer aussitôt dans l'enceinte de Paris. A cet effet, la division Bruat et la brigade Daudel quittèrent leurs campements pour rejoindre la brigade de cavalerie Galliffet, qui se trouvait déjà dans la plaine de Bezons; le commandant en chef prit lui-même la direction générale de cette reconnaissance.

La division Bruat partit à six heures du matin, suivant la route qui passe par Ville-d'Avray et Montretout pour descendre à la briqueterie de la Croix du Roi et au rond-point des Bergères, où était le rendez-vous général; la brigade Daudel y arriva par la Celle-Saint-Cloud, Bougival et Rueil. Il était environ onze heures du matin quand la tête de colonne de la division Bruat atteignit le rond-point : le 74ᵉ de ligne formait l'avant-garde. Au même moment, le 113ᵉ de ligne annonçait l'arrivée de la brigade Daudel.

Les troupes firent une halte de quelques minutes avant de prendre leurs dispositions de combat. A ce moment, nous reçûmes la nouvelle qu'un triste événement venait de se passer sur un point très-rapproché de nous. Le docteur Pasquier, médecin principal, qui remplissait les fonctions de médecin en chef de l'armée de Versailles, était parti le matin de cette ville pour organiser le service des secours médicaux en cas d'action probable, et il avait accompagné la brigade Daudel. Trompé par une fausse indication, et croyant que l'état-major du commandant en chef s'était porté plus en avant, dans la direction de Courbevoie, il chercha à le rejoindre en prenant seul, à cheval et sans armes, la grande route de Saint-Germain. Il était arrivé à moitié chemin, entre le rond-point des Bergères et celui de Courbevoie, lorsqu'il se trouva à portée d'un avant-poste de fédérés, qui firent feu sur lui. Une balle vint frapper le docteur près de l'œil gauche, et il tomba de son cheval comme foudroyé. On vit aussitôt un homme, portant l'uniforme des zouaves, et qui était probablement l'auteur du guet-apens, sortir des rangs des insurgés et s'emparer du cheval du malheureux médecin, dont le corps resta abandonné sur la route, au lieu même où il était tombé. La colonne que le docteur avait cherché à retrouver arriva à ce moment : il n'avait pu l'apercevoir, car le Mont-Valérien lui en dérobait la marche. Les premiers coups de feu avaient donc été tirés par les soldats du Comité central, et ils avaient, pour leur début, commis un meurtre qui, dans les circonstances où il avait eu lieu, c'est-à-dire avant le commencement du combat, pouvait être considéré comme un véritable assassinat. Les fédérés ont prétendu depuis, dans leurs bulletins, qu'ils avaient pris le docteur Pasquier pour un colonel de gendarmerie. Mais ces bulletins ont toujours été, pendant la durée de la lutte, si ridiculement mensongers, qu'il est bien difficile d'ajouter foi à quelqu'une de leurs assertions. D'ailleurs, le vol du cheval du docteur, qui suivit immédiatement sa mort, permet aussi d'autres suppositions que les nombreux exemples de rapt et de pillage donnés par les *scrupuleuses* troupes de la Commune rendent tout à fait admissibles et vraisemblables.

Le commandant en chef fit aussitôt disposer les troupes pour l'attaque : le régiment d'infanterie de marine reçut l'ordre de se déployer à droite de la route, dans la direction de Puteaux. Le 74ᵉ de ligne fut chargé d'attaquer une sorte de barricade construite en avant sur la grande route, pendant que le 113ᵉ tournerait par la gauche le rond-point de Courbevoie, en s'abritant derrière les maisons et les jardins. Enfin, la brigade de cavalerie Galliffet surveillait déjà la plaine et la route de Bezons. A peine ces dispositions étaient-elles prises, que le canon du général Galliffet retentissait sur la gauche; en même temps, une demi-batterie placée sur la route de Saint-Germain, à la hauteur du pont du chemin de fer, tirait sur la barricade du rond-point et la caserne située en arrière. Le 74ᵉ de marche, précédé d'une ligne de tirailleurs, est alors lancé au pas de course sur la barricade. Les fédérés, qui sont cachés dans les maisons avoisinantes, tirent sur les assaillants par les portes et les fenêtres, à une très-petite portée. Ce feu, très-nourri, jette tout d'abord un certain trouble dans les rangs de nos jeunes soldats, et occasionne même un commencement de retraite. Les hommes cherchent à gagner les maisons qu'ils ont derrière eux, et répondent avec plus de précipitation que de sang-froid au feu bien dirigé de leurs adversaires. Le capitaine d'artillerie qui commande la demi-batterie de la route de Saint-Germain reste presque seul avec ses trois pièces. L'arrivée du commandant en chef et du général Bruat calme bientôt cette légère panique, et le combat se rétablit et recommence. Les avant-trains des pièces sont ramenés, et le 74ᵉ se rallie à la voix de ses officiers. Un bataillon de marins prend les devants et reçoit l'ordre de pousser jusqu'à la caserne. A ce moment, une nouvelle fusillade se fait entendre sur la gauche; c'est le 113ᵉ de ligne qui, au bruit du canon, avait pressé sa marche; bientôt nos troupes enlevaient et occupaient les barricades.

Le mouvement en avant devint alors général : le 113ᵉ de ligne et le bataillon de marins se jettent sur la caserne de Courbevoie qui est à peine défendue, et où nous faisons prisonniers un certain nombre de fédérés à qui cette rapide attaque n'a pas laissé le temps de fuir. Plusieurs de ces malheureux étaient, d'ailleurs, dans un état d'ivresse qui leur avait enlevé toute conscience des événements qui se passaient autour d'eux. Sur la droite, l'infanterie de marine, appuyant le mouvement, s'était également portée en avant et avait occupé les premières maisons de Puteaux. On entendit bientôt éclater une vive fusillade sur ce point, entre les deux rives de la Seine; mais les fédérés ne tinrent pas longtemps, et se sauvèrent en désordre : l'avenue de Neuilly se couvrit aussitôt d'une nuée de fuyards, dont une batterie établie au rond-point de Courbevoie, et qui ouvrit sur eux le feu de ses pièces, précipita encore la déroute. En moins d'un instant l'avenue, que leur masse considérable remplissait, devint entièrement déserte : les fédérés, à la vue des obus qui tombaient au milieu de leurs rangs pressés, se sauvèrent dans les maisons et dans les rues latérales à gauche et à droite de la route, mais non sans laisser par terre bon nombre des leurs, morts ou blessés. Du rond-point nous pouvions voir, à l'aide de nos lunettes, l'enceinte de Paris, qui n'était pas encore armée ; nous distinguions aussi les curieux accourus en masse autour de l'arc de l'Étoile et qui tâchaient d'apercevoir, tant bien que mal, quelque coin de la bataille. Les plus braves s'étaient même avancés dans l'avenue de la Grande-Armée jusqu'à la porte Maillot, où ils purent assister à la rentrée dans Paris des premiers soldats débandés de l'émeute.

Les marins et l'infanterie de marine, profitant du désordre jeté dans les rangs des fédérés, les poursuivirent, et s'engageant jusque sur le pont de Neuilly, ils le franchirent au pas de course, malgré le feu plongeant de l'ennemi occupant les maisons situées en arrière. Dans leur impétuosité, ils enlevèrent la barricade qui défendait le passage, et parvinrent à s'emparer des maisons les plus rapprochées, d'où ils délogèrent les soldats du Comité central.

Les instructions du commandant en chef lui interdisaient absolument de s'engager plus avant. Une ligne de fortifications de l'importance de celles de Paris se défend presque toute seule, et il n'est pas possible de l'enlever de vive force si les pont-levis qui y donnent accès sont levés. Il est évident que dans l'état de trouble et de démoralisation où se trouvaient à ce moment les fédérés, ils n'auraient peut-être point songé à prendre cette dernière et élémentaire précaution, et nos troupes, si on les avait laissées faire, se seraient probablement engagées à la suite des gardes nationaux jusque dans l'enceinte même de la place; mais cette opération, outre qu'elle était encore bien chanceuse comme résultat, avait l'inconvénient d'être trop hâtive et certainement inopportune. Ceux qui ont reproché à l'armée d'attaque de n'être pas entrée dans Paris au moment de cette première déroute des fédérés n'ont pas suffisamment calculé l'importance et les dangers d'une telle tentative, qui ne pouvait être faite qu'avec la certitude absolue d'y réussir, et à laquelle par conséquent on ne pouvait déjà songer avec une armée encore si peu nombreuse et toujours en voie de formation. Le succès de cette journée de début eut d'ailleurs une grande influence sur les opérations ultérieures. Il remonta le moral de l'armée, affaiblit l'influence du Comité central, et donna une juste idée de la valeur de ses troupes. L'armée s'était comportée avec beaucoup de vigueur; on pouvait désormais compter sur sa solidité; il était certain qu'elle ne devait plus faiblir.

Le résultat de ce combat fut plus considérable par son influence même sur la suite de nos affaires que par les pertes qu'il causa aux fédérés, dont une trentaine seulement restèrent entre nos mains; nous avions également recueilli beaucoup d'armes abandonnées. Le but de l'attaque, qui était de refouler les insurgés dans Paris, ayant été atteint, l'armée reçut l'ordre de regagner ses campements. Elle effectua ce mouvement vers trois heures de l'après-midi, le combat étant alors complétement terminé. Ce retour ne fut pas inquiété par les troupes du Comité, et moins de deux heures après, chaque colonne s'était réinstallée dans ses bivouacs. Quant à nos pertes, elles étaient légères : nous avions eu huit hommes tués, et nous ramenions une trentaine de blessés.

3 avril.

Ce ne fut pas sans un certain étonnement que nous apprîmes, le lendemain au matin, que les fédérés s'apprêtaient déjà à prendre la revanche de leur échec de la veille, et paraissaient vouloir renouveler du même côté la tentative qui leur avait si peu réussi le 2 avril. Nos reconnaissances

signalaient dès le point du jour la mise en marche
de nombreuses colonnes d'insurgés, et bientôt les
dépêches télégraphiques du Mont-Valérien vinrent
corroborer et préciser davantage ces premiers
renseignements. L'armée parisienne s'avançait,
en effet, avec des forces considérables : sous les
ordres de Flourens, improvisé général en chef
et devenu le commandant le plus populaire et le
mieux obéi, une troupe nombreuse s'engage sur
la route de Saint-Germain. Un peu plus tard, une
autre colonne, que commande le général Duval,
se porte également sur Versailles, opérant son
mouvement par une route différente; mais l'armée
de Flourens entre en ligne tout d'abord.

Le commandant du Mont-Valérien n'évaluait
pas à moins de trente mille hommes le chiffre des
forces qui marchaient sous les ordres de Flourens : elles traînaient avec elles trois pièces d'artillerie et s'avançaient avec une attitude assez
résolue, en une colonne serrée, sur la route
qui passe à petite portée des feux du fort. Elle ne
semblait pas se préoccuper le moins du monde
des canons qui du haut de la forteresse pouvaient
si facilement jeter le désordre dans ses rangs,
tout comme si elle eût été certaine de sa compli-
cité ou tout au moins de sa neutralité. La Commune avait en effet répandu le bruit que le fort
était occupé par des artilleurs qui s'étaient ralliés

à elle, et, sur la foi de cette seule rumeur, l'armée de Flourens accentuait son mouvement sur Rueil avec une imperturbable assurance. Mais au moment où, parvenue au rond-point des Bergères, la colonne se dispose à prendre sur la droite, le fort ouvre sur elle un feu bien dirigé qui met aussitôt en fuite la moitié des assaillants. Les autres, plus aguerris sans doute, persistent à se défendre : des tirailleurs s'avancent jusqu'au pied des glacis du fort, et bientôt les trois canons qu'avaient avec eux les fédérés tentent de battre ses murailles en brèche. L'issue de cette lutte disproportionnée ne fut pas longtemps douteuse : en quelques coups, deux des pièces sont démontées, un caisson saute, et les insurgés sont obligés d'enlever au plus vite la troisième. Ils se mettent alors à l'abri dans les replis du terrain où le fort ne peut plus les atteindre, puis passant par petits groupes, sur lesquels un feu d'artillerie à grande portée devient inefficace, ils arrivent jusqu'à Rueil, assez sensiblement diminués, mais toujours résolus à poursuivre leur attaque.

Les troupes du général de Galliffet avaient leurs grand'gardes à la Malmaison; devant cette irruption inopinée des fédérés, elles se replient le long de la Seine du côté de la machine de Marly, et l'avant-garde parisienne les suit jusqu'à Bougival. L'ennemi se trouvait donc arrivé à six kilomètres seulement de Versailles; il était urgent de ne pas le laisser s'avancer plus loin. A neuf heures et demie, le commandant en chef se mit à la tête des troupes qui devaient marcher à sa rencontre. La brigade Daudel suivit la route de la Celle-Saint-Cloud; une brigade de la division Grenier, encore campée aux avenues de Trianon, reçut l'ordre de prendre la même direction. La brigade Garnier partit du bois des Hubies pour gagner la crête, au-dessus de Garches, au lieu dit la Maison-du-Curé. La division de cavalerie Du Preuil se joignit à la colonne principale par la route de la Celle-Saint-Cloud, et la brigade de cavalerie Galliffet prit position sur le bord de la Seine. Ayant dépassé Beauregard, le 114e de ligne tourna à gauche par la route qui conduit directement à Bougival. Le 113e passant à droite, avec deux batteries, vint s'établir sur le coteau de la Jonchère. Le 114e se trouva aussitôt en présence de l'avant-garde des fédérés, et il s'engagea contre elle avec une grande vigueur, pendant que l'artillerie placée sur le coteau ouvrait sur Rueil un feu plongeant dont l'efficacité nous était d'autant mieux connue que nous avions eu longtemps à le subir de la part des Prussiens. Il était environ onze heures du matin.

La division Grenier intervint alors pour appuyer le mouvement; elle dut passer au milieu du bois, près de l'étang de Saint-Cucufa, pour déboucher par la porte de Longboyau, puis gagner la ferme de Fouilleuse, et enfin déborder la gauche des fédérés, en menaçant leur ligne de retraite. La division Garnier, formant l'extrême droite, se porta en avant, par la Briqueterie, vers le rond-point des Bergères. Enfin la division de cavalerie Du Preuil, sortant à son tour de la porte de Longboyau, vint se déployer dans la plaine, afin de relier les troupes du général Grenier au 113e et de tourner Rueil. Ce mouvement ne fut exécuté qu'avec une assez grande lenteur, causée par la nécessité de faire suivre aux troupes, et surtout à l'artillerie et à la cavalerie, d'étroites allées sableuses, où la marche s'opérait avec difficulté. Aussi le déploiement de l'armée, au sortir de Longboyau, ne fut-il complétement effectué que vers deux heures de l'après-midi. Mais dès que les fédérés s'aperçurent qu'ils allaient être inévitablement enveloppés et coupés de leur ligne de retraite, ils abandonnèrent toute idée de résistance : ce fut parmi eux un sauve qui peut général. Ils quittèrent Rueil au plus vite, traversèrent Nanterre à la débandade, puis, n'osant plus passer à portée du Mont-Valérien, dont ils venaient d'éprouver les intentions véritables, ils traversèrent la plaine en s'abritant derrière le remblai du chemin de fer, et rentrèrent enfin dans Paris par le pont d'Asnières. Les troupes pressèrent leur marche, mais le mouvement de retraite de l'émeute était si précipité, qu'elles ne purent arriver à temps pour couper la queue de la colonne. Seule, la division de cavalerie du général Du Preuil parvint à inquiéter vivement les fuyards, qu'elle chargea dans la plaine entre Nanterre et Rueil, et dont un certain nombre furent sabrés ou faits prisonniers. C'est pendant cette charge que fut rencontré Gustave Flourens, qui, abandonné par les siens, avait cherché un refuge dans une maison où il tentait de dissimuler son identité en changeant de vêtements. Il voulut résister, et il fut tué d'un coup de sabre sur la tête [1]. Ainsi finit cette personnalité vaniteuse qui aurait pu mieux employer une intelligence incontestable. Les troupes, arrivées au rond-point des Bergères, y reprirent les deux pièces de canon abandonnées par les fédérés, puis, après un moment de repos

---

[1] C'est le capitaine de gendarmerie Desmarest qui frappa Flourens au moment où celui-ci, aidé de son aide de camp Cypriani, se mettait en défense le revolver à la main.

L'insurrection avait fait de Flourens l'un des adjoints au maire du vingtième arrondissement (26 mars).

Le 28 mars, il avait été élu membre de la Commune.

Le 29 mars, il était nommé général à titre provisoire de la 20e légion de la garde nationale.

Le 30 mars, il devenait membre de la commission militaire.

M. Flourens n'avait que trente-trois ans.

pendant lequel on leur permit de faire le café, elles durent, suivant les instructions données au général en chef, se replier sur Versailles.

Cette seconde bataille livrée par l'émeute était pour elle un échec plus considérable encore que celui de la veille, en raison du plus grand nombre de troupes qu'elle avait engagées. Les insurgés avaient dû fuir au milieu d'une véritable panique; nous avions eu à peine cinq ou six hommes tués ou blessés, pendant qu'ils subissaient des pertes très-sensibles par le feu du fort. De nombreuses voitures d'ambulance étaient venues, après le combat, pour relever les morts et les blessés; la cavalerie avait fait grand mal à la queue de la colonne, enfin nous avions pris deux canons et beaucoup de fusils, ramassés de toutes parts. Les renforts qui, au dernier moment, arrivaient de Versailles, n'eurent pas lieu d'être employés et purent regagner aussitôt leurs campements.

En se rendant au Mont-Valérien pour envoyer au chef du pouvoir exécutif une dépêche télégraphique qui lui faisait connaître l'heureuse issue de la journée, le général en chef put apercevoir un vif combat d'artillerie qui continuait sur les hauteurs de Châtillon. C'était le feu de la lutte alors commencée avec la deuxième colonne des insurgés, qui, placée sous les ordres du soi-disant général Duval, était entrée en ligne plus tard que celle de Flourens. Cette colonne avait suivi deux routes : la première traverse les Moulineaux et conduit à Meudon, la seconde, passant par la redoute de Châtillon, rejoint celle de Versailles à Petit-Bicêtre.

La droite, arrivée à Meudon, y trouva les avant-postes du régiment de la garde républicaine. L'attaque eut lieu aussitôt : elle fut des plus vives. Les gendarmes firent une résistance énergique qui donna le temps à la brigade La Mariouse, placée en arrière, d'accourir à leur aide et de rendre le combat plus égal. Avant la fin de la journée, les fédérés se repliaient devant la bonne contenance de nos troupes et étaient définitivement chassés de Meudon et de Bellevue.

La gauche des fédérés avait rencontré à Petit-Bicêtre les avant-postes du général du Barail et avait pu cependant arriver jusqu'au hameau de Villacoublay. Les troupes du général Derroja, soutenues par la division Pellé, se portèrent alors en avant, et le combat ne tarda pas à s'engager là aussi avec une extrême vivacité. Mais les insurgés furent promptement mis en déroute et rejetés avec pertes sur la redoute de Châtillon.

L'attaque des soldats du Comité central avait donc été repoussée victorieusement sur tous les points. Le succès de l'armée n'était pas douteux, mais les deux tentatives de l'émeute, si rapprochées et si importantes par le nombre des troupes qu'elle avait mises en ligne, démontraient son audace et devaient faire craindre de nouvelles attaques, qu'il était urgent de prévenir. L'Assemblée ne pouvait délibérer sous le coup d'alertes perpétuelles, et il était indispensable d'obliger les insurgés à se renfermer absolument dans Paris, en rendant toute sortie de leur part désormais impossible. Il était nécessaire, pour atteindre ce but, de s'emparer du plateau de Châtillon et d'occuper fortement la presqu'île de Gennevilliers. Il fut convenu le soir même, entre le commandant de l'armée et le chef du pouvoir exécutif, que ces deux opérations seraient immédiatement entreprises, et que l'on commencerait le lendemain au matin par l'attaque du plateau de Châtillon. Les instructions furent données dans la soirée, en vue de cette opération, aux chefs des corps de troupes qui devaient l'effectuer.

CHAPITRE TROISIÈME.

OPÉRATIONS SUR LES HAUTEURS DE CHATILLON.

4 avril.

La position de Châtillon est aussi menaçante pour Versailles, qu'elle permet d'atteindre par un plateau dominant d'un parcours facile, que pour Paris, qu'elle commande efficacement à petite portée de canon. La sécurité de la ville où résidaient le gouvernement et l'Assemblée nationale, aussi bien que la raison militaire, exigeaient donc que la redoute qui occupe cette importante position fût reprise à l'émeute, et que nos troupes s'y établissent sans désemparer, afin d'obliger les fédérés à ne plus dépasser la ligne des forts.

L'opération qui eut pour effet de reconquérir le plateau de Châtillon commença le 4 avril, au point du jour. La brigade Derroja tourna la position par la droite en passant près de Fontenay-aux-Roses, pendant que la division Pellé la menaçait de front. Le mouvement tournant, très-habilement exécuté et dérobé à l'ennemi par la déclivité du coteau, réussit complétement; les fédérés, qui n'étaient point gardés sur leurs flancs, furent cernés tout à coup sans pouvoir faire aucune résistance. Se sentant perdus, ils jettent leurs armes et se rendent sans conditions : quinze cents gardes nationaux restent entre nos mains avec leurs fusils et leurs canons [1]; leur chef, le nommé Duval, est tué pendant l'affaire. C'était le premier général créé par le Comité central. Il était à peine six heures et demie du matin, et l'opération était déjà terminée. A son arrivée, le général en chef trouva les troupes établies sur l'importante position dont la reprise nous avait coûté peu de pertes. Mais bientôt les forts d'Issy et de Vanves ouvrent un feu très-violent, qui vient se croiser sur le plateau, pendant qu'une fusillade non moins vive est incessamment dirigée sur nos troupes des maisons de Clamart et de Châtillon. Le feu de l'artillerie des forts, mal réglé au début, atteint bientôt une plus grande précision, et nous avons à en souffrir assez sensiblement ; le général Pellé est blessé, et nos soldats, bien qu'abrités dans les tranchées prussiennes, y sont fréquemment atteints.

Afin de garantir le flanc gauche de la position, la brigade de La Mariouse reçut l'ordre d'enlever Clamart. Pendant qu'elle faisait ce mouvement, la brigade Derroja se portait à droite sur la gare, et bientôt la lutte s'engageait dans les maisons du village. Elle fut de peu de durée, les insurgés

---

[1] Ces canons étaient au nombre de neuf.

s'étant empressés de prendre la fuite. Quelques décharges de mitrailleuses jetèrent un grand trouble parmi les fuyards, qui allèrent se mettre à l'abri derrière les forts d'Issy et de Vanves, où ils cherchèrent à rétablir un peu d'ordre dans leurs rangs. A ce moment, la division Vergé vint prendre position à Meudon, pour soutenir au besoin la brigade La Mariouse.

Vers midi, les troupes engagées en première ligne étaient très-éprouvées par le feu des forts, vivement et adroitement dirigé. La division Pellé, dont le général Péchot avait pris provisoirement le commandement, avait surtout à en souffrir. La brigade de La Mariouse y était également très-exposée au Moulin-de-Pierre. Nos pièces de campagne, inférieures en calibre et ne pouvant tirer qu'à découvert, étaient insuffisantes pour riposter efficacement à la puissante artillerie des forts, d'un calibre supérieur et bien abritée par ses parapets. Le général en chef avait donc dû prescrire d'éviter toute lutte d'artillerie et de ne tirer que sur les colonnes qui paraîtraient disposées à renouveler l'attaque. Mais, malgré les difficultés et les périls auxquels furent exposées les troupes pendant les premiers moments de cette importante occupation, elles ne cessèrent de se montrer calmes et fermes jusqu'à l'arrivée de la division Susbielle, qui vint les relever à quatre heures du soir.

Les avantages obtenus dans cette journée nous demeurèrent donc définitivement acquis, et la sécurité de Versailles se trouva désormais assurée contre toute attaque en rase campagne pouvant se produire de ce côté. Mais il ressortait aussi de cette affaire un fait malheureusement évident qui devait prolonger pendant deux mois la résistance de Paris contre nos troupes : l'ennemi avait en effet montré, par l'habile combat qu'il avait soutenu avec les pièces des forts de Vanves et d'Issy, qu'il possédait une puissante artillerie, et surtout qu'il avait des artilleurs suffisamment expérimentés pour la servir. Les murailles de la ville étaient elles-mêmes bien difficilement accessibles et ne pouvaient être enlevées par un coup de main. La lutte menaçait donc d'être longue et énergique ; et si quelque mouvement imprévu, soit des insurgés eux-mêmes contre le gouvernement qu'ils avaient édifié, soit du parti de l'ordre arrivant à prendre le dessus, ne survenait pas dans l'intérieur de la place, on ne pouvait songer à la réduire que par les procédés en usage dans les siéges réguliers. Mais dans l'état de désorganisation où les divers services de l'armée étaient tombés par suite de la longue guerre que nous venions de supporter, cette opération devait être bien lente et bien difficile. C'est dans nos arsenaux les plus éloignés que se trouvaient seulement les pièces d'artillerie capables de lutter contre celles que les nécessités du siége nous avaient forcés d'accumuler dans Paris, et que l'émeute venait de tourner contre nous. Il fallait en même temps entreprendre de nouveaux travaux afin de pouvoir utiliser les batteries prussiennes, dont les parapets, construits pour leurs pièces de siége montées sur des affûts d'une forme différente des nôtres, ne pouvaient nous servir dans l'état où nous les trouvions. Les embrasures n'existaient pas ; il fallait rétablir les plates-formes ; enfin le Mont-Valérien lui-même était insuffisamment armé, et il était indispensable d'y faire arriver des pièces d'une portée et d'un calibre supérieurs.

5 avril.

Pendant le temps que nécessitèrent ces préparatifs, les positions de Meudon et de Châtillon demeuraient exposées à un feu très-vif et très-meurtrier, auquel elles ne pouvaient efficacement répondre. Aussi, le 5 avril, l'ordre fut-il donné de faire établir les troupes plus en arrière à l'abri du feu des forts, jusqu'à ce que les batteries de siége fussent terminées et armées. La division Susbielle ne laissa qu'une seule brigade à Châtillon pour garder la redoute et le haut du village. Un régiment prit position à Plessis-Piquet, et un autre à Petit-Bicêtre et à Malabry. Le 3e hussards occupa le bois de Verrières. Un peu plus à gauche, la division Derroja vint relever, à Meudon, la division Vergé. La brigade La Mariouse, après avoir laissé de solides avant-postes dans Clamart, s'établit plus loin dans le bois et au val Fleury. La division Vergé alla remplacer, à Sèvres, le régiment de garde républicaine, dirigé sur Courbevoie, et étendit ses avant-postes de Bellevue à Saint-Cloud. Les divisions Maud'huy, Bruat et la brigade Daudel demeurèrent en réserve, la première au camp de Satory, la seconde à Versailles, et la dernière à Trianon.

Ce grand mouvement, qui avait l'apparence d'une retraite de nos troupes, ne pouvait avoir d'inconvénient au point de vue de la conservation des positions conquises. Nos avant-postes étaient maintenus sur les mêmes points, et nos troupes étaient garanties du feu des forts jusqu'au jour où nous serions en mesure de tenter contre eux une entreprise décisive. Quelques escarmouches eurent cependant lieu entre nos soldats et ceux de l'émeute, qui pensaient nous surprendre, mais ces attaques n'eurent jamais rien de sérieux, bien que les bulletins officiels de la Commune aient cru devoir attribuer à peu près journellement à ses troupes des succès aussi invraisemblables qu'imaginaires. En même temps, les forts du sud continuaient à tirer avec une rage furieuse sur nos positions et sur les villages avoisinants. Le gaspillage de munitions que firent à ce moment les fédérés a été considérable. Du 6 au 10 avril, ce fut une véritable averse de projectiles qui vint fondre aussi bien sur les malheureux villages de Châtillon, de Clamart, de Meudon, de Sèvres et de Bellevue, déjà si cruellement éprouvés pendant le siége de Paris par les Allemands, que sur les hauteurs mêmes de Châtillon et sur les tranchées qui les abritaient. Les fédérés étaient probablement informés par des espions de la situation exacte de nos campements, car ils les poursuivaient sans cesse de leurs obus et nous obligeaient journellement à les changer. Les nuits n'étaient pas beaucoup plus calmes; l'ennemi nous tenait constamment en alerte. Il tirait, sans doute à la suite de subites paniques, des coups de feu au hasard, et il n'était guère possible, dans de telles conditions, que les troupes eussent un repos bien assuré. Elles devaient prendre les précautions les plus grandes et être toujours en éveil en cas d'une surprise inopinée de ces soldats sans instruction ni discipline et qui, agissant un peu à leur guise, pouvaient à tout moment venir nous attaquer.

8 et 9 avril.

Nos avant-postes furent portés, le 8 avril, à Sceaux et à Bourg-la-Reine, qu'occupait la brigade de cavalerie Charlemagne (3ᵉ et 8ᵉ hussards), et nous envoyâmes des reconnaissances jusqu'à la ferme de la Belle-Épine et à la Vieille-Poste. Mais les insurgés avaient pu armer les redoutes des Hautes-Bruyères et de Moulin-Saquet, ce qui nous empêchait de nous porter plus avant. Le 9, une alerte non justifiée fit craindre un mouvement sérieux des fédérés se prononçant, par Bourg-la-Reine et Sceaux, sur Petit-Bicêtre. La brigade de la division Susbielle établie à Malabry courut aux armes, et bien qu'elle n'eût découvert aucun ennemi, on crut devoir, par précaution, renforcer le soir même la position qu'elle occupait. Des troupes étaient arrivées depuis peu de jours à Versailles et devaient entrer dans la division Lacretelle, comprise dans la nouvelle formation de l'armée. Trois bataillons de ces troupes furent détachés au village de Bièvre. En même temps, les travaux d'appropriation entrepris pour utiliser les épaulements des batteries prussiennes étaient poussés avec activité; mais le matériel qui devait y être amené n'arrivait que lentement et par petites portions à Versailles. Le retard provenait surtout des difficultés causées pour le transport des pièces et des munitions par l'insuffisance des moyens que possédaient les lignes de chemin de fer. A son entrée à Versailles, ce matériel devait en outre y être conservé jusqu'à ce que l'armement complet des batteries devînt possible. Enfin nous restions à Châtillon, mais les troupes étaient fatiguées de leur inaction même, qui devait cependant se prolonger jusqu'au jour des opérations décisives.

CHAPITRE QUATRIÈME.

PRISE DU PONT DE NEUILLY. — NOUVELLE FORMATION DE L'ARMÉE DE VERSAILLES.

5 avril.

La possession incontestée de Versailles ne pouvait être garantie d'une manière solide et définitive que par l'enlèvement du pont de Neuilly et l'expulsion des insurgés de la presqu'île de Gennevilliers, double opération qui viendrait compléter l'heureux résultat commencé par la reprise de Châtillon. Notre ligne d'avant-postes se trouverait alors appuyée sur la Seine depuis Saint-Denis, point extrême de l'occupation prussienne de ce côté, jusqu'au bas Meudon, et elle acquerrait ainsi une force assez grande pour pouvoir défier désormais toute attaque nouvelle des fédérés contre Versailles.

C'est le 5 avril, et après le succès de nos troupes à Châtillon, que fut commencée l'attaque sur le pont de Neuilly. Le régiment de gendarmerie fut d'abord dirigé de Sèvres sur la caserne de Courbevoie ; la brigade Besson et la cavalerie du général de Galliffet vinrent soutenir ce mouvement. Mais les insurgés avaient mis à profit les quelques jours de répit qu'on leur avait laissés sur ce point :

ils avaient travaillé sérieusement, depuis le 2 avril, à rendre inabordable le passage du pont, et leur résistance fut tout d'abord très-vive et très-bien dirigée. De formidables barricades coupaient le pont de Neuilly : elles étaient armées de nombreuses pièces d'artillerie. Le rempart, des deux côtés de la porte Maillot, était percé d'embrasures où l'on voyait des pièces de canon qui ouvrirent aussitôt leur feu pour aider à la défense du pont. Il nous fallut renoncer, en présence de ces moyens inattendus de résistance, à mener plus loin l'affaire pour ce jour-là. Nous occupâmes seulement la caserne de Courbevoie, en attendant des renforts. Le général de Montaudon arriva à ce moment avec la division Pellé, dont il venait de prendre le commandement.

Le 6, le combat recommença avec une très-grande énergie des deux côtés; mais bientôt nos troupes prirent le dessus, et franchissant le pont de Neuilly sous un feu meurtrier qui leur fit beaucoup de mal, elles enlevèrent les barricades avec les huit pièces de canon qui les défendaient. C'est au milieu de cette vive attaque que les braves généraux Péchot et Besson furent tués glorieusement à la tête de leurs troupes et au moment même où les barricades étaient enlevées.

A dater de ce jour, Neuilly devint le théâtre d'une lutte acharnée et constante. Les fédérés avaient pour eux l'appui du rempart, dont nos troupes avaient l'ordre de ne pas approcher, bien qu'il leur causât de fréquentes pertes. La grande question pour nous n'était pas alors de tenter l'entrée dans Paris, mais bien d'assurer le séjour de Versailles contre toute atteinte, afin que la réorganisation de l'armée et du matériel pût s'y faire avec calme et maturité. La ville de Neuilly fut en partie sacrifiée à cette nécessité absolue, et nos troupes s'y maintinrent toutefois sur les points indiqués sans en céder jamais un seul et en se bornant à tirailler journellement avec les fédérés, dont les lignes étaient rapprochées aussi près que possible des nôtres. Nous fortifiâmes la tête du pont de Neuilly par des travaux très-solides, mais dont l'exécution, constamment gênée par le feu du rempart, présenta de grandes difficultés. En même temps, le Polonais Dombrowski, nouveau général de la Commune, contrariait nos travailleurs par d'incessantes alertes qui nous rendirent la place très-pénible à tenir.

Mais il n'entre pas dans le cadre de ce récit d'exposer les détails des opérations poursuivies de ce côté. Le 10 avril, le général de Ladmirault en prit la direction sous les ordres immédiats du maréchal de Mac-Mahon, nommé commandant en chef de l'armée de Versailles. Le mouvement général fut continué en vue d'achever les opérations entreprises. Une attaque de nuit tentée sur le château de Bécon par la division de Maud'huy ne put réussir; mais les fédérés avaient de si médiocres connaissances militaires et se rendaient si peu de compte des événements qui se passaient même jusque sous leurs yeux, qu'ils ne s'aperçurent pas du léger échec qu'ils nous avaient infligé. Leurs bulletins officiels, si grotesquement mensongers, ne mentionnèrent aucunement ce petit succès, le seul qu'ils aient jamais remporté pendant cette triste campagne. D'ailleurs, ils n'eurent peut-être pas le temps de constater qu'ils nous avaient repoussés, car bientôt le château de Bécon tombait en notre possession. Malgré ces avantages répétés, les progrès de l'armée ne s'accomplissaient que lentement : nous ne pûmes enlever Colombes et Bois-Colombes qu'après une lutte acharnée et des pertes sensibles, et c'est seulement le 10 avril que les troupes du général de Ladmirault arrivèrent à s'emparer d'Asnières. La prise de ce village termina la complète réussite des opérations entreprises le 2 avril, et acheva l'expulsion définitive des insurgés des divers points par où ils pouvaient menacer Versailles.

Le Mont-Valérien avait rendu de grands services à l'armée pendant ces différents combats : il avait reçu tout récemment les premières pièces de 24 qui étaient arrivées à Versailles, et il avait jeté dans les rangs des fédérés un désordre et une panique considérables; ceux-ci ne pouvaient plus songer à agir efficacement sur une seule des positions que dominait la forteresse, et l'importance de sa possession, qui faillit à un certain moment passer entre les mains des insurgés, ne fut jamais mieux démontrée pour nous que dans ces premières journées.

C'est pendant que s'accomplissaient ces diverses opérations qu'eut lieu la réorganisation de l'armée de Versailles. Un décret inséré au *Journal officiel* du 7 avril [1] régla cette nouvelle organisation de la manière suivante :

L'armée de Versailles est partagée en deux armées.

PREMIÈRE ARMÉE.

Commandant en chef : Le maréchal de MAC-MAHON, chargé de la direction générale des opérations actives.

1ᵉʳ CORPS D'ARMÉE : Le général DE LADMIRAULT, commandant en chef.

1ʳᵉ *division* : Général GRENIER ;

2ᵉ *division* : Général DE MAUD'HUY ;

3ᵉ *division* : Général DE MONTAUDON.

2ᵉ CORPS D'ARMÉE : Général DE CISSEY, commandant en chef.

---

[1] Ce décret porte la date du 6 avril.

1re *division* : Général Le Vassor-Sorval;

2e *division* : Général Susbielle;

3e *division* : Général Lacretelle.

3e CORPS D'ARMÉE : Le général Du Barail, commandant en chef.

Ce corps d'armée est exclusivement composé de cavalerie.

Ces trois corps figurent seuls sur le décret du 6 avril; mais l'armée de Versailles fut peu après renforcée par deux nouveaux corps d'armée :

Le 4e corps d'armée formé à Cherbourg par le général Ducrot, et dont le commandement fut confié au général Douay;

Le 5e corps d'armée, que le général Clinchant avait réuni et organisé à Cambrai, et qui resta placé sous son commandement.

DEUXIÈME ARMÉE.

La deuxième armée, dite armée de réserve, eut pour commandant en chef le général Vinoy, qui, bien que nommé grand chancelier de la Légion d'honneur par décret du 6 avril, exerça cependant son commandement jusqu'après la reprise de Paris.

1re *division* : Général Faron;

2e *division* : Général Bruat;

3e *division* : Général Vergé.

La division Faron ne conserva que trois brigades ; la brigade Daudel fut donnée au 2ᵉ corps d'armée, puis remplacée par la brigade Berthe, destinée primitivement à une quatrième division, qui fut bientôt fondue dans les trois autres. Les journées des 8, 9 et 10 avril furent employées à opérer les mouvements de troupes nécessités par ces dispositions nouvelles.

Le 8 avril, la division Lacretelle vint prendre position sur le plateau de Villacoublay ; elle fut bientôt suivie par la division Le Vassor-Sorval, de telle sorte que le 2ᵉ corps, établissant son quartier général au château de Bel-Air, se trouva constitué tout entier sur le plateau de Vélizy.

Les troupes du 3ᵉ corps furent dirigées de Versailles sur Longjumeau, à l'effet d'intercepter le chemin de fer d'Orléans et de défendre contre toute entreprise des fédérés la ligne qui s'étend de la Bièvre à la Seine. Les 2ᵉ et 3ᵉ corps occupaient ainsi la droite de l'armée.

Les régiments destinés à former le 1ᵉʳ corps se rendirent le 9 au camp de Villeneuve-l'Étang. Le général Ladmirault prit aussitôt leur commandement, et ses troupes furent peu après dirigées sur Rueil. Ce corps avait ainsi la gauche de l'armée.

Un peu plus tard, les 4ᵉ et 5ᵉ corps se concentrèrent dans les grandes avenues qui aboutissent à la pièce d'eau des Suisses et entourent la ferme dite de la Ménagerie, à l'extrémité du parc de Versailles.

L'armée de réserve fut chargée d'occuper le centre de la position contre Paris. La division Vergé conserva ses avant-postes depuis la Lanterne de Démosthène jusqu'aux Moulineaux ; la division Faron occupa le Val de Meudon jusqu'au plateau qui le domine, ainsi que les villages de Clamart et de Fleury. Enfin, la division Bruat resta campée dans la ville même de Versailles, qu'elle ne quitta qu'au moment de l'entrée des troupes dans Paris.

Le commandement de l'armée de réserve restait complétement distinct de celui de la première armée : toutefois ses troupes devaient concourir, sur l'invitation du maréchal, aux opérations dont il avait la direction suprême.

Cette organisation fut entièrement terminée le 12 avril, époque à laquelle le général Vinoy remit le commandement en chef au maréchal de Mac-Mahon. Le lendemain, le maréchal et les divers généraux placés sous ses ordres prirent chacun le poste auquel ils venaient d'être appelés. L'armée de Paris avait donc cessé d'exister : le rôle de l'armée de Versailles allait commencer.

Il est juste de reconnaître, au moment où l'armée de Paris se trouve refondue et disparaît dans une nouvelle organisation, les services éminents qu'elle a rendus à la cause de l'ordre au début des opérations militaires dirigées contre le gouvernement insurrectionnel de la Commune. Elle avait été obligée de quitter Paris dans les plus mauvaises conditions; la défaveur s'était attachée à elle, à cause des coupables défaillances signalées dans ses rangs pendant la journée du 18 mars. En moins de quinze jours, cette même armée retrouva sa force et sa solidité; elle reprit dans la vie des camps, qu'on lui imposa avec ses dures exigences, des habitudes d'ordre et de discipline que son séjour au milieu de la population parisienne avait un moment altérées. En même temps, elle recouvra sa vigueur et son ardeur d'autrefois, et dans les premiers combats livrés à l'émeute, elle montra qu'elle n'était plus disposée à faiblir, et que la cohésion et la fidélité au devoir lui étaient également revenues. Cette armée, deux semaines seulement après sa concentration à Versailles, avait infligé aux troupes insurrectionnelles plusieurs échecs sanglants : elle avait fait des prisonniers, pris des canons, des armes, des munitions, réoccupé des positions importantes, et surtout elle avait donné au gouvernement régulier une grande force morale en jetant le trouble parmi les troupes de la Commune, et le discrédit sur les prétentions militaires que celle-ci avait si hautement affichées.

La tâche imposée à l'armée de Versailles devait être considérable et sa durée proportionnée aux grands obstacles qu'elle avait à vaincre. Mais l'armée de Paris avait, par l'effort énergique qui inaugura les opérations militaires, préparé les voies qui allaient rendre moins difficile l'accomplissement de l'œuvre dont le maréchal de Mac-Mahon avait désormais la haute direction. Un mois et demi de lutte et de fatigues constantes devait précéder la reprise de Paris sur ses oppresseurs. L'armée de réserve a eu, dans les événements qui ont signalé cette dernière période de la guerre civile, une part utile et glorieuse que nous allons exposer.

LA COMMUNE.

— II —

OPÉRATIONS DE L'ARMÉE DE RÉSERVE.

CHAPITRE PREMIER.

PREMIÈRES OPÉRATIONS DE L'ARMÉE DE RÉSERVE.

Nous n'avons pas à entrer ici dans le détail des opérations dirigées par le maréchal de Mac-Mahon. Le rapport publié au *Journal Officiel* du 3 août 1871, et réimprimé depuis en brochure [1], expose d'une manière très-succincte, mais suffisamment étendue, les vigoureux efforts de l'armée pendant le mois qui a été nécessaire pour reprendre Paris à l'émeute et pour la réduire tout à fait.

[1] *Rapport sur les opérations de l'armée de Versailles, depuis le 11 avril, époque de sa formation, jusqu'au moment de la pacification de Paris, le 28 mai.* Il y en a eu deux éditions différentes, l'une officielle (in-8°), l'autre in-18 jésus, publiée sous le titre : *L'Armée de Versailles*, dans la collection des *Documents sur les événements de 1870-71*. Paris, Librairie générale, 1871. Dans cette dernière édition on a joint au Rapport, en les rapprochant de chaque passage, les divers renseignements et dépêches du *Journal officiel* pendant la durée de l'insurrection.

L'auteur de ce livre doit se borner à faire ressortir plus spécialement ici les services rendus, pendant cette lutte douloureuse, par l'armée de réserve, qu'il avait directement sous ses ordres.

Bien que faisant partie de cette armée, la division Faron n'a pas cessé de se trouver en première ligne; bientôt la division Vergé y est entrée à son tour, et elle a été suivie par la division Bruat. Enfin, au moment où les troupes ont pénétré dans Paris, l'armée de réserve a été engagée tout entière, et a concouru de la manière la plus importante et la plus efficace aux combats qui nous ont assuré la possession de la capitale.

La division Faron est demeurée aux avant-postes de Meudon et de Clamart depuis le 4 jusqu'au 24 avril. Elle avait à souffrir, sans pouvoir y répondre, du feu très-vif que les fédérés dirigeaient sur elle des batteries du cimetière d'Issy ainsi que des forts et des canonnières. La division Vergé, établie à Sèvres, était également exposée au tir de l'ennemi provenant des remparts du côté d'Auteuil et du Point-du-Jour. Toutefois, comme les ponts de Saint-Cloud et de Sèvres étaient coupés, et que le pont de bateaux destiné à remplacer ce dernier était replié, la division Vergé n'avait pas d'attaques bien sérieuses à redouter; sa droite seul^e était inquiétée par de fréquentes alertes aux avant-postes des Moulineaux et à Bellevue.

Le 24 avril, un ordre du quartier général donnait le commandement des attaques de droite au général de Cissey, et la division Faron se trouvait placée temporairement sous sa direction. Elle y resta tout entière jusqu'au moment où le fort d'Issy tomba en notre pouvoir; la brigade Berthe y fut maintenue jusqu'au 22 mai, et à cette date elle rejoignit sa division dans Paris.

Cependant, vers la deuxième moitié du mois d'avril, les travaux entrepris pour approprier et armer les batteries prussiennes étant terminés, le feu fut ouvert le 25 du même mois sur les forts de Vanves et d'Issy, ainsi que sur le rempart du Point-du-Jour. Le résultat de cette attaque d'artillerie fut considérable. Les insurgés n'avaient ni l'expérience, ni l'instruction, ni surtout les chefs habiles qui leur eussent permis d'utiliser très-gravement contre nous les ouvrages qui nous avaient si bien servi, pendant le premier siége, à neutraliser les effets de la terrible artillerie prussienne. Il nous fut dès lors facile de pousser, avec beaucoup d'activité et de vigueur, les travaux d'approche, et en peu de temps des opérations plus sérieuses purent être tentées contre les forts du sud. Dans la nuit du 29 au 30 avril, les brigades Berthe et Derroja, de la division Faron, aidées par la brigade Paturel, enlevèrent le cimetière, le parc et les tranchées d'Issy.

Le 30, la garnison de ce dernier fort est sommée de se rendre; après quelques pourparlers qui durent jusqu'au lendemain 1er mai, elle refuse d'ouvrir ses portes. Pour déterminer sa chute, la division Faron opère, dans la nuit du 1er au 2 mai, un vigoureux coup de main, d'un côté sur le château d'Issy, qu'elle enlève, et de l'autre sur la gare de Clamart. Les 35e et 42e de ligne, ainsi que le 22e bataillon de chasseurs à pied prennent part à l'action, qui eut une certaine importance, puisque l'occupation définitive de la gare de Clamart ne put avoir lieu que le 5 mai. Dès lors, le fort était perdu : il tomba entre nos mains trois jours après. Le 38e de ligne, de la brigade Paturel, y pénétra le premier; mais il trouva le fort évacué, bien qu'il fût encore garni de tout son matériel. Le fort n'avait donc pu résister à l'attaque que pendant quinze jours environ, du 25 avril au 9 mai. Il n'avait pu survivre même quatre jours à la prise des ouvrages extérieurs, construits par nous pendant le siége. Ce résultat démontra une fois de plus l'incontestable utilité de ces travaux, que nous avons d'ailleurs signalée à diverses reprises.

La division Faron avait pris aux divers combats qui précédèrent l'occupation du fort d'Issy la part la plus sérieuse et la plus constante. Elle ne fut pas moins employée pendant l'attaque du fort de Vanves. Elle eut notamment à soutenir une lutte très-meurtrière dans le village, où la brigade La Mariouse était venue s'établir, non sans de vives difficultés, après la chute d'Issy. Les troupes du général Faron furent surtout occupées aux opérations préparatoires de l'investissement du fort de Vanves, qu'elles menèrent avec beaucoup de vigueur et de célérité. Mais, avant sa reddition [1], cette division, qui, depuis le 3 avril, avait été engagée sans discontinuité et dont deux brigades, — celles des généraux Derroja et La Mariouse, — avaient particulièrement souffert, fut placée en seconde ligne, afin de donner à ses troupes le repos qu'elles avaient si bien mérité. Elles vinrent reprendre leurs anciens campements, la brigade Derroja au plateau de Meudon, et les 35e et 42e de ligne à Chaville et à Viroflay.

En même temps le 1er corps, sous les ordres du général de Ladmirault, après avoir chassé définitivement les insurgés de la presqu'île de Gennevilliers, le 19 avril, soutenait chaque jour de très-vives escarmouches dans Neuilly, Levallois-Perret et les premières maisons de Clichy. Mais comme ce n'était pas de ce côté que devait se prononcer l'attaque, nos troupes avaient reçu

[1] Le fort se rendit le 14 mai.

l'ordre de se fortifier solidement sur les positions qu'elles occupaient; des instructions expresses les obligeaient même à y rester sans chercher à s'approcher davantage. Le 8 mai, dès que la chute du fort d'Issy eut permis d'assurer la droite de notre position, l'attaque du centre commença. Une formidable batterie établie à Montretout ouvrit son feu sur les remparts, dont les canons furent presque immédiatement réduits au silence. Sous la protection de ce feu puissant, les troupes passèrent la Seine dans la nuit du 8 au 9 mai, et procédèrent aux premiers travaux d'approche. Le général Douay avait la direction générale des travaux du centre; la division Vergé, de l'armée de réserve, fut placée sous ses ordres pour aider à leur prompt achèvement. Elle dut surtout surveiller la portion des tranchées qui s'étendait de Boulogne à la Seine. Les parallèles qui traversaient ce village se continuèrent dans le bois de Boulogne jusqu'à la grande avenue de Neuilly, et nos troupes s'avancèrent rapidement. Les travaux étaient donc poussés avec une persistante activité; couverts sur leur gauche par le Mont-Valérien et sur leur droite par le fort d'Issy, ils se développaient autour du saillant le plus aigu que forme l'enceinte des fortifications de Paris. L'angle que prend à revers le fort d'Issy devint, ainsi que le quartier du Point-du-Jour, dominé et écrasé de feux de tous les côtés, intenable pour les insurgés. La première parallèle avait été ouverte à environ mille à douze cents mètres du rempart; et, dès le 18 mai, les cheminements, facilités par les maisons, amenaient les troupes au pied même des glacis.

À la date du 15 mai, la division Bruat, qui n'avait pas quitté ses campements de Versailles depuis le 2 avril, fut dirigée sur Villeneuve-l'Étang pour être plus à portée de l'action décisive, déjà imminente. Les batteries de brèche n'étaient plus qu'à mille mètres environ de l'enceinte, et des batteries de mortiers venaient d'être établies jusqu'à la distance de trois cents mètres. Les dommages causés aux escarpes de la fortification permettaient d'espérer que le moment de l'assaut n'était pas éloigné. D'ailleurs, personne ne se faisait d'illusions sur les grandes difficultés que l'armée aurait à vaincre, et l'on devait s'attendre à une résistance aussi énergique que désespérée. La force seule pouvait réduire Paris; diverses tentatives faites en vue d'entrer dans la place sans grande effusion de sang n'avaient pu aboutir. Des négociations secrètes avaient été entamées pour obtenir, moyennant une forte somme d'argent, la livraison de l'une des portes de la ville; en même temps aurait eu lieu un mouvement du parti de l'ordre, et l'on pouvait espérer que cette diversion intérieure, détournant momentanément de l'action militaire l'attention du pouvoir insurrectionnel, faciliterait l'entrée de l'armée par le point qui nous serait livré. Mais cette combinaison ayant manqué soit par suite d'un malentendu, soit à cause des appréhensions de ceux qui devaient favoriser le mouvement, il fallut renoncer à prendre la place autrement que par un assaut dont on devait redouter les périlleuses conséquences. D'ailleurs, le tir en brèche n'avait pas encore donné un résultat qui permît d'en venir à cette tentative extrême. On avait bien dans la ville le concours assuré de deux bataillons de l'ordre, les 38e et 72e (de Passy), qui avaient gardé jusqu'au 31 mars les portes des remparts de leur quartier. Ces bataillons, bien que licenciés par l'amiral Saisset, occupaient encore certains postes qu'il serait possible d'utiliser comme points d'appui, et ils étaient disposés à se réunir et à prêter leur entier concours au premier appel. Toutefois, ils ne pouvaient rien tenter de sérieux ni d'efficace sans l'aide des troupes régulières.

En effet, la Commune était alors la maîtresse souveraine de la grande cité tout entière. Depuis que la manifestation du 22 mars et l'essai de résistance préparé sous la direction de l'amiral Saisset avaient successivement échoué, le régime de la terreur était imposé à la capitale par ses odieux tyrans. Les arrestations arbitraires, la cour martiale en permanence, les dénonciations, la loi sur les otages, le service obligatoire dans les troupes de la Commune contre celles de Versailles, et beaucoup d'autres mesures non moins illégales et barbares, avaient été décrétées et mises à exécution par le prétendu gouvernement de l'Hôtel de ville. Tous ceux qui avaient pu fuir l'avaient fait à leurs risques et périls et en employant les moyens parfois les plus étranges. Les honnêtes gens s'étaient presque tous éloignés de la ville; le petit nombre de ceux qui avaient dû forcément y rester se cachaient de leur mieux, échappant aux décrets de la Commune soit par des déguisements sans cesse renouvelés, soit en changeant chaque jour de domicile; la capitale se trouvait ainsi tout à fait à la merci des bandes révolutionnaires, qui constituaient les éléments principaux de l'armée insurrectionnelle. Nous devions donc considérer comme offrant les plus terribles difficultés l'assaut de la ville et l'entrée de l'armée dans ses murs. Il fallait pratiquer d'abord une brèche suffisante, tenter une escalade meurtrière, et, après avoir franchi cette brèche, s'attendre à trouver devant soi, outre des défenseurs choisis parmi les soldats les plus déterminés de la Commune, tout ce que la science a pu inventer de plus menaçant et de plus destructif :

feu grégeois, mines, fougasses, incendies préparés, barricades nombreuses, lutte sanguinaire engagée de maison à maison, en un mot toutes les horreurs dont l'histoire des siéges les plus désespérés nous a transmis la cruelle tradition. L'événement, hélas! a prouvé que ces prévisions n'avaient rien d'exagéré. Si l'entrée de nos troupes dans Paris avait eu lieu quelques jours plus tard, l'armée de la révolte aurait pu mieux encore organiser la défense et prendre ses dernières mesures. Qui sait, — si nous en jugeons par l'épouvantable spectacle que nous avons eu sous les yeux, — à quelles extrémités ne se seraient pas portés, dans la rage de leur défaite, les forcenés qui ont fait exécuter les otages et incendier nos monuments publics?... Le bonheur a voulu que l'assaut ait pu être évité et qu'ainsi de plus grands malheurs fussent à temps déjoués et prévenus.

La batterie de Montretout continuait à produire un effet terrible; les portes d'Auteuil et de Saint-Cloud, qu'elle frappait plus particulièrement, avaient bientôt été mises dans un grave état de dégradation, et déjà les décombres s'y amoncelaient. Le rempart était tellement balayé par nos obus, qu'il était devenu presque impossible de s'y tenir, même abrité, et les soldats de la Commune, dont la discipline était plus que relâchée, s'empressaient d'abandonner leurs postes pour se réfugier dans des endroits moins exposés. Leurs chefs comptaient d'ailleurs, pour repousser les tentatives des assaillants, sur la seconde ligne de défense préparée en arrière des fortifications, et où leurs hommes avaient moins à souffrir du feu de nos batteries. Le viaduc d'Auteuil, fermé par une forte maçonnerie, constituait la partie la plus solide et la plus résistante de cette seconde ligne, qui s'appuyait d'un côté à la Seine et de l'autre au château de la Muette, fortifié avec le plus grand soin. Toutes ces dispositions d'ailleurs nous étaient parfaitement connues, puisqu'elles avaient été terminées par nous pendant le premier siége ; nous ignorions seulement par quels nouveaux ouvrages les fédérés les avaient soutenues et renforcées. Ces ouvrages formaient une troisième ligne qui s'étendait de l'Arc de triomphe à la Seine par le Trocadéro, en s'appuyant sur des barricades armées de canons.

Il n'est pas encore facile, même aujourd'hui, de très-bien expliquer la cause véritable des défaillances qui se produisirent parmi les insurgés au moment où ils laissèrent entrer nos troupes par un des points de l'enceinte. La puissance des moyens accumulés pour la résistance leur inspirait-elle tant de confiance qu'ils se refusaient à croire notre entrée possible par le côté où elle a eu lieu ? Ces défaillances doivent-elles être plutôt attribuées à la lâcheté des troupes de l'émeute ou à leur lassitude, ou bien encore à leurs habitudes d'ivrognerie, qui trouvaient de préférence à se satisfaire dans cette journée du dimanche, généralement consacrée par elles à l'oisiveté et aux libations? Quoi qu'il en soit, il est certain qu'une panique se manifesta dans les rangs des armées insurrectionnelles au milieu de la journée du dimanche 21 mai. Vers trois heures, les remparts n'avaient ni sentinelles ni défenseurs. Un citoyen honnête et courageux, simple piqueur au service de la ville de Paris, M. Ducatel, s'aperçut de ce fait à la fois si grave et si heureux. Il s'avança jusqu'à la porte de Saint-Cloud au Point-du-Jour, sans avoir été inquiété, et montant sur le rempart, il fit des signes à nos avant-postes avec un mouchoir blanc à la main. Un officier de marine, M. Trèves, qui se trouvait dans la tranchée, accourut à cet appel; M. Ducatel lui fit connaître en quelques mots l'état des choses, offrant de guider les troupes et indiquant le moyen d'entrer dans la place par la porte du Point-du-Jour. Le commandant Trèves pénétra le premier dans Paris; il fut bientôt suivi par le bataillon de garde aux tranchées, qui appartenait au 37ᵉ de marche de la division Vergé, et un sous-officier de ce bataillon planta en même temps le drapeau tricolore sur les murs de la ville reconquise. C'était là un résultat immense, et, on doit le dire, inespéré. Paris était enlevé sans qu'une lutte cruelle et sanglante eût signalé l'entrée de nos soldats, et la Commune était mise dans l'impossibilité de compléter ses sinistres préparatifs de destructions et de ruines. Mais notre victoire ne devait pas demander moins d'une semaine tout entière de nouveaux et pénibles efforts pour être définitive.

CHAPITRE DEUXIÈME.

ENTRÉE DE L'ARMÉE DANS PARIS.

L'armée de réserve a eu l'honneur d'entrer la première dans Paris. C'est en effet la division Vergé qui pénétra tout d'abord dans la place, et c'est l'un des soldats de cette division qui remplaça, sur les murs de la ville, l'infâme drapeau rouge par celui qui portait les trois couleurs nationales.

Une dépêche télégraphique ayant immédiatement averti le général en chef de l'armée de réserve de cet heureux événement, il se rendit le soir même à Paris, vers cinq heures et demie, accompagné du ministre de la marine. A ce moment la lutte était assez vive; les fédérés défendaient vigoureusement le viaduc d'Auteuil. Le commandant en chef donna ses instructions aux troupes du général Vergé, puis il retourna en toute hâte à Versailles pour y prendre les deux brigades de la division Faron, qui s'y trouvaient encore, et la division Bruat tout entière. Les régiments du général Faron quittèrent Versailles à neuf heures et demie du soir. Leur marche sur Paris fut longtemps retardée en avant du pont de

Sèvres, où il y avait un grand encombrement de troupes et de matériel de guerre. La nuit était sombre et calme; on n'entendait qu'une fusillade très-lointaine et peu nourrie, ce qui donnait à supposer que les chances de la lutte nous étaient jusqu'alors favorables. Il fallut de grands efforts et même des travaux de déblaiement immédiats pour faciliter le passage des troupes qui s'accumulaient à tout instant plus nombreuses sur le même point. Vers deux heures du matin, le commandant en chef rentra de nouveau dans Paris; la division Vergé l'y avait précédé, et la plus grande partie de la division Bruat y pénétra en même temps que lui. L'infanterie de marine occupa le viaduc d'Auteuil, et la brigade Langourian, de la division Bruat, passée sur la rive gauche de la Seine, donna la main aux troupes du général de Cissey, qui entraient dans la place par la porte de Sèvres, au débouché de la route d'Issy (rive gauche).

Cependant la division Vergé avait gagné du terrain et s'était même emparée d'une formidable barricade qui fermait le quai à la hauteur de la rue Guillou et du parc de la maison de santé du docteur Blanche. Cette barricade était très-puissante par l'épaisseur de ses parapets et surtout par la profondeur de son fossé. Elle était armée de trois pièces de gros calibre qui restèrent entre nos mains, ainsi qu'une batterie de campagne de six pièces, tout attelée, qui n'eut pas le temps de s'enfuir. La même division s'était alors avancée jusqu'au Trocadéro, qu'elle avait occupé de vive force, et dont de solides postes installés par nous surveillèrent les accès. L'un d'eux captura sur le quai, près du pont d'Iéna, le sieur Assi, membre de la Commune, qui était venu sottement s'aventurer jusqu'à nos avant-postes. Ce trop célèbre personnage fut aussitôt expédié à Versailles. Le seul obstacle que nous avions trouvé au Trocadéro consistait en une forte barricade fermant l'accès de la large avenue qui conduit au château de la Muette. Cette barricade était construite en terre avec beaucoup de soin et d'habileté; elle avait des parapets d'une grande épaisseur, et la seule communication réservée avait été maçonnée et voûtée. Les fédérés n'eurent même pas à la défendre; pendant qu'ils s'attendaient à être attaqués de front, la barricade était prise par un mouvement tournant opéré par le quai.

Lundi 22 mai.

Vers quatre heures du matin, l'infanterie de la brigade Langourian eut à soutenir une assez violente fusillade contre les gardes nationaux rassemblés dans les baraquements du Champ de Mars, et que l'arrivée inattendue de nos troupes avait singulièrement surpris. Ce combat fut appuyé par deux batteries d'artillerie qui, s'établissant sur la hauteur du Trocadéro, ouvrirent un feu plongeant sur les baraquements par-dessus le fleuve. A ce moment le soleil commençait à se montrer, et les gardes nationaux épouvantés prenaient la fuite au milieu de l'incendie allumé par nos canons dans les araquements où ils étaient encore couchés; la flamme se propagea rapidement et en brûla une dizaine. La brigade Langourian, profitant du trouble occasionné par cet incident, se porta sur l'École militaire, devant laquelle se trouvait un parc d'artillerie assez bien défendu. Nos troupes sont d'abord repoussées; mais elles reviennent à la charge, enlèvent les campements du Champ de Mars et pénètrent enfin dans l'École militaire, que le général de Cissey prenait en même temps à revers, mettant ainsi les fédérés dans le plus grand danger.

Sur la rive droite, les corps des généraux Clinchant, Douay et de Ladmirault, après avoir occupé le quartier de Passy et enlevé le château de la Muette, se portèrent en avant, parallèlement aux fortifications. Bientôt, un peu détournés de leur marche directe par les obstacles qu'elles rencontrent à tout moment, les têtes de colonne des généraux Douay et de Ladmirault, leurs états-majors et leur artillerie se présentent sur la place du Trocadéro. Il résulta de cet encombrement inopiné une certaine confusion qui dura jusqu'après le passage des troupes, et qui aurait pu avoir de sérieux inconvénients. En effet, si les insurgés avaient alors ouvert sur le Trocadéro le feu des batteries de Montmartre, leurs obus de gros calibre auraient pu nous gêner beaucoup. Mais les canons de Montmartre se taisaient encore. Ce fut seulement un peu après neuf heures qu'ils commencèrent à tirer : le passage était alors dégagé, l'ordre rétabli, et ce feu d'artillerie, bien qu'il fût à bonne portée et habilement dirigé, ne nous causa pas grand mal. Nous perdîmes cependant quelques hommes : un obus étant tombé sur la compagnie de réserve du génie, tua le capitaine Haxo et blessa ou tua également sept des soldats qui l'entouraient. A ce moment, et pour faciliter la marche des autres colonnes, la division Vergé s'était portée en avant et avait d'abord occupé la manutention, où nos troupes saisirent trente mille rations toutes préparées pour les armées de l'insurrection ; débouchant ensuite dans le quartier des Champs-Élysées, elle avait atteint le palais de l'Industrie. La Commune avait conservé à ce vaste bâtiment la destination qu'il avait eue pendant le premier siége : c'était à la fois un dépôt de matériel et un hôpital. Un certain nombre de fédérés blessés y étaient alors en traitement ; parmi eux se trouvait le Polonais Okolowicz, l'un des principaux généraux de la Commune. Il fut aussitôt fait prisonnier. Ce mouvement de la division Vergé était soutenu par la division Bruat, dont la deuxième brigade, restée sur la rive droite de la Seine, avait traversé le fleuve, après la prise de l'École militaire, pour appuyer, sur la rive gauche, l'autre brigade qui marchait devant elle à travers le Gros-Caillou.

Vers dix heures du matin, la première ligne atteignait l'esplanade des Invalides : les insurgés faisaient alors sauter le manége de l'École d'état-major, rue de Grenelle-Saint-Germain, indiquant ainsi que sur ce point ils renonçaient à la résistance. Les troupes de la division Bruat s'établirent dans le quartier : la gauche au palais du Corps législatif et au ministère des affaires étrangères, la droite aux Invalides et le centre dans la longueur de la rue de Bourgogne.

Avant de se porter plus avant, il était nécessaire de se rallier et d'attendre que le mouvement général fût continué. La division Bruat se trouvait tout à fait en pointe. Son flanc droit, qui aurait dû être garanti par les troupes du général de Cissey, était découvert, parce que les colonnes de ce général, retardées par des empêchements imprévus, n'étaient pas encore arrivées à sa hauteur. Sa gauche, bien que protégée par la Seine, avait à souffrir du feu des tirailleurs fédérés placés sur l'autre rive, où la division Vergé n'avançait qu'avec lenteur, au milieu d'obstacles multipliés.

Les insurgés avaient fortifié très-solidement la ligne de défense naturelle que présentait le mur du jardin des Tuileries, donnant sur la place et sur le quai : cette ligne menaçait d'être vivement défendue. A droite, sur le quai, une épaisse barricade reliait la muraille à la rivière : son parapet était couvert de sacs à terre; devant elle, on avait creusé un large fossé. De l'autre côté, sur la gauche, une autre barricade s'étendait depuis le mur du jardin jusqu'au ministère de la marine, commandant ainsi toute la rue de Rivoli. Cette importante barricade avait un immense épaulement avec fossé : le seul passage réservé était fort étroit et fermé par une barrière en fer. Enfin, la grille d'entrée du jardin qui sépare le mur en deux parties était également fermée par un épaulement. Sur la terrasse, qui domine la place, étaient deux fortes batteries pouvant balayer tout ce qui se trouvait devant elles. Le flanquement de cette imposante position était assuré des deux côtés avec une même force : à droite, la Seine et le mur de la terrasse la garantissaient contre toute tentative de mouvement tournant; d'ailleurs, les quatre canonnières de la Commune embossées sous le Pont-Royal surveillaient la rivière. De l'autre côté de la place, le flanc était couvert par un épaulement d'une égale importance, qui interceptait la rue Royale.

La simple description de cette ligne de défense démontre suffisamment qu'il ne fallait pas songer à s'en emparer de vive force : on eût perdu dans une attaque tentée contre elle beaucoup trop de monde, et pour un résultat qui pouvait être aussi bien obtenu par un mouvement tournant comme ceux qui venaient déjà de nous réussir. On renonça donc tout d'abord à l'assaut que devaient certainement espérer les insurgés; on se borna, vers dix heures du matin, à reconnaître la position et à tirer, en s'en approchant, quelques coups de canon du Cours-la-Reine pour s'assurer qu'elle était armée et occupée. Elle répondit avec une vigueur qui nous fit comprendre qu'elle était préparée à tout événement. On abrita donc les troupes aussi bien que possible dans les maisons du quartier des Champs-Élysées, derrière le palais de l'Industrie et l'Élysée, puis on commença le long du faubourg Saint-Honoré un travail lent et pénible de sape à travers les maisons. Les fédérés dirigèrent alors un véritable bombardement sur le quartier où se trouvaient les troupes; mais ce feu terrible n'eut qu'un effet médiocre, bien qu'il ait duré jusqu'au lendemain, à six heures et demie du soir.

La position de l'armée de réserve ne fut pas modifiée pendant les journées du lundi et du mardi : elle occupait le centre de l'armée, et était séparée en deux parties par la Seine, la division Bruat s'étendant sur la rive gauche, et la division Vergé sur la rive droite. La division Faron se tenait en réserve en arrière du Trocadéro. Sur la hauteur s'étaient établis le grand quartier général, ainsi que celui de l'armée de réserve. Les alentours avaient été explorés avec soin, et on avait trouvé dans les carrières creusées sous le coteau, et où l'on parvient par la rue Beethoven, une poudrière considérable qui renfermait encore environ soixante-dix mille kilogrammes de poudre. Une telle quantité de matière explosible eût suffi pour faire sauter tout le quartier; heureusement les insurgés n'avaient pas songé à ce moyen de destruction, ou bien le temps leur avait manqué pour s'en servir. Les recherches, conduites par des officiers d'artillerie et du génie, ne firent d'ailleurs découvrir aucune trace de préparatifs en vue d'une explosion préméditée.

La place du Trocadéro se trouvait très-exposée aux feux croisés de la batterie des Tuileries, qu'appuyaient d'un côté les canonnières du Pont-Royal et de l'autre l'artillerie des hauteurs de Montmartre. Il fallut donc abriter les troupes des vues directes de ces trois points, et elles se retirèrent dans les avenues transversales : bientôt, d'ailleurs, Montmartre, se préoccupant sans doute davantage des colonnes qui se rapprochaient incessamment, ne dirigea plus sur le Trocadéro qu'un tir très-irrégulier.

La journée fut consacrée à assurer le déploiement de l'armée dans Paris; il eut lieu dans l'ordre suivant : à l'extrême droite se trouvait le 2ᵉ corps (général de Cissey), se reliant au corps du général Du Barail resté à l'extérieur; au centre, les trois divisions de l'armée de réserve, dont deux en première ligne; puis le 4ᵉ corps (général Douay), le 5ᵉ (général Clinchant), et enfin, à l'extrême gauche, le 1ᵉʳ corps (général Ladmirault). L'ensemble de cette disposition formait une ligne brisée s'appuyant à la gare des Batignolles, comme point extrême sur la gauche, pour gagner le chemin de fer Saint-Lazare, la caserne de la Pépinière, la place Beauvau, le palais de l'Industrie, la rue de Bourgogne, les boulevards extérieurs jusqu'à la gare Mont-Parnasse, et la ligne de l'Ouest jusqu'à sa sortie de Paris. Le centre se trouvait porté très-en avant, parce que les ailes avaient un mouvement assez long à exécuter pour se diriger des rives de la Seine sur le point qu'elles vinrent occuper à la fin de la journée[1].

[1] Voir le croquis indiquant cette position et celle du jour suivant.

Mardi 23 mai.

Le 23 mai, au matin, la position de l'armée n'avait pas changé : le palais du ministère des affaires étrangères, celui de l'ancienne présidence du Corps législatif, et le palais même où siégeait jadis la Chambre, souffraient beaucoup du tir des batteries de la place de la Concorde et des canonnières du pont Royal. Une batterie placée de manière à enfiler la rue de l'Université criblait d'obus les troupes de l'armée régulière qui lui faisaient face; néanmoins elles se maintenaient sans grande perte, mais aussi sans chercher à se porter en avant, conformément d'ailleurs aux instructions qu'avaient reçues leurs chefs.

Sur la droite, dans le faubourg Saint-Honoré, la division Vergé continuait à avancer lentement au travers des maisons par le moyen de la sape, afin de tourner les barricades de la place de la Concorde. Le jardin de l'ambassade d'Angleterre dut également donner passage à nos troupes : à la rue Boissy-d'Anglas, le colonel Piquemal, chef d'état-major du général Vergé, fut atteint mortellement par une balle tirée de l'une des maisons. Cependant on devait espérer atteindre, à la fin de la journée, la rue Royale en arrière de la barricade, qui, se trouvant prise à revers, ne pourrait plus résister. On se dirigerait alors de l'autre côté sur la ligne des insurgés, qui serait en même temps attaquée à revers et de flanc. Il serait alors facile de s'en emparer et de s'y maintenir définitivement. Toutefois, il ne fallait pas songer, en raison des lenteurs obligées du travail préparatoire, à aborder cette importante et décisive position avant le 24 au matin. En attendant, et pour faire taire le feu incommodant des canonnières et prendre d'écharpe la batterie des Tuileries, un épaulement destiné à abriter une batterie de mortiers fut construit sur le quai, au coin du boulevard de la Tour-Maubourg. Son tir devait être soutenu par celui de l'artillerie de campagne établie derrière les parapets des quais, et par une batterie qui fut commencée au Trocadéro, près de la grande maison des Phares. Six pièces de 24 court auraient armé cette batterie; mais la rapidité des événements ne permit pas de s'en servir, les points sur lesquels elle devait diriger ses feux ayant été enlevés par nos troupes avant son complet achèvement.

Le maréchal de Mac-Mahon avait prescrit à la droite du général de Cissey de s'avancer le long des remparts, de manière à déborder le centre, et avant la fin de la journée, ses troupes étaient parvenues jusqu'à la route d'Orléans et à l'Observatoire. Le général Bruat, suivant le même mouvement, s'était emparé du ministère de la guerre et de la direction générale des Télégraphes. Toutefois, l'action la plus importante de la journée fut engagée par la gauche.

Elle avait Montmartre pour objectif. L'enlèvement de cette position si naturellement formidable, et que l'émeute avait en outre hérissée de nombreuses pièces de canon, fut confié aux corps commandés par les généraux de Ladmirault et Clinchant. L'entreprise, très-bien conduite, réussit plus rapidement qu'on n'avait osé l'espérer. Dans leur ignorance des choses de la guerre, les fédérés n'avaient pas songé à garantir leurs flancs, et un mouvement tournant se prononçant vivement le long des remparts les surprit sans défense. D'ailleurs, la situation même des lieux où l'on opérait facilitait notre attaque : les fortifications sont entourées, de ce côté, de grands terrains vides où les insurgés ne pouvaient tenir contre nos troupes. En outre, les rares habitations qu'on y voyait étaient peu élevées et peu solides; elles ne pouvaient offrir qu'une médiocre résistance, et la plupart, en raison de l'espace qui existait entre elles, pouvaient être facilement tournées. Les fédérés avaient d'ailleurs négligé ces parties voisines de l'enceinte pour se porter sur des points qu'ils jugeaient plus importants et plus menacés, et où ils croyaient être attaqués de front. Le corps du général de Ladmirault put donc s'avancer sans trop de difficultés, et presque sans coup férir; il arriva de la sorte jusqu'au pied des pentes nord de Montmartre. Le premier effet de ce mouvement fut de devancer et de couper la portion de l'armée fédérée qui défendait encore Clichy, Levallois-Perret et les dernières maisons de Neuilly.

La situation des troupes insurgées qui occupaient ces divers points était d'ailleurs bien aventurée depuis les progrès faits la veille par l'armée régulière. Elle fut dès lors tout à fait compromise. En effet, ces troupes se trouvaient prises entre le mur d'enceinte que garnissaient nos soldats, et la ligne prussienne qui leur interdisait tout passage, pendant que la division Montaudon les surveillait à l'extérieur. La Seine formait également contre eux une ligne défensive qu'ils ne pouvaient tenter de franchir. Leurs chefs comprirent aussitôt que tout était perdu; ils mirent bas les armes et se rendirent sans condition avec toute leur artillerie, qui ne comprenait pas moins de cent cinq pièces de canon.

Cet important avantage nous permit d'attaquer aussitôt et avec plus de sûreté les buttes, qui étaient considérées en quelque sorte comme le quartier général de l'émeute, et par conséquent comme le gage le plus certain de la victoire. Nos troupes montèrent avec beaucoup de vivacité et d'entrain à l'assaut de la position, qu'elles enlevèrent en peu d'instants, surprenant et dispersant tout ce qu'elles trouvaient devant elles. Vers midi, le drapeau tricolore flottait sur le moulin de la Galette et peu après sur la tour Solferino; bientôt, de divers points de Paris, l'on pouvait distinguer les pantalons rouges de notre infanterie qui gravissait lestement les parapets des batteries fédérées.

La prise des hauteurs de Montmartre était un fait considérable qui devait jeter dans les rangs insurgés une désorganisation et un trouble sans remède. La Commune avait toujours regardé la forteresse de Montmartre comme le lieu de son suprême refuge. Dès le deuxième jour de la bataille engagée dans Paris, cette position, réputée inaccessible et imprenable, et où l'insurrection avait remporté, deux mois auparavant, son premier triomphe, tombait entre les mains de l'armée régulière. Cet événement fut donc, en raison de son influence sur le moral des derniers défenseurs de l'émeute, d'une importance tout à fait décisive. Au point de vue militaire, cette importance était plus grande encore. La prise de Montmartre obligeait les insurgés à évacuer aussitôt les positions que la hauteur domine et que son canon rendait désormais intenables pour eux, et notamment la Villette, les Halles, la place Vendôme et les Tuileries. Les barricades qui sillonnaient ces différents quartiers devaient se trouver prises à la fois de flanc et à revers par l'artillerie que nous allions tourner contre elles. Quant aux chefs de la Commune, la nouvelle de ce grave échec jeta parmi eux un désarroi facile à comprendre. Ils avaient supposé, d'après la lenteur calculée de nos opérations dans Neuilly, qu'à l'aide de leurs barricades si vigoureusement armées, fortifiées et défendues, ils nous retiendraient indéfiniment dans Paris, et que peu à peu nos troupes se désagrégeraient et viendraient une fois encore leur apporter leur concours. La chute de Montmartre réduisait à néant et en un seul moment toutes leurs espérances. Ils se sentirent perdus, et abandonnèrent les quartiers du centre encore en leur pouvoir, pour se retirer sur des points plus excentriques et jusqu'alors peu menacés. Mais en se résignant à cette dure nécessité, ils n'oublièrent pas les projets sinistres dont ils avaient élaboré l'exécution dans le secret de leurs conseils, et que leurs proclamations nous avaient déjà fait connaître.

Cependant la prise de Montmartre avait permis d'atteindre la gare de la Chapelle; le mouvement en avant s'était prononcé de toutes parts; le 5ᵉ corps s'était emparé du collége Rollin, et, avant la nuit, le 4ᵉ avait dépassé la Madeleine et s'étendait d'un côté jusqu'à la place Saint-Georges et Notre-Dame de Lorette, et de l'autre jusqu'à l'Opéra et à la place Vendôme. Vers cinq heures du soir, le feu des fédérés, à la batterie des Tuileries, redoubla d'intensité; les pièces tiraient aussi vite que possible, mais sans aucune précision. Une demi-heure après, leur artillerie se tut complétement, mais en même temps nous pûmes apercevoir les premières lueurs des horribles et vastes incendies que, dans le désespoir de leur défaite, ces modernes barbares avaient partout fait allumer.

Dès le lundi 22 mai, vers onze heures du matin, on avait vu s'élever du ministère des finances une légère colonne de fumée, qu'on pouvait d'autant mieux attribuer à un feu accidentel, qu'on apercevait sur les toits de l'édifice des pompiers qui paraissaient en mesure de l'éteindre. L'explosion du manége de l'École d'état-major avait également causé une fumée considérable qui, de loin, semblait couvrir tout le quartier des Invalides. Mais vers sept heures, aux approches de la nuit, on vit tout à coup un immense incendie se déclarer simultanément sur plusieurs points, au ministère des finances, au palais de la Légion d'honneur, au Conseil d'État, etc... Sur la gauche, des maisons de la rue Royale et de la rue Boissy-d'Anglas s'enflammaient en même temps. A dix heures du soir, le ministère des finances n'était plus qu'un vaste brasier incandescent dont la lueur était étincelante. La cour carrée du Conseil d'État formait comme une sorte de cheminée d'appel et lançait dans l'air des colonnes de feu dont l'élévation dépassait les plus hauts monuments. A la même heure, une longue ligne d'une rougeur lumineuse et sinistre parut réunir ces deux immenses foyers : toute la façade des Tuileries s'embrasait à la fois, et le vieux palais de nos rois disparaissait bientôt dans les flammes. C'est à minuit et demi environ que la coupole du pavillon de l'Horloge s'effondra, en projetant au loin d'innombrables étincelles. Les autres parties du palais continuèrent à brûler jusqu'au jour. Nous assistions de loin à cet horrible spectacle, dont nous suivions les phases diverses au milieu d'une nuit obscure, qu'en certains points de l'horizon le jour semblait avoir momentanément remplacée. Nous avions devant nous, dans toute son étendue, cette fournaise ardente, au milieu de laquelle brûlaient tant de palais[1], et nous pouvions voir cet incomparable incendie se refléter dans les eaux de la Seine, qui coulaient à leur

---

[1] C'étaient, outre les Tuileries, le Conseil d'État et la Cour des comptes; la Légion d'honneur; les Archives de la Cour des comptes; la Caisse des dépôts et consignations, la Caserne de cavalerie du quai d'Orsay et toutes les maisons de la rue de Lille, depuis la rue de Solferino jusqu'à la rue du Bac.

pied, et dont le lit ne paraissait plus contenir qu'un vaste torrent enflammé. Aucune description ne saurait dépeindre, en termes suffisants, l'épouvantable tableau que nous avions alors sous les yeux.

La nature sembla se joindre à nous pour prévenir de plus grands malheurs. Il fit pendant cette mémorable nuit un temps exceptionnellement calme et surtout sans aucun vent, de telle sorte que les flammes, s'élevant verticalement dans les airs, ne détruisaient que les monuments où des mains criminelles avaient préparé l'incendie. Toutefois, ces sinistres affreux démontraient que les chefs de la Commune avaient abandonné tout espoir; mais ils avaient tenu à laisser sur tous les points qu'ils étaient forcés d'abandonner les traces de leur haine impuissante et de leur implacable vengeance. Aussi nos troupes étaient-elles tenues de ne s'avancer qu'avec une extrême circonspection, car elles pouvaient à tout moment se trouver exposées aux explosions provoquées par les dépôts de matières détonantes, et de munitions accumulées de tous côtés, soit que l'ennemi les eût disposées à dessein, soit encore qu'il les eût oubliées dans la précipitation de sa fuite. Ce fut seulement vers le matin, lorsqu'on put facilement reconnaître les rues par lesquelles on s'avançait, que l'amiral Pothuau, à la tête de quelques marins, parvint à s'emparer du ministère de la marine, où les préparatifs d'incendie venaient également d'être achevés.

Mercredi 24 mai.

Au même moment la division Vergé se portait au Louvre, qu'elle put, à l'exception de sa précieuse bibliothèque, préserver d'une entière destruction. Elle sauva en même temps la mairie de la place Saint-Germain-l'Auxerrois.

Sur la rive gauche, la division Bruat faisait de sensibles progrès; elle enlevait successivement toutes les barricades de la rue de l'Université et occupait l'Institut et l'hôtel des Monnaies. Vers dix heures du matin, un détachement de marins attaquait le Luxembourg par la rue de Tournon, pendant que le général de Cissey cherchait à y pénétrer par la place de l'Observatoire. Ce double mouvement fut couronné d'un plein succès. Nous nous emparions en même temps des quatre canonnières de la Commune, qui étaient aussitôt réarmées avec des marins descendus de la batterie de Montretout. Arrivée au Pont-Neuf, reçue avec acclamations, et encouragée par les habitants du quartier, la division Bruat put se porter jusqu'au boulevard Saint-Michel, où elle dut s'arrêter, afin de permettre aux autres troupes d'arriver à sa hauteur. La division Vergé avait, de son côté, continué son mouvement, et, dépassant l'Hôtel de ville en flammes, elle avait atteint la caserne Lobau. Les ruines et les incendies se faisaient surtout remarquer sur la route qu'elle avait suivie; elle avait passé au milieu du ministère des finances, des Tuileries, du Palais-Royal, du Louvre, des maisons de la rue de Rivoli, de l'hôtel de ville, etc., partout le feu durait encore, et les troupes ne cheminaient le long de ces foyers ardents qu'avec une extrême précaution. De temps à autre un coup de feu était tiré, soit que quelque fédéré trouvé dans les décombres expiât la part qu'il avait prise au désastre, soit que quelque autre tentât, d'un coin encore ignoré, de venger, au nom de la Commune et sur l'un de nos braves soldats, son irréparable défaite. Enfin la division Faron, prête à suivre les troupes du général Vergé, bivouaquait sur la place de la Concorde.

A gauche de l'armée de réserve, se trouvaient la division Berthaut au Palais-Royal, et la division L'Hériller à la Banque.

A droite, le Panthéon venait d'être enlevé par la division Lacretelle, formant la gauche du général de Cissey.

A ce moment, mercredi soir 24 mai, la gauche de l'armée touchait à la gare du Nord, pendant que son extrême droite dépassait le parc de Montsouris.

Jeudi 25 mai.

Les insurgés sont obligés, pour résister encore, de se porter sur les points extrêmes de Paris, dans ces quartiers qui servent généralement à la naissance et à l'élaboration de toutes nos révolutions. Les chefs de la Commune abandonnent, le 25 mai, les trois forts du Sud qu'ils possédaient encore, c'est-à-dire Montrouge, Bicêtre et Ivry. Les deux premiers de ces forts se rendent au colonel Leperche; celui d'Ivry est surpris par une attaque de nos éclaireurs, dragons et chasseurs à cheval, auxquels il ouvre ses portes. Enfin la redoute des Hautes-Bruyères est également enlevée à l'émeute par une simple reconnaissance de cavalerie, et les défenseurs de la Commune sont obligés de se replier dans Paris jusque sur la place d'Italie.

C'est alors qu'un grand mouvement tournant est tenté par l'extrême droite pour envelopper et anéantir les dernières troupes qui essayent encore de résister dans le quartier. Ce mouvement est soutenu à gauche par la division Bruat, qui s'avance parallèlement à la Seine, occupant l'Entrepôt des vins et le Jardin des Plantes, puis la gare des voyageurs au chemin de fer d'Orléans. Elle se relie ainsi avec l'extrême droite du général de Cissey, qui se tient à la gare des marchandises à Ivry.

La division Vergé, qui avait dépassé l'Hôtel de ville, avait à vaincre de grandes difficultés; en raison des embarras qu'éprouvait la marche de ses troupes dans un dédale de petites rues qu'elles étaient obligées de suivre pour parvenir à la Bastille. C'est sur ce dernier point que l'armée de réserve devait rencontrer les plus sérieux obstacles. En effet, la place même de la Bastille ne pouvait être enlevée qu'après une lutte que sa forte position menaçait de rendre très-vive. Derrière elle s'étendaient les quartiers de Bercy, du faubourg Saint-Antoine, de Ménilmontant et de Belleville, dont la place était l'accès naturel et qu'ils protégeaient également, de telle sorte qu'après l'avoir prise, il était bien périlleux de s'y maintenir sans être contraint d'attaquer aussitôt les divers quartiers auxquels elle servait de première défense. Tout cet ensemble de positions formait une sorte de place d'armes bornée d'un côté par les fortifications et de l'autre par la Seine, et d'un troisième côté par le canal Saint-Martin. C'est dans ce fort naturel que l'insurrection s'était réfugiée : et depuis que le combat, se rapprochant de l'Hôtel de ville, en avait chassé la Commune, elle était venue s'établir en permanence à la mairie du onzième arrondissement, sur le boulevard du Prince-Eugène. Elle devait se croire pour quelque temps encore en sûreté sur ce point, où nos troupes ne pouvaient parvenir, ainsi que nous venons de le dire, qu'après avoir traversé, au milieu de grands dangers, des rues étroites et faciles à défendre, où l'émeute avait, en effet, disposé tous les moyens de résistance qui restaient encore entre ses mains.

L'armée de réserve ne pouvait avancer que par deux points : elle avait devant elle d'un côté la Bastille, qui arrêtait la division Vergé, et de l'autre le pont d'Austerlitz, défendu par plusieurs barricades, savoir :

1° A l'extrémité du pont, sur la place Walhubert, une barricade demi-circulaire pouvant enfiler le quai et le boulevard de l'Hôpital;

2° A l'autre extrémité, une deuxième barricade;

3° Une barricade gardant l'entrée de la rue Lacuée;

4° Une barricade empêchant l'accès du boulevard Mazas.

Toutes ces barricades étaient armées de pièces d'artillerie.

Il n'était pas possible, en présence d'une telle réunion de moyens défensifs, de songer à faire avancer les troupes par la rive gauche. Quant à la rive droite, la brigade de La Mariouse, qui s'y était engagée, était arrêtée au canal Saint-Martin devant un petit pont qui seul en permettait le passage. Elle devait se tenir à une distance suffisante du Grenier d'abondance qui était en feu, ce qui rendait ses approches très-difficiles. On pouvait craindre aussi à tout moment que l'Arsenal, qui brûlait également, ne fît explosion, ce qui aurait gravement exposé les troupes, à cause de la quantité considérable de munitions que les insurgés y avaient rassemblées. De la Bastille à la Seine, le canal Saint-Martin, dont les berges sont profondes et escarpées, interceptait donc absolument le passage, sinon par le petit pont dont nous avons parlé ci-dessus, et que balayait l'artillerie des fédérés. Malgré ces difficultés, on résolut d'attaquer le saillant formé par la Seine et le canal, et c'est sur les deux débouchés qui y donnent accès qu'eut lieu le combat pendant toute la journée du 25. Il était d'autant plus nécessaire de marcher avec précaution, qu'en arrière se trouvait le viaduc du chemin de fer de Vincennes, formant une seconde ligne de défense également très-solide. Il fallait d'abord réduire au silence l'artillerie des insurgés. Nous établîmes à cet effet des batteries en avant du Jardin des Plantes, sur le quai et sur l'autre rive de la Seine, de manière à couvrir de nos boulets les fortes barricades que nous avions devant nous. Les canonnières nous rendirent alors de grands services; mais leur effectif, relativement faible, eut beaucoup à souffrir. Toutefois, la puissance de ce feu convergent obligea bientôt l'artillerie fédérée au silence, et la barricade de la place Walhubert fut la première évacuée. Nos troupes l'occupèrent; mais le pont d'Austerlitz, couvert des obus de l'ennemi, était toujours impossible à franchir. Notre artillerie dirigea alors le feu de ses pièces sur les maisons situées en arrière, au coin de la rue Lacuée et du boulevard Mazas. L'incendie s'y déclara presque aussitôt; les fédérés durent les abandonner, et ils vinrent se joindre aux défenseurs des barricades. Deux compagnies du 109e, qui tentèrent à ce moment le passage du pont, durent se replier avec pertes.

La lutte, commencée dès dix heures du matin, persista durant toute la journée avec la même vivacité, mais sans que le succès fût encore définitif. Vers le soir cependant, le 35e de ligne parvint à rétablir la petite passerelle au-dessus de la porte de l'écluse du canal. Nos hommes s'aventurèrent un à un sur ces planches fragiles, avec la protection de notre canon, qui de la berge balayait tout le quai opposé. Ils arrivèrent ainsi sous le pont d'Austerlitz, sans quitter toutefois l'abri de la haute muraille du quai; un bataillon presque entier put ainsi se masser sous le pont et se préparer à tenter l'attaque des barricades. Quand il fut réuni en nombre suffisant, il remonta par les rampes du quai, et se précipitant au pas de course, il enleva, dans son irrésistible élan, les barricades et les maisons. Les fédérés prirent la fuite, mais les nôtres ne purent les poursuivre que jusqu'à Mazas, où ils se trouvèrent arrêtés par la seconde ligne de défense.

Dans cette même journée, la division Vergé avait procédé à de longs et pénibles travaux d'approche. La place de la Bastille, qu'elle devait enlever, était défendue par de formidables barricades armées de canons. La gare de Vincennes, qui domine la place, constituait pour les fédérés un réduit excellent; la terrasse du premier étage était garnie de gardes nationaux, et la place elle-même avait une forte artillerie qui commandait toute la rue Saint-Antoine, protégée en outre par deux énormes barricades, l'une au coin de la place et la seconde à la hauteur de la rue Castex. Ces barricades avaient aussi du canon. Toute cette artillerie rendait inabordable l'accès direct par la rue, d'autant plus qu'on ne pouvait la contre-battre utilement, à cause du tracé sinueux de la ligne des maisons. Nos batteries étaient obligées d'ouvrir leur feu à quatre cents mètres seulement, et elles ne devaient tenir, à une distance aussi rapprochée, qu'après l'enlèvement par nos troupes des maisons d'où l'ennemi pouvait tirer sur nos artilleurs. Il fallut donc cheminer, à l'aide de la sape, au travers des maisons elles-mêmes, à partir de la rue Saint-Paul et parallèlement à la rue de la Cerisaie, dont une barricade empêchait le passage à la hauteur de la rue Castex. Toutes ces dispositions et tous ces durs travaux étaient encore contrariés tant par l'état de fatigue de nos soldats, qui, depuis leur entrée dans Paris, n'avaient pas eu un instant de repos, que par les démonstrations hostiles des habitants, qui ne nous cachaient pas leur sympathie pour l'infâme gouvernement dont nous venions les délivrer. La journée fut employée à ces soins, et c'est seulement vers le soir que nos troupes parvinrent à s'emparer de la barricade de la rue Saint-Antoine — au coin de la rue Castex, — ainsi que de toute l'artillerie qui la garnissait. Il restait à attaquer la place, d'un côté, par la rue Saint-Antoine, attaque de front qui devait être la plus périlleuse, de l'autre par la gauche, — place Royale, — pour diviser les forces de l'ennemi. Mais l'arrivée de la nuit obligea de remettre cette double tentative au lendemain.

Vendredi 26 mai.

La première opération consistait à s'emparer de la gare de Vincennes. La possession du pont d'Austerlitz nous avait permis d'occuper les débouchés du pont de Bercy. Les troupes de la brigade Derroja purent remonter jusqu'à la place Daumesnil et s'établir sur la voie du chemin de fer, à l'endroit où elle se trouve au niveau du sol de la place, qu'il était alors facile d'aborder en la prenant à revers. Ce mouvement ne pouvait être inquiété par le feu des maisons qui bordent la ligne, parce qu'elles sont dominées par elle. Nos troupes s'avancèrent avec beaucoup de vivacité et surprirent la gare et la place, pendant que la division Vergé prononçait son attaque par l'entrée de la rue Saint-Antoine. A la fin de la journée nous étions complétement maîtres de cette importante position.

D'autre part, sur la gauche, le 1er corps avait pu se porter jusqu'aux Magasins généraux et à l'abattoir de la Villette, d'où il couvrait les bords du canal, interceptant ainsi le passage aux fuyards fédérés. Enfin, les corps des généraux Clinchant et Félix Douay s'étendaient tout le long du boulevard Richard-Lenoir, depuis le commencement des voûtes du canal jusqu'à la place de la Bastille, où elles vinrent se relier aux troupes du général Vergé.

Pendant cette marche en avant, le général commandant l'armée de réserve avait, pour mieux en surveiller les mouvements, porté successivement son quartier général du Trocadéro au palais du Corps législatif, à l'hôtel des Monnaies, à la caserne de la Cité, et plus tard enfin au couvent de Picpus, près de la place du Trône.

Samedi 27 mai.

Les troupes exécutèrent, dans cette journée, le grand mouvement qui devait achever la reprise complète de Paris et mettre fin à la résistance de la Commune. On avait espéré, au début, que l'opération serait plus rapide; mais les fédérés nous avaient montré des forces et des moyens défensifs que nous ne leur supposions pas, et ils avaient surtout déployé une énergie que leur conduite pendant le premier siége devait peu faire prévoir.

Les trois corps d'armée, alors en présence des derniers points occupés par l'émeute, concoururent simultanément à ce dernier mouvement. Les troupes du général Clinchant conservèrent leur position de la veille, gardant une attitude purement défensive; elles devaient seulement repousser toute tentative des fédérés qui chercheraient à s'échapper de leur côté.

L'armée de réserve occuperait le Cours de Vincennes et la place du Trône, puis se prolongeant par la droite, le long des fortifications, elle atteindrait le réservoir de Ménilmontant, où elle ferait sa jonction avec l'extrême gauche du général de Ladmirault.

Ce mouvement terminé, les derniers défenseurs de l'insurrection se trouveraient complétement cernés : les deux corps d'armée se porteraient alors en avant pour rabattre sur le corps du général Clinchant les insurgés qui auraient pu éviter de tomber entre leurs mains. Mais l'exécution de ce vaste projet demandait un certain temps, à cause de la fatigue des troupes, et il avait été décidé, le 26, qu'on y emploierait les deux journées suivantes.

En conséquence, le 27 mai, au matin, la division Faron s'avança jusqu'à la place du Trône, en suivant le boulevard de Reuilly, la rue Picpus et les fortifications. La place fut enlevée après une assez vive résistance, et nos troupes s'étendirent sur le Cours de Vincennes. La division Bruat remonta aussitôt le boulevard Mazas et atteignit également la place du Trône, mais pour s'établir sur le boulevard de Charonne. La division Vergé, qui servait de pivot à tout ce grand mouvement, se maintint fortement dans la rue du faubourg Saint-Antoine, son front parallèle à cette rue faisant face au nord, sa gauche à la place de la Bastille, et sa droite à celle du Trône. Elle devait demeurer sur place. A ce moment, la position la plus importante des fédérés semblait être encore la mairie du onzième arrondissement; les barricades du boulevard du Prince-Eugène enfilaient avec leurs pièces cette large voie de communication, balayant ainsi une partie de la place du Trône.

Pendant que la division Bruat achevait d'occuper le boulevard de Charonne, une colonne de soldats de la marine aborda, en poursuivant les fédérés, le cimetière du Père Lachaise, où ils s'étaient réfugiés. Une fusillade très-nourrie et très-meurtrière éclata de ce côté; les marins durent s'engager, en traversant plusieurs barricades, au milieu des terrains déserts qui se trouvent derrière le cimetière, et ils parvinrent ainsi jusqu'à la place de Puebla. Cet incident fortuit nous valait un avantage dont il fallait immédiatement profiter. Le commandant en chef, qui venait d'arriver à la place du Trône, fit soutenir les troupes de la marine par deux bataillons de la brigade de Bernard et un régiment de la division Faron, leur prescrivant de pousser aussi loin que possible. La lutte devint alors très-vive, surtout dans le cimetière, où les fédérés firent bonne résistance; nos troupes gagnèrent cependant, pied à pied, du terrain et chassèrent l'ennemi devant elles jusqu'à la porte de Bagnolet, qu'elles occupèrent.

En même temps, le 1er corps d'armée, vigoureusement soutenu par l'artillerie de Montmartre, qui depuis trois jours ne cessait d'écraser de ses feux les batteries fédérées de Belleville, se porte en avant et enlève le parc et les buttes Chaumont. De nombreuses pièces de canon tombent entre nos mains, ainsi que les fameuses carrières d'Amérique, devenues l'un des repaires de l'insurrection, et le 1er corps s'étend sur les fortifications jusqu'au bastion 19.

La continuation du mouvement fut remise au lendemain : les troupes du général Ladmirault et de l'armée de réserve poursuivraient alors les avantages de cette journée. Mais le soir même, le général en chef, que préoccupait vivement le sort des otages emprisonnés à la Roquette, ordonna à la division Bruat de presser sa marche afin de tenter pendant la nuit une attaque sur ce point. Les troupes étant maîtresses de la partie inférieure du Père Lachaise, étaient ainsi très-rapprochées de la prison. Une colonne fut désignée pour s'y porter vers deux heures du matin : elle avait pour mission de chercher à délivrer les prisonniers.

Les personnages marquants arrêtés par la Commune avaient d'abord été incarcérés à Mazas. Leur sort inspirait une sérieuse inquiétude; en voyant que les chefs de l'insurrection n'avaient pas reculé devant l'incendie des palais et des monuments publics, on pouvait craindre que, dans le désespoir de leur échec, ils n'eussent commis contre les otages le plus épouvantable et le plus inutile des forfaits. Cependant, à leur arrivée à Mazas, les troupes avaient appris que les otages étaient encore vivants, mais qu'ils avaient été transférés sur un autre point qu'on ne put tout d'abord indiquer. L'inspection des registres de la prison et les renseignements fournis par les surveillants donnèrent la certitude que, dès le 22 mai, les malheureux prisonniers de la Commune avaient été conduits à la Roquette. L'ordre qui prescrivait leur départ de Mazas était signé de trois membres du comité de salut public, les sieurs Eudes, Gambon et Ranvier, et écrit en entier de la main de ce dernier.

Ces informations n'avaient rien de rassurant; il était évident que nous arrivions trop tard. Nous ne pûmes en effet sauver ni l'archevêque de Paris, ni le président Bonjean, ni les autres otages fusillés avec eux dans la soirée du mercredi 24 mai. Vingt autres victimes avaient encore péri le surlendemain 26, dans la rue Haxo, en même temps que trente-huit gendarmes, martyrs ignorés dont le seul crime était leur fidélité à l'honneur et au devoir. La division Bruat fut cependant assez heureuse pour arracher à une mort aussi cruelle qui sans doute les attendait également, cent soixante-neuf personnes détenues à la Roquette.

Ces infortunés s'étaient barricadés dans l'un des bâtiments de la prison, et ils se tenaient prêts à faire une vive résistance à leurs geôliers : leur terreur était si grande que, dans le premier moment, ils refusèrent de nous recevoir, redoutant sous l'uniforme de nos soldats un nouveau piége de leurs bourreaux pour mieux ressaisir leurs victimes. C'est seulement au jour qu'ils reconnurent leur erreur, et ils témoignèrent alors aux troupes, dans les termes les plus expansifs, la vivacité de leur joie et de leur reconnaissance.

Dimanche 28 mai.

C'est à trois heures du matin qu'eut lieu la prise de la Roquette : d'utiles détails nous y furent donnés sur les dernières mesures prises par les membres de la Commune lorsque nos troupes vinrent les chasser de ce quartier éloigné, où ils avaient cru pouvoir résister encore. On nous apprit qu'à leur départ de l'Hôtel de ville les principaux chefs s'étaient réunis en permanence à la mairie du onzième arrondissement, et que la veille au matin, 27 mai, ils s'étaient rendus à la Roquette : ils avaient partagé entre eux les quelques fonds que le gouvernement insurgé possédait encore, puis ils s'étaient dirigés sur Belleville, où ils se séparèrent définitivement.

Cependant la division Faron avait commencé

son mouvement en avant à quatre heures du matin; vers huit heures, ses troupes donnaient la main à celles du général de Ladmirault, à hauteur du bassin de Ménilmontant. Dès lors, le peu d'insurgés qui tenaient encore se trouvaient complétement cernés, et d'ailleurs nous savions, par des avis certains, que depuis la prise de la place de la Bastille ils avaient compris que tout était fini pour eux. Ils ne se battaient donc plus avec la pensée de vaincre, mais ils étaient soutenus dans leur défense inutile par ce sentiment mal raisonné de rage furieuse qui veut nuire encore alors même qu'elle est obligée de reconnaître son impuissance. Dans ces conditions, la lutte devenait beaucoup plus terrible et meurtrière pour les insurgés que pour nos troupes. Poussés jusque dans leurs derniers retranchements et complétement cernés, ils résistèrent avec une constance digne d'une meilleure cause. La prise d'une barricade dans la rue Haxo en fit capituler deux mille. Nous avancions alors rapidement vers les hauteurs extrêmes de Belleville : cette dernière forteresse de l'insurrection avait beaucoup d'artillerie et de munitions. Les canons qui les jours précédents avaient bombardé la ville étaient encore tournés contre elle, mais leurs artilleurs avaient fui. Les troupes du général Faron purent donc descendre lentement la rue de Ménilmontant, enlevant les unes après les autres de nombreuses barricades, dispersant les rassemblements, prenant et réunissant, pour les envoyer dans les arsenaux de l'État, tout ce qu'elles trouvaient d'armes et de munitions dans les maisons du quartier ou sur les prisonniers qui tombaient entre leurs mains.

Il s'agissait, en effet, de reprendre sur tous les points les canons, les fusils et les munitions de tous genres que la Commune avait distribués ou utilisés. Jamais, à aucune époque, une émeute ne s'était produite dans de telles conditions, jamais aucune n'avait eu à sa disposition une telle quantité de moyens de défense. Les armes que la révolution du 18 mars avait livrées aux insurgés étaient innombrables; on avait pillé tous nos parcs, toutes nos réserves, tous nos arsenaux. Beaucoup de fédérés avaient reçu plus d'un fusil, soit que la Commune leur en eût donné plusieurs, soit qu'ils en eussent soustrait en dehors de celui auquel ils avaient droit. Il fallait donc profiter de la terreur que la déroute des derniers jours avait jetée parmi les insurgés pour leur faire aussitôt restituer à l'État les armes et les munitions qu'ils possédaient encore. L'opération avait d'ailleurs commencé depuis la veille au faubourg Saint-Antoine, où elle se poursuivait avec une inexorable rigueur. L'établissement sur ce point d'un dépôt d'armes était indiqué d'avance. Les fédérés avaient évacué la cartoucherie de Vanves au moment où l'attaque de l'armée, se rapprochant des forts, les avait obligés à se reporter plus en arrière, et ils en avaient transféré et installé le matériel dans un terrain vague, auprès de la place du Trône. Nos troupes avaient trouvé là, dans des baraquements construits à la hâte, beaucoup de munitions en cours de fabrication, des fusées d'obus, des matières détonantes, du pétrole et des projectiles incendiaires déjà remplis de ce terrible liquide. C'est là que furent portés les fusils repris par nous à Belleville : dans ces quartiers, le désarmement en fit rentrer pendant les premiers jours plus de 60,000, et il atteignit, les jours suivants, le chiffre de 97,000.

Vers le milieu de la journée, la division Faron avait achevé l'enlèvement des barricades de la rue Ménilmontant et de Belleville. Ses troupes, marchant de concert avec celles du Ier corps, rejoignirent sur le boulevard Richard-Lenoir celles des généraux Douay et Clinchant. En même temps, la division Bruat s'emparait de la mairie du onzième arrondissement. Elle y trouva une partie des archives de la Commune : plusieurs de ces documents sinistres nous révélèrent ses derniers et exécrables projets, et notamment divers ordres d'incendie dont notre rapide arrivée avait pu empêcher l'exécution. La lutte avait été vivement soutenue autour de la mairie : Delescluze, délégué à la guerre, et qui imprima à la résistance toute la vigueur cruelle et haineuse qui l'animait, fut tué sur la barricade qui défendait ce dernier refuge officiel de l'émeute. Plusieurs chefs de la Commune avaient encore trouvé la mort sur d'autres points : Dombrowski avait été frappé mortellement rue Myrrha; Raoul Rigault avait également succombé; Millière, Tony-Moilin, etc., pris les armes à la main, avaient été fusillés après un jugement sommaire. On a encore signalé la mort, pendant la lutte, de différents personnages marquants de la Commune; mais il est bien difficile, même aujourd'hui, de certifier que le fait soit exact, quelques-uns d'entre eux qu'on disait tués — Jules Vallès, par exemple — ayant depuis reparu; d'autres, au contraire, comme Félix Pyat, dont la mort n'a pas été annoncée, et dont cependant le sort a pu jusqu'à ce jour demeurer inconnu. Quant aux troupes mêmes de la Commune, elles firent de nombreuses et graves pertes, surtout dans les derniers jours, où leur résistance fut encore plus désespérée et plus vive.

D'après une convention verbale conclue entre le prince de Saxe, commandant en chef de l'armée allemande, et le maréchal de Mac-Mahon, les Prussiens avaient un peu avancé leurs avant-postes de manière à intercepter le passage à toute troupe armée qui tenterait de sortir de Paris. Ce cas était d'ailleurs prévu dans l'armistice fixant la délimitation des parties de territoire que les Allemands devaient occuper.

Après sa défaite à Paris, il ne resta plus à l'émeute qu'un seul point du territoire encore soumis à sa domination. Le fort de Vincennes, que sa garnison avait cédé, ainsi que nous l'avons vu, à la première sommation qui lui fut faite par une troupe de gardes nationaux, était toujours occupé par les soldats de la Commune. D'ailleurs, cette garnison ne nous avait guère inquiété jusqu'alors, car le fort avait laissé l'armée de réserve opérer tranquillement à petite portée de ses canons, sans même faire mine de s'en servir. Il fallait donc espérer que la reddition de la vieille forteresse aurait lieu sans difficulté, d'autant plus que si les fédérés voulaient tenter de la défendre, l'issue de la lutte ne pouvait que leur être défavorable. Aussi, dans la soirée du 28 mai, le commandant en chef de l'armée de réserve, qui s'était ménagé des intelligences à Vincennes, écrivit-il au général prussien pour le prier de faire retirer ses avant-postes sur la ligne de démarcation délimitée par l'armistice. Un bataillon de la division Vergé fut désigné pour prendre possession du fort; le lieutenant-colonel Montels, attaché à l'état-major général, qui avait été envoyé à l'avance à Vincennes, était chargé de prendre toutes les mesures nécessitées par la reddition, de concert avec le commandant Papillon, de l'état-major de la garde nationale.

Le fort avait une garnison d'environ quatre cents hommes, sous les ordres d'un sieur Faltot, lieutenant-colonel de la garde nationale fédérée. Tous ces hommes paraissaient peu désireux de soutenir une attaque en règle; cependant, lorsqu'ils reçurent l'invitation de se rendre, ils firent d'abord quelques difficultés. Ils émirent la prétention d'obtenir des conditions stipulées par eux; ils voulaient notamment la vie sauve et un certain nombre de passe-ports réguliers, mais en blanc, pour des destinataires qu'ils se refusèrent à faire connaître. Ces réserves cachaient un piége auquel il eût été puéril de se laisser prendre. Le commandant de Vincennes et sa garnison devaient peu craindre d'encourir de graves responsabilités; pendant toute la lutte qui venait de se terminer, ils n'avaient pu, en raison de la situation du fort, éloigné des points où le combat avait eu lieu, y prendre aucune part effective. Ils ne pouvaient davantage être incriminés au sujet des assassinats ou des incendies qui avaient signalé les derniers jours du pouvoir communal; les charges relevées contre eux devaient donc être relativement légères. Mais nous avions su que certains individus de la Commune s'étaient, au moment de sa défaite définitive, réfugiés dans le fort de Vincennes, et c'était évidemment à eux qu'étaient destinés les passe-ports qu'on réclamait si mystérieusement. Notre devoir était donc de repousser toute apparence de compromis avec de tels hommes, et il fut déclaré au lieutenant-colonel Faltot que nous ne pouvions accepter aucune condition et que le fort devait, purement et simplement, se rendre à discrétion.

Pendant ces pourparlers, le chef de l'armée de réserve avait instruit le maréchal de Mac-Mahon des difficultés que rencontrait la reddition du fort. Le maréchal, craignant des complications avec l'armée prussienne à cause de son voisinage immédiat, n'approuva pas tout d'abord les mesures prises par le commandant de l'armée de réserve. Il revint cependant presque aussitôt sur ce premier avis, et pensant qu'une attaque de vive force pouvait seule amener la capitulation du fort, il envoya dans ce sens de nouveaux ordres au général en chef. Mais pendant ces délibérations, les négociations avaient repris avec les officiers du fort : le colonel Montels, ayant jugé l'instant propice, avait une dernière fois sommé la garnison de se rendre sans conditions. Le colonel Faltot avait demandé une heure encore pour se décider. Enfin, au moment où des officiers d'artillerie et du génie, envoyés par le maréchal[1], arrivaient au quartier général du chef de l'armée de réserve pour préparer l'attaque, le commandant du fort nous faisait prévenir qu'il était prêt à nous ouvrir ses portes.

La garnison qui se rendit prisonnière se composait de trois cent soixante sous-officiers et soldats et de vingt-quatre officiers. Dix individus plus ou moins coupables furent, en outre, trouvés dans le fort. Ils furent aussitôt traduits devant une cour martiale. L'un d'eux, le nommé Merlet, ancien sergent du génie, et que la Commune avait envoyé au fort avec mission de le faire sauter s'il menaçait de tomber entre nos mains, prévint le sévère arrêt que la justice militaire n'eût pas manqué de prononcer contre lui en se brûlant la cervelle.

L'armement du fort était de peu d'importance : il ne comportait que douze pièces de canon, et son arsenal était tout à fait vide. En revanche, nous y trouvâmes un matériel assez considérable, consistant en caissons, projectiles, affûts nombreux, dix mille kilogrammes de poudre et environ quatre cent mille cartouches. L'intendance y reconnut aussi beaucoup d'objets d'équipement, de literie militaire et de vivres. Enfin, ses écuries renfermaient deux cents chevaux appartenant à l'État.

[1] Voir aux Appendices.

Nous les saisîmes aussitôt, et, sur ce nombre, trente furent rendus à la Compagnie des omnibus, à laquelle la Commune les avait pris par voie de réquisition. Les seuls fusils qui étaient alors au fort étaient ceux de sa garnison : c'étaient d'assez mauvaises armes, du système à piston, et qui n'auraient certainement pas aidé beaucoup à la prolongation de la résistance.

La chute de Vincennes rendait complète et définitive la reprise de Paris sur l'émeute, et l'armée avait le droit d'être fière d'une telle victoire, qui assurait à la capitale le retour de l'ordre, du travail et du règne désormais respecté de la loi. Certaines troupes de l'armée de réserve voyaient, ce jour-là, cesser seulement pour elles la longue série des nombreux combats auxquels elles avaient pris part depuis le début même de la guerre contre l'Allemagne. C'est le 31 août, à Mézières, qu'avaient été tirés les premiers coups de canon de ces luttes ininterrompues, et divers régiments, le 35ᵉ et le 42ᵉ de ligne notamment, avaient été depuis ce jour constamment engagés. A quelle suite de pénibles événements n'avaient-ils pas assisté? Retraite de Mézières; siége de Paris; séjour dans la capitale après l'armistice, sans moyens de défense suffisants, au milieu d'une population démoralisée ou hostile; échec du 18 mars; lutte de deux mois contre la Commune! Ces vieux régiments avaient, pendant près de dix mois, porté héroïquement le poids de toutes ces fatigantes épreuves, et leur moral y avait résisté. Il en était de même des 113e et 114e. Les 109e et 110e étaient aussi dans des conditions à peu près identiques. Ces troupes, renforcées au commencement de la Commune par des soldats prisonniers arrivés d'Allemagne, venaient de soutenir, en dernier lieu, une lutte des plus difficiles et des plus périlleuses, et elles avaient toujours accompli leur devoir avec solidité et dévouement.

Ce terrible combat des rues, qui avait duré une semaine entière, n'avait cependant pas coûté à l'armée de réserve des pertes aussi considérables et aussi sensibles qu'aurait pu le faire craindre l'acharnement de la défense. Toutefois, cette triste victoire fut encore trop chèrement achetée!

Voici l'état officiel des pertes de l'armée de réserve :

Tués :	Officiers.	15
	Sous-officiers et soldats.	98
	Total.	113
Blessés :	Officiers.	65
	Sous-officiers et soldats.	1,034
	Total.	1,099
Disparus.		34

Soit, 1,246 hommes tués, blessés ou disparus.

L'armée de réserve n'avait pas cessé de se trouver en première ligne. Son chef avait, au moment de l'investissement de Paris par les Allemands, tiré contre eux, le 17 septembre, les premiers coups de canon ; à la veille de l'armistice, il avait le commandement de l'une des trois armées de la défense à sa dernière bataille. Lors de la première attaque des fédérés, le 2 avril, il était à la tête des troupes qui les avaient repoussés ; une de ses divisions était entrée la première dans Paris, le 21 mai ; enfin, c'est lui qui avait reçu la reddition du fort de Vincennes, qui complétait la chute définitive de l'insurrection. Au nombre des opérations auxquelles a pris part l'armée de réserve, il faut citer surtout les premiers échecs de la Commune, l'enlèvement du fort d'Issy, l'entrée dans Paris, la préservation de plusieurs monuments que l'incendie menaçait [1], et enfin la bataille acharnée des derniers jours, alors que nos régiments ont dû aller chercher jusque dans leurs repaires les plus inaccessibles les quelques défenseurs qui restaient encore à la Commune.

---

[1] Le Palais de l'Industrie, le Louvre, le Corps législatif, le Ministère des affaires étrangères, le Ministère de la guerre, l'Institut, la Monnaie, le Luxembourg, la Sainte-Chapelle, Notre-Dame, les musées du Jardin des plantes, la bibliothèque de l'Arsenal.

CHAPITRE TROISIÈME.

LICENCIEMENT DE L'ARMÉE DE RÉSERVE.

Avec la prise de Paris se termine le rôle de l'armée de réserve. Cependant elle continue à occuper, d'après les ordres du maréchal de Mac-Mahon, les quartiers du faubourg Saint-Antoine, de Belleville, de Ménilmontant et de la Villette. Le premier corps se retire plus en arrière. La lutte avait partout cessé, mais les haines résultant de l'exaspération de la défaite étaient loin d'être apaisées. Une certaine partie de la population, qui avait pactisé avec l'émeute, se soumettait difficilement, et son hostilité se manifestait en toute occasion. Des crimes isolés furent commis en pleine rue et même en plein jour; les officiers surtout eurent à se tenir en garde contre de fréquentes tentatives d'assassinat. Il importait donc que la recherche des armes fût aussi complète que possible et que les munitions fussent mises à l'abri de quelque nouveau coup de main. Le grand dépôt d'armes établi à la place du Trône recevait de jour en jour de nombreux envois d'armes saisies; on en voyait de tous les genres, et les plus différentes sous le rapport de la forme et du calibre. L'ancien fusil à piston dominait surtout dans ce nombre, où figuraient également les fusils perfectionnés par les systèmes Snider et Remington; en un mot, tous les fusils de guerre se trouvaient représentés dans cet immense arsenal. Dès que ces fusils étaient réunis en quantité suffisante, enregistrés et comptés, ils étaient chargés sur des camions et dirigés, les uns sur la gare de Lyon, les autres sur Vincennes, pour être réintégrés dans les établissements de l'État. La catégorie des armes blanches était encore plus variée; on y voyait des épées de sergent de ville, des sabres d'officiers, des poignards de toutes les formes, et jusqu'à l'ancien « briquet » du vieux et légendaire grognard, le tout assez généralement en fort mauvais état. Les revolvers seuls étaient en petit nombre; il était facile, en effet, de mieux dissimuler aux recherches des armes de cette dimension. Il faut peu s'alarmer d'ailleurs de les savoir conservées par leurs détenteurs; un pistolet ordinaire ou un revolver peut servir à commettre un assassinat, un meurtre isolé; mais il sera toujours une arme insuffisante en cas de révolution. Quant aux canons et aux munitions de toutes sortes trouvées à Belleville, on les évacua sur Vincennes; tous les attelages de l'artillerie de réserve furent employés à y diriger les approvisionnements d'obus, de poudre, de projectiles incendiaires et de pétrole trouvés soit dans le quartier même, soit dans les magasins à poudre du rempart. La quantité de ces divers objets était tellement considérable, que, malgré la plus grande activité et l'emploi de tous les attelages disponibles, il ne fallut pas moins de huit jours pour terminer l'opération. Le désarmement a duré à peu près le même temps.

Le 7 juin, le maréchal de Mac-Mahon prescrivit à l'armée de réserve de conserver ses positions jusqu'à nouvel ordre; mais quelques jours après elle fut rappelée à Versailles pour y être licenciée. L'heure de la séparation définitive avait donc sonné! L'armée de réserve vit d'abord dissoudre les troupes de la marine, qui lui avaient prêté leur concours si énergique et si efficace; le général Bruat, qui les commandait, quitta alors le service de l'armée de terre pour retourner à celui de la marine avec le grade de contre-amiral. Les régiments de fusiliers marins et d'infanterie de marine rejoignirent leurs ports pour y reprendre leur service ordinaire. Seules, les divisions Vergé et Faron furent conservées avec leur organisation, mais placées dans des corps d'armée différents.

L'armée de réserve fut cependant réunie une fois encore le jeudi 29 juin 1871, lors de la grande revue passée en présence du chef du pouvoir exécutif et de l'Assemblée nationale.

En se séparant, avec regret, des soldats qu'il a formés, le commandant en chef, qui les a conduits si souvent au feu, veut reconnaître une dernière fois leurs qualités et leurs mérites ; il a surtout cherché, dans le récit qu'on vient de lire, à signaler publiquement au gouvernement et au pays ces troupes aguerries qui pendant de si longues épreuves, sont constamment demeurées fidèles au devoir et au drapeau. En publiant ce travail, — qui n'est en réalité qu'un rapport détaillé des opérations militaires accomplies pendant dix mois par les troupes placées sous ses ordres [1], — le général qui a successivement commandé en chef le 13ᵉ corps, la troisième armée, l'armée de Paris et enfin l'armée de réserve, n'a eu qu'un seul but : écrire avec impartialité, et sans aucun esprit de dénigrement ou de critique, les événements auxquels il a pris une part directe, et donner aux officiers et aux soldats, qui ont si bravement servi à ses côtés, les éloges auxquels ils ont tous droit. Il les a connus dans les circonstances les plus pénibles ; il les a vus dans ces heures difficiles où les esprits les plus forts sont parfois saisis de trouble et de défaillance, et

---

[1] La première partie de ce travail a été publiée à la même librairie que le présent volume, sous ce titre : Siége de Paris (*Opérations du 13ᵉ corps et de la troisième armée*), un vol. in-8° accompagné d'un atlas de 15 cartes stratégiques.

il les a toujours trouvés à la hauteur des événements, soit qu'il leur ait fallu exposer leur vie pour la délivrance du pays, soit qu'ils aient dû engager une lutte terrible et douloureuse avec des concitoyens égarés, qui avaient tourné contre la patrie elle-même les armes qu'ils avaient reçues pour la défendre.

Puissent les officiers et les soldats qui ont appartenu au 13º corps, à la troisième armée et à l'armée de réserve, porter et répandre dans les corps nouveaux où ils ont été versés les habitudes d'ordre, de discipline et d'abnégation dont ils ont donné tant de preuves généreuses au milieu des périls de tous genres qu'ils ont eu à traverser! Tel est le vœu suprême que forme pour ses anciens compagnons d'armes le général, qui se souviendra toujours avec fierté qu'il a eu l'honneur insigne de les commander.

Mars 1872.

APPENDICE.

APPENDICE.

PREMIÈRE PARTIE.

L'ARMISTICE.

I.

Lettre de Jules Favre à Gambetta, du 23 janvier 1871.

(Cette lettre et celle qui suit donnent des détails sur la manière dont le commandement a été offert au général Vinoy. Nous extrayons de la première les passages suivants.)

. . . .

« Après la triste journée du 19, il (Paris) a cru à une revanche prochaine, et en même temps manifesté, avec une irritation d'heure en heure croissante, sa colère contre M. le général Trochu. Je vous ai dit que j'avais plusieurs fois insisté sur son remplacement, et que la résistance de la majorité du conseil seule m'avait arrêté dans l'exécution de ce dessein. Je n'avais pour moi que Picard. Mais après l'affaire du 19, la persistance de M. Trochu à garder le commandement devenait un véritable danger.

» J'ai vainement essayé d'amener mes amis à un acte un peu vigoureux, et le général à une résolution nécessaire. La journée du vendredi 20 s'est passée dans ces tiraillements ; le samedi 21, les symptômes sont devenus plus menaçants, et le soir, les maires, réunis au gouvernement, ont nettement dit à M. Trochu qu'il ne pouvait conserver le commandement en chef. J'oubliais de dire que la veille, vendredi 20, je les avais réunis, et que, dans une séance de cinq heures, on avait posé et discuté la question de la défense.

» M. Trochu déclarait qu'elle était désormais impossible, et qu'il était prêt à céder le commandement à l'officier qui serait d'une opinion contraire. Le samedi, nous avons réuni les généraux qui nous semblaient les plus audacieux, nous leur avons posé les mêmes questions, et nous avons reçu les mêmes réponses. Le soir, j'ai fait connaître cette situation aux maires, et c'est alors que presque tous, deux ou trois exceptés, ont exprimé cette opinion que M. Trochu devait se retirer, en gardant le gouvernement de Paris et la présidence.

» Après leur départ à minuit et demi, la délibération a commencé. M. Trochu avait supporté les duretés qui lui avaient été dites, il avait montré un grand calme ; avec nous il n'a pas été moins ferme à nous dire qu'il ne se démettrait pas, qu'il engageait le gouvernement à le remplacer, mais qu'il ne conserverait aucune de ses fonctions, hors celle de membre du gouvernement et en déclinant la présidence.

La discussion a été longue, confuse, orageuse. Il fallait d'abord savoir si on le remplacerait et par qui.

Il y a un mois, je proposais le général Vinoy. A la suite de bien des tergiversations il a été accepté, et *nous l'avons nommé d'urgence sans le consulter.* Il était trois heures du matin. Au même moment, on vient nous apprendre que Mazas a été forcé par une bande qui a délivré Flourens et d'autres détenus politiques. Ce n'était que le prélude de désordres malheureusement graves..

Hier, l'animation de Paris était immense. Quelques factieux de Paris ont essayé de l'exploiter pour se jeter sur l'Hôtel de ville, qu'ils ont attaqué à main armée. Cette agression criminelle était le résultat d'une conspiration, car les fenêtres des maisons de la place avaient été occupées, et de là les insurgés tiraient sur l'Hôtel de ville. La fusillade a duré une demi-heure environ. La garde nationale et la troupe ont balayé l'émeute, occupé la place, et la journée s'est passée dans un calme relatif. Mais le danger est considérable, imminent, etc., etc.

II.

M. Jules Favre au général Vinoy.

Paris, le 22 janvier 1871.

Monsieur le général,

Le Gouvernement de la défense nationale ayant décidé, ce soir, que le commandement en chef serait désormais distinct des fonctions de président du conseil du gouvernement, vous a nommé commandant en chef de l'armée de Paris, en remplacement de M. le général Trochu. Le gouvernement aurait voulu vous prévenir avant de disposer ainsi de vous, mais l'extrême urgence et les circonstances particulières que j'aurai l'honneur de vous expliquer l'ont obligé à prendre ses résolutions sur l'heure. D'ailleurs, il connaît depuis longtemps votre patriotisme et votre dévouement; il y compte, et sait qu'en vous appelant à la commander en chef, il ne peut confier à de meilleures mains les intérêts de notre brave armée.

Veuillez agréer, Monsieur le général, l'assurance de ma haute considération.

Le vice-président,

Signé : Jules Favre.

III.

ORDRE DU JOUR DU GÉNÉRAL VINOY A L'ARMÉE DE PARIS.

Le Gouvernement de la défense nationale vient de me placer à votre tête; il fait appel à votre patriotisme et à mon dévouement; je n'ai pas le droit de me soustraire. C'est une charge bien lourde; je n'en veux accepter que le péril, et il ne faut pas se faire d'illusions.

Après un siége de plus de quatre mois, glorieusement soutenu par l'armée et par la garde nationale, virilement supporté par la population de Paris, nous voici arrivés au moment critique.

Refuser le dangereux honneur du commandement dans une semblable circonstance serait ne pas répondre à la confiance qu'on a mise en moi. Je suis soldat et ne sais pas reculer devant les dangers que peut entraîner cette grande responsabilité.

A l'intérieur, le parti du désordre s'agite, et cependant le canon gronde. Je veux être soldat jusqu'au bout, j'accepte ce danger, bien convaincu que le concours des bons citoyens, celui de l'armée et de la garde nationale, ne me feront pas défaut pour le maintien de l'ordre et le salut commun.

Général Vinoy.

APPENDICE.

IV.

Lettre du général de Malroy au général Vinoy.

Hôtel de ville, le 22 janvier, 6 heures et demie.

Mon général,

Après avoir réuni les éléments de la cour martiale que vous m'avez donné l'ordre d'établir, pour juger les insurgés pris les armes à la main [1], j'ai pris connaissance du décret du gouvernement, en date du 26 septembre dernier, que M. Jules Ferry m'a remis lui-même, afin que la compétence de la cour martiale pût être établie dans le cas spécial dont il s'agissait.

Or, les termes du décret ne se rapportent pas aux faits dont les insurgés se sont rendus coupables, et la cour martiale était incompétente.

Le crime dont vous aviez en vue la répression immédiate au moyen de la cour martiale est justiciable des conseils de guerre réguliers, en vertu de la *loi sur l'état de siége*, et l'examen du décret et de la loi précités pourra vous en convaincre.

D'après cela, j'adresse à M. le général Soumain la liste des insurgés arrêtés, en lui demandant un ordre d'écrou à la prison militaire du Cherche-Midi, et en le priant de donner d'urgence l'ordre d'informer.

Lorsque l'ordre d'écrou sera parvenu à l'Hôtel de ville, le transfert de ces prisonniers aura lieu en voiture cellulaire et sous l'escorte d'un peloton de gendarmerie à cheval.

---

[1] Parmi les individus qui avaient été arrêtés en flagrant délit de rébellion, celui qui s'était le plus fait remarquer est le sieur Serizier, qui a été le principal auteur du massacre des Dominicains d'Arcueil.

C'est d'ailleurs sur l'avis de M. le maire de Paris et du ministre de la guerre que j'ai cru devoir adopter cette ligne de conduite.

Je suis avec respect, mon général, votre très-humble et très-obéissant serviteur.

Le général commandant la 1re division,

Signé : DE MALROY.

V.

Lettre du général Blanchard au général Vinoy.

Paris, le 24 janvier 1871.

L'amiral Pothuau me rend compte que les gardes nationaux du 74e bataillon [1], dont les noms suivent, ont été signalés comme étant rentrés dans Paris sans autorisation. Je demande à ce qu'ils soient punis conformément à la loi, et à ce que des ordres sévères soient donnés aux portes pour que nul garde national ne puisse rentrer à Paris sans un laisser-passer en règle.

Noms des gardes nationaux du 74e bataillon qui manquent à l'appel : 14 gardes.

Agréez, etc.

Signé : BLANCHARD.

VI.

M. Jules Favre au général Vinoy.

Mon cher général,

J'arrive de Versailles; je suis tombé d'accord avec

---

[1] Ce bataillon était un bataillon de Belleville, commandé par le sieur Girault, qui fut depuis condamné à mort par la cour martiale de la Commune pour actes de lâcheté de son bataillon. Il fut gracié en raison des gages que ses antécédents donnaient au parti démocratique.

M. de Bismarck sur les principales questions de l'armistice, et il a été convenu *d'honneur* entre nous deux que le feu cesserait des deux côtés sur toute la ligne à minuit.

Envoyez donc, de suite, l'ordre aux forts et aux secteurs, afin qu'il parvienne à temps à tous les chefs de poste. Si en effet cet ordre n'était pas exécuté, l'ennemi, après avoir interrompu son feu, pourrait le reprendre pour répondre au nôtre.

Je vous prie, mon cher général, d'agréer mes sentiments bien affectueux.

Signé : JULES FAVRE.

Ce mercredi 26 janvier 1871, 7 heures du soir.

VII.

DÉPÊCHES TÉLÉGRAPHIQUES.

A tous les commandants de secteur.

Hôtel de ville, à 3 heures du soir, 22 janvier.

On tire sur l'Hôtel de ville; feu assez vif. Prenez mesures énergiques.

VIII.

Maire de Paris aux commandants des neuf secteurs.

Hôtel de ville, 22 janvier, 4 h. 52 m. du soir.

Quelques gardes nationaux factieux appartenant au 101ᵉ de marche ont tenté de prendre l'Hôtel de ville. Ils ont tiré sur les officiers de service et blessé grièvement un adjudant-major de la garde mobile.

La troupe a riposté; l'Hôtel de ville a été fusillé des maisons qui lui font face de l'autre côté de la place et qui étaient d'avance occupées. On a lancé sur nous des bombes et tiré des balles explosibles. L'agression a été la plus lâche et la plus odieuse. D'abord au début, puisqu'on a tiré plus de cent coups de fusil sur le colonel et ses officiers, au moment où il congédiait une députation, admise un instant avant dans l'Hôtel de ville; non moins lâche ensuite, quand après la première décharge, la place s'étant vidée et le feu ayant cessé de notre part, nous fûmes canardés des fenêtres en face. Dites bien ces choses aux gardes nationaux et tenez-moi au courant. Ici tout est rentré dans l'ordre. La garde républicaine et la garde nationale occupent la place et les abords.

IX.

Commandant des gardes nationales à commandants des neuf secteurs.

22 janvier 1871, 5 h. 30 m. du soir.

Par ordre du gouvernement, faites fermer et au besoin occuper militairement tous les clubs de votre secteur.

X.

Commandant fort de Montrouge à général Vinoy.

23 janvier 1871, 5 h. 53 m. du soir. N° 2387.

Feu très-vif sur nous pendant la journée; cesse à quatre heures et demie. La batterie à côté de nous ayant cessé son feu, les quatre pièces qui tiraient sur elle ont été tournées contre nous. Notre bastion 4 a beaucoup souffert dans ses embrasures et épaulements qui sont ruinés. Brèche dans le mur de gorge du bastion praticable, fossé comblé par déblais. Nous travaillons à déblayer deux pièces de 24 touchées dont une démontée. Sept blessés légèrement, dont un officier.

XI.

Commandant même au même.

24 janvier 1871, 9 h. 20 m. du matin.

Nous avons fait toutes les réparations nécessaires pour pouvoir reprendre le feu dès que l'ennemi ouvrira le sien. S'il ne tire pas, nous continuerons à perfectionner le travail fait. Nous dispersons matériaux provenant de brèche.

XII.

Amiral La Roncière à général Vinoy.

24 janvier, 9 h. 15 m. du matin.

Je vous remercie d'avoir prescrit au général de Maussion de me faire appuyer au besoin par la division Susbielle. Pour le moment, je ne prévois pas avoir besoin de ce secours. Nous n'en sommes encore qu'à un combat violent d'artillerie. Les troupes du génie, de l'artillerie, de la ligne, et les marins sont animés d'un bon esprit, malgré les défaillances dont la population affolée leur donne le spectacle. J'engage celle-ci autant que possible à se retirer à Paris, mais les moyens de transport manquent, même pour emmener les malades et enterrer les morts. Aucun voiturier ne veut marcher. J'aviserai la nuit prochaine à employer le chemin de fer. Des officiers et des troupes du génie me seraient bien nécessaires. Les marins suppléent à ces dernières; je n'en ai que cent cinquante valides, et quelque infatigables qu'ils soient, je ne peux les employer partout. Les rangs des officiers d'artillerie qui sont au plus fort du danger s'éclaircissent. Quatre, dont un tué, sont déjà hors de combat. Je vous demande de m'en envoyer des jeunes, autant que possible, afin de maintenir dans leurs postes les chefs de service, sur le dévouement et le courage desquels je compte.

Les rapports individuels des commandants des forts ont dû vous rendre compte des incidents de la journée. Le corps des ouvriers auxiliaires d'artillerie, au nombre de cent vingt environ, sous la direction de l'ingénieur des ponts et chaussées Baude, me rend les services les plus importants.

XIII.

Commandant Montrouge à général Vinoy.

25 janvier, 9 h. 45 m. du matin.

Nos réparations sont bien terminées. Nous sommes prêts; mais l'ennemi ne tire que quelques rares coups de canon. Je ne répondrai que si le temps s'éclaircit.

XIV.

Fort d'Issy à général Vinoy.

25 janvier, 8 h. 10 m. du soir.

Le tir de l'ennemi est devenu violent à partir de midi jusqu'au moment où l'enceinte l'a contre-battu vers trois heures. La batterie du Moulin de pierre a *repris son tir de mortiers, qui est pour nous le plus dangereux.* Les dégâts causés par les bombes ont été les suivants : deux magasins de munitions atteints, sans cependant être traversés; une porte d'un de ces magasins brisée et une traverse presque renversée. On réparera cette nuit ces dégâts, autant que possible. La batterie de la maison à clochetons n'a pas encore ouvert son feu. Les brèches n'ont pas été agrandies. Les réparations aux câbles télégraphiques ont été complétement terminées ce matin.

XV.

Vice-amiral Pothuau à général Vinoy.

N° 333.   26 janvier, 12 h. 35 m. du matin.

Le commandant de Montrouge me répond par la dépêche télégraphique suivante. Je suis l'interprète du sentiment de mes hommes en demandant qu'on nous laisse l'honneur de défendre Montrouge. Ces artilleurs nous seraient plus utiles en armant les batteries qui nous avoisinent. Nous serions reconnaissants au général de vouloir bien ne pas nous les envoyer.

XVI.

Montrouge à général Vinoy.

26 janvier 1871, 8 h. 45 m. du matin.

Toutes nos réparations sont faites ; l'ennemi a tiré sur nous cette nuit, mais seulement après la fin des travaux. Ce matin il tire très-peu jusqu'à présent.

DERNIERS RAPPORTS DE L'ATTAQUE DU SUD.

XVII.

Commandant fort d'Issy à général Vinoy.

26 janvier 1871, à 8 h. 30 m. du soir.

Le feu de l'ennemi a repris ce matin vers dix heures. Les magasins de munitions sur la courtine 2-3 ont beaucoup souffert, surtout les murs des passages. Les voûtes toutefois n'ont pas été atteintes. A la courtine 2-3, la brèche des casemates 16 et 17 a un peu augmenté, sans cependant compromettre la sûreté de la place. Sur les autres parties de l'escarpe, les murs de masque des casemates 2, 7, 9, 12, sont crevés et laissent apercevoir les sacs à terre sur une surface d'environ deux mètres carrés. Sur la face gauche du bastion 4 et près de l'angle d'épaule, on remarque une série de trous assez rapprochés, qui indiquent que l'ennemi a l'intention de faire brèche de ce côté. Jusqu'à présent, ces trous n'ont entamé la maçonnerie que sur soixante à soixante-dix centimètres d'épaisseur. Dans l'intérêt de la défense, je demande à ce que ces renseignements ne soient pas publiés dans les journaux. Un affût de 24 brisé. Beaucoup de dégâts dans les parapets. On réparera cette nuit, autant que possible. Deux hommes tués, huit blessés.

XVIII.

Commandant fort de Vanves à général Vinoy.

26 janvier 1871, 4 h. 50 m. du soir.

A partir de midi et malgré le brouillard, le tir de l'ennemi a été plus vif que les deux jours précédents. D'ailleurs, aucun dégât matériel sensible à signaler. Un artilleur tué, deux artilleurs et un matelot blessés.

XIX.

Commandant Montrouge à général Vinoy.

26 janvier 1871, 5 h. 40 m. du soir.

Le feu des batteries de Fontenay a été modéré; beaucoup de bombes proportionnellement. L'Hay n'a envoyé que quelques coups; nous n'avons que des réparations d'embrasures. Un tué, deux blessés graves, une blessure légère.

XX.

Général Blanchard à général Vinoy.

26 janvier 1871, 8 h. 5 m. du soir.

Dix obus seulement sur les Hautes-Bruyères. Rien à

signaler à Villejuif et à Moulin-Saquet. Les artilleurs annoncés ne sont pas arrivés.

DERNIERS RAPPORTS DE L'ATTAQUE DE L'EST.

XXI.

Commandant Faisanderie à général Vinoy.

26 janvier 1871, 5 h. 50 m. du soir.

Canonnade assez lente du Four-à-chaux de huit heures à dix heures, très-vive vers onze heures. Ralentissement du tir à midi. — Le feu cesse à deux heures. — L'ennemi occupé à réparer sa batterie. Travaux en vue près du chemin de fer de Mulhouse, 3,000 mètres de la redoute; ici quelques dégâts aux bâtiments. La redoute a répondu au feu de l'ennemi et inquiété les travailleurs.

XXII.

Commandant Nogent à général Vinoy.

26 janvier 1871, 8 h. 18 m. du soir.

L'ennemi a continué à tirer sur nous aujourd'hui et sans résultats.

XXIII.

Commandant Rosny à général Vinoy.

26 janvier 1871, 6 h. 45 m. du soir.

Le fort n'a reçu que trente-deux obus dans la journée. Pas de blessés.

XXIV.

Commandant Noisy à général Vinoy.

26 janvier 1871, 7 h. 40 m. du soir.

Dans la journée, l'ennemi nous a envoyé onze obus seulement, qui n'ont fait aucune avarie ni arrêté nos divers travaux.

DERNIERS RAPPORTS DE L'ATTAQUE DU NORD.

XXV.

Vice-amiral La Roncière à général Vinoy.

26 janvier 1871, 9 h. 55 m. du s.

Le tir de l'ennemi contre les forts, et notamment contre la Double-Couronne et la Briche, a été plus violent aujourd'hui que les jours précédents. Ce dernier fort souffre beaucoup et semble être le principal point de mire de l'ennemi. Trois cents travailleurs y réparent la nuit une partie des dégâts faits pendant le jour. Il va falloir évacuer les anciennes poudrières servant de casernes; leur blindage ne présente plus aucune sécurité dans ce but. Je suis forcé, pour pouvoir mettre les artilleurs à l'abri, de faire sortir du fort deux compagnies de la garnison. La Double-Couronne est moins abîmée matériellement, mais l'insuffisance des abris en rend le séjour plus dangereux, et d'autant plus que la glace des fossés est souvent projetée en mitraille sur toute la fortification, ce qui ne se produit pas à la Briche. Au fort de l'Est, qui est un fort régulièrement construit et bien commandé, tout s'est passé sans incident. Il en est de même du fort d'Aubervilliers, qui a été relativement moins canonné, mais qui a tiré avec vigueur sur les batteries dirigées sur Drancy.

Un des services les plus pénibles consiste à casser la glace qui subsiste encore dans les fossés; ce service est absolument nécessaire sur la partie des défenses appelée la rigole de la Briche et la rigole du Crould, que rien n'empêcherait d'enlever, si la glace pouvait porter. Les marins seuls peuvent faire ce service; les ouvriers civils que le génie y employait refusent de travailler près du feu. Le tir sur la ville a été très-modéré aujourd'hui. Sur toutes les défenses de Saint-Denis, chacun fait noblement son devoir, et je vous demande de vous adresser des propositions en faveur des plus méritants.

XXVI.

Commandant Aubervilliers à général Vinoy.

26 janvier 1871, 7 h. 35 m. du soir.

Tir violent contre les batteries prussiennes de droite et de gauche en arrière du Bourget. Tir violent de l'ennemi dans le fort, qui n'a pas eu de victimes.

XXVII.

Commandant fort de l'Est à général Vinoy.

26 janvier 1871, 6 h. 50 m. du soir.

Journée du 26. Le tir est toujours continu et assez violent par intervalles. On tire toujours aux abords de la porte pendant la nuit, et pendant le jour sur les remparts. L'escarpe du front 2-3 a été percée au fond d'une casemate habitée par la troupe. Le blindage en sacs à terre un peu ébranlé a été réparé et renforcé. En résumé, la défense du fort n'est pas compromise au point de vue de la résistance des escarpes, mais le service de l'artillerie et de la garnison est rendu très-difficile par les obus qui labourent le fort dans tous les sens. De sept heures du matin à quatre heures du soir, trois cent cinquante obus sont entrés dans le fort. Il n'y a eu dans le jour que trois hommes blessés légèrement.

XXVIII.

Commandant Double-Couronne à général Vinoy.

26 janvier, 4 h. 20 m. du soir.

Plusieurs abris ont dû être évacués; plusieurs hommes

ont été blessés ou tués dedans. Ces hommes sont affolés, et je pense que, dans les dispositions d'esprit où ils se trouvent, si nous avons à soutenir une attaque de vive force, il serait imposible de les entraîner à la défense. Il est de toute urgence d'augmenter immédiatement le personnel des officiers d'artillerie. Le capitaine Brumster et l'officier Verrier, seuls qui restent, sont dans l'impossibilité de continuer plus longtemps un service aussi pénible. Je ferai parvenir l'état demandé pour les propositions aussitôt qu'il y aura un moment de calme. Nous sommes depuis ce matin sous une pluie de projectiles et enfilés de toutes parts. Il y a également urgence à envoyer pour la nuit deux compagnies de l'intérieur, et qui n'aient pas été sous l'impression du feu incessant que les troupes de la Double-Couronne ont eu à supporter depuis le commencement du bombardement. La pile du pont de la porte de l'Est est démolie et la met dans l'impossibilité de fonctionner.

XXIX.

Commandant fort de la Briche à général Vinoy.

26 janvier, 5 h. 31 m. du soir.

Feu très-violent toute la journée ; les dégradations aux escarpes continuent à s'accentuer. Le fort a répondu le plus possible ; deux hommes d'artillerie blessés aux pièces. Une pièce de 24 hors de service ; une poudrière sur le cavalier évacuée. Une ancienne poudrière servant de casernement menacée ; l'artillerie qui l'occupe a dû prendre les casemates laissées par deux compagnies du 138e, qui sont rentrées à Saint-Denis.

APPENDICE.

XXX.

Note sur les services rendus par le personnel télégraphique pendant le siége.

Le personnel télégraphique a rendu les plus grands services pendant tout le temps du siége. Ils n'ont pas toujours été sans dangers, notamment dans les forts bombardés. Les interruptions de service n'ont jamais été que momentanées, et les lignes ont toujours été réparées sous le feu de l'ennemi même le plus vif. Voici une liste de trente postes de télégraphie militaire qui avaient été établis autour de Paris et qui n'ont pas cessé de fonctionner jusqu'à la fin.

QUARTIERS GÉNÉRAUX :

Commandant en chef, au Louvre, cour Caulaincourt.
Général BLANCHARD, 138, rue de Grenelle.
Général d'EXÉA, aux Lilas.
Général MAUSSION, avenue de Neuilly.
Amiral LA RONCIÈRE, Saint-Denis.
Général RIBOURT, Vincennes.
Général NOEL, Mont-Valérien.
Amiral SAISSET, Fort de Noisy.
Général DE LINIERS, à Asnières.
Général DE BEAUFORT, à Neuilly.
Amiral POTHUAU, à Vitry.
Fort d'Issy.
Fort de Vanves.
Fort de Montrouge.
Fort de Bicêtre.
Fort des Hautes-Bruyères.
Fort d'Ivry.
Avant-postes de Créteil.
Fort de Charenton.
Redoute de Gravelle.
Redoute de la Faisanderie.
Fort de Nogent.
Fort de Rosny.
Fort de Romainville.
Fort d'Aubervilliers.
Fort de l'Est.
Fort de la Double-Couronne.
Fort de la Briche.
Position de Saint-Ouen.
Observatoire de Montmartre.
Observatoire du Trocadéro.
Un poste à chaque secteur (neuf postes).

XXXI.

Extrait de la convention conclue le 28 janvier 1871 en ce qui concerne l'armée de Paris.

Entre M. le comte de Bismarck, chancelier de la Confédération germanique, stipulant au nom de S. M. l'empereur d'Allemagne, roi de Prusse, et M. Jules Favre, ministre des affaires étrangères du Gouvernement de la défense nationale, munis de pouvoir réguliers [1],

Ont été arrêtées les conventions suivantes :

Article 1er.

Un armistice général, sur toute la ligne des opérations militaires [2], commencera pour Paris aujourd'hui même, pour les départements dans un délai de trois jours [3]. La durée de l'armistice sera de vingt et un jours, à dater d'aujourd'hui, de manière que, sauf le cas où il serait renouvelé, l'armistice se terminera partout le 19 février à midi.

. . . . [4]
. . . . [5]
. . . . [6]
. . . . [7]
. . . . [8]

Art. 2.

. . . . [9]

---

[1] On voit que l'autorité militaire a été absolument étrangère à la négociation de l'armistice; cet acte a été décidé par le gouvernement et négocié par M. Jules Favre seul, ainsi que le prouve la mention de son nom.

[2] Et pas seulement pour l'armée de Paris.

[3] La date de l'armistice seule n'est pas la même pour les diverses armées.

[4] Stipulations relatives à l'armée de la Loire.

[5] Stipulations relatives à l'armée du Nord.

[6] Stipulations relatives à l'armée du Havre.

[7] Stipulations relatives aux forces navales des deux pays.

[8] Stipulations relatives à l'armée de l'Est, placée en dehors de l'armistice.

[9] Stipulations relatives aux élections et à la réunion d'une Assemblée nationale.

Art. 3.

Il sera fait immédiatement remise à l'armée allemande, par l'autorité militaire française, de tous les forts, formant le périmètre de la défense extérieure de Paris, ainsi que de leur matériel de guerre. Les communes et les maisons situées en dehors de ce périmètre ou entre les forts pourront être occupées par les troupes allemandes jusqu'à une ligne à tracer par des commissaires militaires [10]. Le terrain restant entre cette ligne et l'enceinte fortifiée de la ville de Paris sera interdit aux forces armées des deux parties. La manière de rendre les forts et le tracé de la ligne mentionnée formeront l'objet d'un protocole à annexer à la présente convention [11].

Art. 4.

Pendant la durée de l'armistice, l'armée allemande n'entrera pas dans Paris.

Art. 5.

L'enceinte sera désarmée de ses canons, dont les affûts seront transportés dans les forts à désigner par le commissaire de l'armée allemande [12].

Art. 6.

Les garnisons (armée de ligne, garde mobile et marins) des forts de Paris seront prisonnières de guerre, sauf une division de douze mille hommes que l'autorité militaire dans Paris conservera pour le service intérieur.

---

[10] et [11] Ces détails seuls ont été réglés par le général de Valdan, et le protocole qui est joint au traité est le résultat des négociations qui ont eu lieu entre le général comte de Moltke et le chef d'état-major de l'armée de Paris. Cette pièce n'est qu'une annexe accessoire de la convention d'armistice.

[12] Par l'article 4 du protocole, M. de Moltke a renoncé à cette condition, et exigé seulement la condition suivante : « Les affûts devront être enlevés avant cette époque (4 février). »

Les troupes prisonnières de guerre déposeront leurs armes, qui seront réunies dans les lieux désignés, et livrées, suivant [13] règlement par commissaires suivant l'usage; ces troupes resteront dans l'intérieur de la ville, dont elles ne pourront pas franchir l'enceinte pendant l'armistice. Les autorités françaises s'engagent à veiller à ce que tout individu appartenant à l'armée et à la garde mobile reste consigné dans l'intérieur de la ville. Les officiers des troupes prisonnières seront désignés par une liste à remettre aux autorités allemandes.

A l'expiration de l'armistice, tous les militaires appartenant à l'armée consignée dans Paris auront à se constituer prisonniers de guerre de l'armée allemande, si la paix n'est pas conclue jusque-là.

Les officiers prisonniers conserveront leurs armes.

Art. 7.

La garde nationale conservera ses armes; elle sera chargée de la garde de Paris et du maintien de l'ordre. Il en sera de même de la gendarmerie et des troupes assimilées employées dans le service municipal, telles que garde républicaine, douaniers et pompiers; la totalité de cette catégorie n'excède pas trois mille cinq cents hommes.

Tous les corps de francs-tireurs seront dissous par une ordonnance du gouvernement français.

Art. 8.

. . . . [14]

Art. 9.

. . . . [15]

[13] Les fautes de français contenues dans l'article 6 indiquent suffisamment que la rédaction appartient à une plume allemande.

[14] et [15] Les articles 8 et 9 sont relatifs au ravitaillement de Paris.

Art. 10.

Toute personne qui voudra quitter la ville de Paris devra être munie de permis réguliers délivrés par l'autorité militaire française et soumis au visa des avant-postes allemands. Ces permis et visas seront accordés de droit aux candidats à la députation en province et aux députés à l'Assemblée.

La circulation des personnes qui auront obtenu l'autorisation indiquée ne sera admise qu'entre six heures du matin et six heures du soir.

Art. 11.

. . . . [16]

Art. 12.

. . . . [17]

Art. 13.

. . . . [18]

Art. 14.

. . . . [19]

En foi de quoi les soussignés ont revêtu de leur signature et de leur sceau les présentes conventions.

Fait à Versailles, le vingt-huit janvier mil huit cent soixante et onze.

Signé : JULES FAVRE, BISMARCK.

---

[16] Relatif à la contribution de guerre à payer par la ville de Paris.

[17] Interdiction de la sortie des valeurs publiques.

[18] Article relatif à l'échange des prisonniers de guerre.

[19] Article relatif à l'organisation du service postal entre Paris et la province.

XXXII.

PROTOCOLE.

CONVENTION MILITAIRE ENTRE LE GÉNÉRAL DE VALDAN ET M. DE MOLTKE.

ART. 1er.

Lignes de démarcation devant Paris.

Les lignes de démarcation seront formées, du côté français par *l'enceinte de la ville,* du côté allemand :

1° *Sur le front Sud.* La ligne partant de la Seine à l'extrémité nord de l'île Saint-Germain longera l'égout d'Issy et continuera entre l'enceinte et les forts d'Issy, de Vanves, de Montrouge, de Bicêtre, d'Ivry, en se tenant à une distance d'environ *cinq cents* mètres des fronts des forts, jusqu'à la bifurcation des routes de Paris à Port-à-l'Anglais et d'Alfort.

2° *Sur le front Est.* Depuis le dernier point indiqué, la ligne traversera le confluent de la Marne et de la Seine, longeant ensuite les lisières de l'ouest et du nord du village de Charenton, pour se diriger directement à la porte de Fontenay, en passant par le rond-point de l'Obélisque. Puis la ligne se dirigera vers le nord jusqu'à un point à 500 mètres de l'ouest du fort de Rosny, et au sud des forts de Noisy et de Romainville, jusqu'à l'endroit où la route de Pantin touche au bord du canal de l'Ourcq.

La garnison du château de Vincennes sera d'une compagnie de deux cents hommes, et ne sera pas relevée pendant l'armistice.

3° La ligne continuera jusqu'à 50 mètres au sud-ouest du fort d'Aubervilliers, le long de la lisière sud du village d'Aubervilliers et du canal Saint-Denis, traversant ce dernier à 500 mètres au sud de la courbe, gardant une distance égale au sud des ponts du canal, et se prolongeant en droite ligne jusqu'à la Seine.

4° *Sur le front Sud-Ouest.* A partir du point où la ligne indiquée touche à la Seine, elle en longera la rive gauche en amont jusqu'à l'égout d'Issy.

De légères déviations de cette ligne seront permises aux troupes allemandes, autant qu'elles seront nécessaires pour établir leurs avant-postes de la manière qu'exige la sûreté de l'armée.

Art. 2.

Passage de la ligne de démarcation.

Les personnes qui auront obtenu la permission de franchir les avant-postes allemands ne pourront le faire que par les routes suivantes :

    Route de Calais,
    — de Lille,
    — de Metz,
    — de Strasbourg (porte de Fontenay),
    — de Bâle,
    — d'Antibes,
    — de Toulouse,
    — et du n° 189.

Puis enfin sur les ponts de la Seine comprenant celui de Sèvres, dont la reconstruction est permise,

    Pont de Neuilly,
    — d'Asnières,
    — de Sèvres,
    — de Saint-Cloud.

Art. 3.

Reddition des forts et redoutes.

La reddition s'opérera dans la journée du 29 janvier

1871, à partir de dix heures du matin et de la manière suivante :

Les troupes françaises auront à évacuer les forts et le territoire neutre, en laissant dans chacun des forts le commandant de place, le garde du génie, le garde d'artillerie et le portier-consigne.

Aussitôt après l'évacuation de chaque fort, un officier d'état-major français se présentera aux avant-postes allemands, afin de donner les renseignements qui pourraient être demandés sur ce fort, ainsi que l'itinéraire à suivre afin de s'y rendre.

Après la prise de possession de chaque fort et après avoir donné les renseignements qui pourraient lui être demandés, le commandant de place, le garde du génie, le garde d'artillerie et le portier-consigne rejoindront, à Paris, la garnison du fort.

Art. 4.
Remise de l'armement et du matériel.

Les armes, pièces de campagne et le matériel seront remis aux autorités militaires allemandes dans un délai de quinze jours, à partir de la signature de la présente convention, et déposés par les soins des autorités françaises à Sevran.

Un état d'effectif de l'armement et du matériel sera remis par les autorités françaises aux autorités allemandes avant le *quatre février prochain*.

Les affûts des pièces qui arment les remparts devront être également enlevés avant cette époque.

Signé : DE VALDAN et DE MOLTKE.

XXXIII.

État d'effectif de la garnison de Paris le jour de la capitulation (présents au corps).

		Officiers.	Hommes.
Officiers sans troupe [1]		595	
INFANTERIE.	32 régiments 2 dépôts 3 bataillons de chasseurs 3 dépôts 1 dépôt d'isolés Sapeurs-pompiers	2,243	84,038
CAVALERIE.	9 régiments 1 dépôt de remonte	257	4,056
GENDARMERIE.	2 régiments à pied 2 régiments à cheval 2 régiments de garde républicaine Gardes forestiers Douaniers	280	6,811
ARTILLERIE		817	17,678
GÉNIE		284	2,101
TRAIN		66	3,436
INFIRMIERS, SECRÉTAIRES, TROUPES D'ADMINISTRATION [2]			7,058
TOTAL des troupes de ligne		4,542	125,178

Troupes de marine.

	Officiers.	Hommes.
INFANTERIE, 5 bataillons	149	4,772
ARTILLERIE	60	2,336
ÉQUIPAGES DE LA FLOTTE	157	6,557
TOTAL des troupes de marine	366	13,665

Garde mobile.

	Officiers.	Hommes.
INFANTERIE, 90 bataillons fournis par vingt-cinq départements	2,548	102,843

RÉCAPITULATION.

	Officiers.	Hommes.
Troupes de ligne	4,542	125,178
Troupes de marine	366	13,665
Garde mobile	2,548	102,843
TOTAL	7,456	241,686

[1] et [2]	Officiers.	Hommes.
École polytechnique	70	
Intendance, administration	308	6,912
État-major des places	69	41
États-majors des divisions	148	105
TOTAL	595	7,058

APPENDICE.

Infanterie.

	Officiers.	Hommes.	
35ᵉ	100 —	2,614	⎫
42ᵉ	100 —	2,292	⎪
105ᵉ	63 —	2,405	⎪
106ᵉ	60 —	2,132	⎬ 589 — 19,80
107ᵉ	64 —	1,990	⎪
108ᵉ	59 —	2,222	⎪
109ᵉ	72 —	3,175	⎪
110ᵉ	71 —	2,970	⎭
111ᵉ	67 —	3,019	⎫
112ᵉ	65 —	3,104	⎪
113ᵉ	74 —	2,683	⎪
114ᵉ	82 —	3,029	⎪
115ᵉ	59 —	1,750	⎬ 647 — 23,210
116ᵉ	61 —	1,970	⎪
117ᵉ	66 —	1,855	⎪
118ᵉ	51 —	1,889	⎪
119ᵉ	64 —	1,938	⎪
120ᵉ	58 —	1,973	⎭
121ᵉ	33 —	1,598	⎫
122ᵉ	36 —	1,447	⎪
123ᵉ	74 —	2,595	⎪
124ᵉ	65 —	2,326	⎬ 418 — 15,248
125ᵉ	79 —	2,282	⎪
126ᵉ	59 —	2,581	⎪
128ᵉ	72 —	2,419	⎭
134ᵉ	59 —	2,581	⎫
135ᵉ	72 —	2,419	⎪
136ᵉ	61 —	2,264	⎬ 381 — 19,800
137ᵉ	60 —	2,198	⎪
138ᵉ	69 —	3,182	⎪
139ᵉ	60 —	3,340	⎭
4ᵉ de zouaves	75 —	2,700	⎫
Dépôt du 29ᵉ	8 —	656	⎪
Dépôt du 59ᵉ	6 —	586	⎪
21ᵉ de chasseurs	30 —	1,996	⎪
22ᵉ de chasseurs	30 —	1,281	⎬ 186 — 8,967
23ᵉ de chasseurs	24 —	1,062	⎪
Dépôt du 7ᵉ de chasseurs	1 —	51	⎪
Dépôt du 15ᵉ de chasseurs	6 —	205	⎪
Dépôt du 18ᵉ de chasseurs	6 —	430	⎭
		2,221 —	83,309
Dépôts isolés		22 —	729
		2,243 —	84,038

TOTAL DE L'INFANTERIE DE LIGNE.

32 régiments de ligne. — 2 dépôts. — 3 bataillons de chasseurs. — 3 dépôts. — 1 dépôt d'isolés.

2,243 officiers — 84,038 soldats et sous-officiers.

APPENDICE.

Mobile.

	Officiers.	Hommes.	
Ain, 1er, 2e, 3e	79 —	3,497	⎫
Aisne.	31 —	1,633	⎪
Aube, 1er, 2e, 3e	90 —	3,511	⎪
Côte-d'Or, 1er, 2e, 3e	115 —	4,457	⎬ 606 — 25,411
Côtes-du-Nord, 1er, 2e, 3e ...	105 —	4,462	⎪
1er	25 —	1,131	⎭
Drôme	26 —	1,248	
Finistère, 1er	26 —	1,140	
4e	26 —	1,141	
2e, 3e, 5e	83 —	3,191	⎫
Hérault, 1er, 2e, 3e	70 —	2,887	⎪
Ille-et-Vilaine, 1er, 2e, 4e ...	77 —	3,309	⎪
3e	26 —	1,235	⎪
5e	26 —	1,148	⎬
Indre	28 —	1,177	492 — 19,993
Loire-Inférieure, 3e, 4e, 5e.	50 —	2,677	⎪
Loiret, 2e, 3e, 4e	78 —	2,216	⎪
5e	26 —	1,042	⎪
Marne	31 —	1,204	⎪
Morbihan, 1er, 2e, 3e	80 —	3,098	⎭
Puy-de-Dôme	32 —	1,500	⎫
Saône-et-Loire, 1er, 2e, 3e .	77 —	3,537	⎪
Seine, 1er, 2e, 3e	140 —	3,822	⎪
4e, 5e, 6e	87 —	2,718	⎪
7e, 8e	53 —	2,346	⎬ 658 — 26,451
9e	30 —	1,021	⎪
10e, 11e	48 —	2,495	⎪
12e	28 —	1,266	⎪
13e, 14e, 15e	82 —	3,706	⎪
16e, 17e, 18e	81 —	4,040	⎭
Seine-et-Marne, 1er, 2e, 4e.	86 —	3,833	⎫
3e	28 —	1,172	⎪
Seine-et-Oise, 1er, 2e, 3e ..	88 —	3,300	⎪
4e, 6e	49 —	1,705	⎬ 516 — 19,905
5e	30 —	1,356	⎪
Seine-Inférieure, 1er, 4e, 5e.	79 —	2,549	⎪
3e	28 —	1,255	⎪
Somme, 1er, 2e, 3e, 5e	101 —	3,609	⎪
6e	27 —	1,126	⎭
Tarn, 1er, 2e, 3e	90 —	3,527	⎫
Vendée, 1er, 2e, 3e	71 —	2,155	⎪
4e	45 —	1,087	⎬ 276 — 11,083
Vienne	82 —	3,503	⎪
Yonne	8 —	811	⎭
	2,548 —	102,843	

TOTAL DE LA MOBILE : 90 bataillons.
2,548 officiers, 102,843 soldats.

Cavalerie.

	Officiers.	Hommes.
1er de chasseurs................	41 —	665
9e de chasseurs................	38 —	630
12e de cuirassiers...............	38 —	538
9e de lanciers..................	37 —	482
13e de dragons.................	38 —	511
14e de dragons.................	38 —	498
16e de dragons.................	24 —	615
	254 —	3,939
Cavaliers de remonte...........	3 —	117

TOTAL : 6 régiments. — 1 dépôt de remonte.
257 officiers, 4,056 soldats.

Gendarmerie à pied.

Garde républicaine..............	60 —	2,104
Gendarmerie à pied.............	78 —	2,283
Légion de l'Est.................	8 —	153
TOTAL.........	146 —	4,540
Gardes forestiers...............	62 —	1,113
Douaniers.....................	99 —	3,809
TOTAL.........	161 —	4,922

Gendarmerie à cheval.

1er régiment de gendarmerie......	49 —	687
2e régiment de gendarmerie......	45 —	621
Garde républicaine à cheval.......	25 —	581
TOTAL.........	119 —	1,889

TOTAL DE LA GENDARMERIE : 280 officiers, 6,841 soldats.

Artillerie.

742 officiers, 17,126 soldats.
Employés d'artillerie : 75 officiers, 552 hommes.
TOTAL : 817 officiers, 17,678 soldats.

Train.

66 officiers, 3,436 soldats.

Génie.

284 officiers, 2,101 soldats.

Sapeurs-pompiers.

48 officiers, 1479 soldats.

Marine.

	Officiers.	Hommes.
Marins fusiliers	67 —	1,609
1er régiment d'infanterie de marine	20 —	817
2e régiment d'infanterie de marine	20 —	789
3e régiment d'infanterie de marine	22 —	783
4e régiment d'infanterie de marine	20 —	774
Total	149 —	4,772

Marins de la flotte.
157 officiers, 6,557 soldats.

Artillerie de la flotte.
60 officiers, 2,336 soldats.
Total : 366 officiers, 13,665 soldats.

XXXIV.

ORDRE DU JOUR.

Soldats, marins et gardes mobiles,

Tant qu'une bouchée de pain a été assurée à Paris, vous avez défendu cette grande cité, qui a été pendant cinq mois le boulevard de la France; vous l'avez défendue au prix de votre sang, qui a coulé à pleins bords.

Aujourd'hui que des malheurs inouïs, que votre courage et vos sacrifices n'ont pu conjurer, vous ramènent dans son enceinte, de nouveaux devoirs, non moins sacrés que ceux que vous avez accomplis déjà, vous sont imposés. A tout prix, vous devez donner à tous l'exemple de la discipline, de la bonne tenue, de l'obéissance. Vous le devez par respect de vous-mêmes, par respect pour notre patrie en deuil, dans l'intérêt de la sécurité publique.

Vous ne faillirez pas, j'espère, à cette obligation sacrée; y manquer serait plus qu'une faute, ce serait un crime.

Officiers, sous-officiers et soldats, restez unis dans un sentiment commun de patriotisme passionné; soutenez-vous, fortifiez-vous les uns les autres, afin qu'après avoir versé tant de sang pour l'honneur de Paris et les plus grands intérêts de la patrie, vous méritiez qu'on dise de vous : Ils ne sont pas seulement de braves soldats, ils sont aussi de bons citoyens.

Le ministre de la guerre,
Signé : Général Le Flô.

Paris, le 30 janvier 1871.

Nota. L'ordre du jour du 30 janvier a été suivi de plusieurs autres du commandant en chef de l'armée de Paris, pour rappeler les troupes au sentiment de la tenue, de l'ordre et de la discipline. Nous donnons plus loin l'ordre du 9 février; il fut suivi d'un ordre analogue le 16 mars. Le résultat de ces ordres fut de rétablir pour quelque temps un peu de tenue dans les rangs.

XXXV.

ARMÉE DE PARIS.
État-major général.

CIRCULAIRE.

A Messieurs les généraux et chefs de corps de l'armée de Paris.

Le général en chef devait espérer que l'appel fait par l'ordre du jour du ministre de la guerre, en date du 30 janvier, au patriotisme des officiers, serait religieusement écouté de tous, et que chacun aurait à cœur de remplir scrupuleusement les nouvelles obligations qui lui incombent dans les pénibles circonstances où nous sommes.

Cependant des plaintes nombreuses, formulées journellement, constatent d'une manière certaine qu'un trop grand nombre d'officiers abdiquent tout sentiment de devoir par des abstentions systématiques, alors qu'ils devraient comprendre que, plus que jamais, ils doivent vivre au milieu de leurs soldats, s'enquérir de leurs besoins, les aider de leurs conseils, et, par-dessus tout, leur donner l'exemple de la tenue et de la discipline.

Le général en chef, en prescrivant de nouveau à tous les officiers généraux et chefs de corps de veiller à la stricte exécution des instructions qui leur ont été adressées, leur impose l'obligation de sévir avec vigueur contre les officiers sous leurs ordres qui continueraient à manquer ainsi à leur devoir.

Le général commandant en chef l'armée de Paris.

Par son ordre :
Le général chef d'état-major général,
DE VALDAN.

XXXVI.

ARMÉE DE PARIS.

État-major général.

CIRCULAIRE.

A Messieurs les généraux et chefs de corps de l'armée de Paris. A tous les officiers.

Quartier général, à Paris, le 16 mars 1871.

Le général commandant en chef l'armée de Paris se trouve dans l'obligation d'adresser de sérieuses observations aux troupes sous ses ordres, sur les infractions aux règlements militaires qui se produisent journellement. Le plus souvent ces fautes sont commises en présence d'officiers qui, par leur indifférence coupable, les laissent impunies, et compromettent ainsi gravement la discipline.

Il est constant que maintes fois des militaires passent auprès de leurs supérieurs sans les saluer ; et la plupart des officiers ne font aucune observation à ce manque de déférence. Beaucoup, en outre, ne prennent pas le soin de rendre le salut, et encouragent ainsi des actes d'indiscipline qu'ils devraient réprimer.

Des détachements sans armes, et même armés, circulent dans le plus grand désordre, comme abandonnés à eux-mêmes et sans chefs. On a vu un régiment d'infanterie marcher ainsi sur une longueur de route de plusieurs kilomètres. C'est un triste spectacle, et les officiers qui le tolèrent sont sans excuse.

Tout détachement se rendant à un service ou à une corvée, quelle que soit sa force, doit marcher en ordre, compacte, régulièrement conduit par des officiers ou des sous-officiers, chacun à sa place réglementaire. S'il est de plus de vingt-cinq hommes, il doit être commandé par un officier et suffisamment encadré.

Les sentinelles ne rendent pas les honneurs, n'observent pas les consignes, et sont relevées sans soin, avec toute la négligence qu'on apporte, du reste, dans l'exécution du service des places.

N'a-t-on pas signalé au général en chef un officier chef de poste qui a laissé envahir par la foule ameutée l'hôtel qu'il était chargé de protéger, sans prendre aucune disposition, et regardant tranquillement le spectacle qu'il avait sous les yeux!

La tenue n'est pas surveillée; aussi est-elle des plus mauvaises. On laisse se promener dans les rues des hommes qui portent des vêtements et des accessoires qui ne sont pas d'ordonnance. Personne n'intervient. On voit encore des soldats revêtus de la peau de mouton qu'ils portaient aux tranchées.

Le général en chef est résolu à faire cesser cet état de choses profondément regrettable, et dont les conséquences sont si funestes pour la discipline. Chacun doit savoir cependant que ce laisser-aller enlève à l'armée toute sa force, toute sa cohésion, comme aussi la considération dont elle a tant besoin.

Tous les bons militaires doivent déplorer une telle situation. Il faut y mettre un terme, et le général en chef réclame pour cela leur concours le plus absolu et le plus dévoué.

Le général commandant en chef l'armée de Paris,
VINOY.

XXXVII.

NOTE.

Le commandement des neuf secteurs allait se trouver complétement désorganisé, lors de la rentrée des troupes dans Paris, par le départ de presque tous les chefs. L'un, l'amiral de Montagnac (7° secteur), ayant été nommé député à l'Assemblée nationale, avait rejoint son poste à Bordeaux; un second, l'amiral Challié (9° secteur), remplissait l'intérim du ministère de la marine à Paris, en remplacement de l'amiral Pothuau, retenu à Bordeaux par ses fonctions près de l'Assemblée.

Les contre-amiraux Bosse (3° secteur), Cosnier (4° secteur), du Quilio (5° secteur), Méquet (8° secteur), rentraient dans le service de la marine; les généraux Callier (2° secteur) et Barolet (1ᵉʳ secteur) dans le cadre de réserve.

Il fallait les remplacer, pour donner une administration aux troupes qui se trouvaient désarmées, dans les secteurs dont ils avaient le commandement. Ces décisions furent portées à la connaissance des troupes par un ordre du jour, en date du 15 février (n° 39).

D'après les dispositions qui y étaient arrêtées, les commandements de corps d'armée, de divisions et de brigades sont supprimés, à partir du 16 février, à l'exception de la division Faron.

Le général de Malroy exerce le commandement territorial, et aura sous ses ordres la place de Paris, les troupes de gendarmerie, le régiment de sapeurs-pompiers, les douaniers, etc.

Les troupes désarmées passent ou demeurent sous les ordres des commandants de secteur.

Le commandant en chef du corps d'armée de Saint-Denis [1] et les officiers généraux de la marine qui étaient pourvus de commandements de secteur, sont remis à la disposition du ministre de la marine.

Le commandement des secteurs est réparti ainsi qu'il suit :

    1ᵉʳ secteur : Général PORION.
    2ᵉ   —   Général CALLIER ; commandant en second : Colonel COLONIEU.
    3ᵉ   —   Général COURTY.
    4ᵉ   —   Général HANRION.
    5ᵉ   —   Général BOCHER.
    6ᵉ   —   Général LECOMTE.
    7ᵉ   —   Général DE CHAMBERET.
    8ᵉ   —   Général PATUREL.
    9ᵉ   —   Colonel LEMAINS.

Le service administratif est assuré dans chacun des secteurs par un intendant militaire (ordre du 16 février 1871), savoir :

---

[1] L'amiral de la Roncière, nommé député, était à l'Assemblée nationale, à Bordeaux.

Grand quartier général : M. Moyse, sous-intendant militaire.

1er secteur : M. Desbuttes, sous-intendant militaire.
2e — M. Richard, sous-intendant militaire.
3e — M. Augier, adjoint de 1re classe.
4e — M. Malet, sous-intendant militaire.
5e — M. Dumoulin, sous-intendant militaire.
6e — M. Simonneau, adjoint de 1re classse.
7e — M. Renaut, sous-intendant militaire.
8e — M. Fages, sous-intendant militaire.
9e — M. Beaumès, sous-intendant militaire.

NOTE.

Nous donnons ci-après le texte de la convention négociée par M. Thiers et M. Jules Favre d'une part et M. de Bismarck de l'autre, pour la prolongation de l'armistice. Cet acte diplomatique, qui réservait à une entente ultérieure les détails de l'occupation d'une partie de Paris, fut accompagné d'un autre ; ce dernier, négocié entre M. de Moltke et le général de Valdan, fut signé par M. Jules Favre seul. Nous en donnons également le texte, qui régla les rapports de l'armée prussienne avec l'armée française dans Paris.

XXXVIII.

CONVENTION DU 26 FÉVRIER.

Entre les soussignés, munis des pleins pouvoirs de l'Empire d'Allemagne et de la République française, la convention suivante a été conclue :

Art. 1er.

Afin de faciliter la ratification des préliminaires de paix conclus aujourd'hui entre les soussignés, l'armistice stipulé par les conventions du 28 janvier et du 15 février dernier est prolongé jusqu'au 12 mars prochain.

Art. 2.

La prolongation de l'armistice ne s'appliquera pas à

l'article 4 de la convention du 28 janvier, qui sera remplacé par la stipulation suivante, sur laquelle les soussignés sont tombés d'accord :

La partie de la ville de Paris, à l'intérieur de l'enceinte comprise entre la Seine, la rue du Faubourg-Saint-Honoré et l'avenue des Ternes, sera occupée par des troupes allemandes, dont le nombre ne dépassera pas trente mille hommes. Le mode d'occupation et les dispositions pour le logement des troupes allemandes dans cette partie de la ville seront réglées par une entente entre deux officiers supérieurs des deux armées, et l'accès en sera interdit aux troupes françaises et aux gardes nationales armées pendant la durée de l'occupation.

Art. 3.

Les troupes allemandes s'abstiendront à l'avenir de prélever des contributions en argent dans les territoires occupés. Les contributions de cette catégorie, dont le montant ne serait pas encore payé, seront annulées de plein droit; celles qui seraient versées ultérieurement, par suite d'ignorance de la présente stipulation, devront être remboursées. Par contre, les autorités allemandes continueront à prélever les impôts de l'État dans les territoires occupés.

Art. 4.

Les deux parties contractantes conserveront le droit de dénoncer l'armistice à partir du trois mars, selon leur convenance et avec un délai de trois jours pour la reprise des hostilités, s'il y avait lieu.

Fait et approuvé à Versailles, le 26 février 1871,

V. Bismarck.

Fait et approuvé à Versailles, le 26 février 1871,

A. Thiers,   Jules Favre.

XXXIX.

Versailles, le 26 février 1871.

CONVENTION REGARDANT L'OCCUPATION D'UNE PARTIE DE PARIS PAR LES TROUPES ALLEMANDES.

§ 1ᵉʳ.

Les troupes allemandes occuperont, dès mercredi le 1ᵉʳ mars à dix heures du matin, le terrain compris entre la Seine (rive droite), l'enceinte depuis le Point-du-Jour jusqu'à la porte des Ternes, la rue du Faubourg-Saint-Honoré jusqu'à la rue des Champs-Élysées, le garde-meuble et le ministère de la marine, le jardin des Tuileries, en réservant toutefois les bâtiments des vivres militaires et la circulation sur les deux ponts de l'Alma et d'Iéna.

§ 2.

Il est formellement interdit aux gens armés de franchir la ligne sus-indiquée. Toutefois, la circulation pourra rester libre pour toute personne non militaire et non armée.

§ 3.

La troupe d'occupation aura la facilité de visiter les galeries du Louvre et l'établissement des Invalides. Les détails de ces promenades seront réglés d'un commun accord par les autorités militaires des deux pays. Il est bien entendu que les soldats n'auront pas leur fusil et seront conduits par des officiers.

§ 4.

Les troupes allemandes seront logées soit dans les bâtiments publics, soit chez les habitants. Une commission mixte, composée des délégués des municipalités et d'un ou de plusieurs officiers allemands, se réunira mardi le 28 février, à deux heures, au pont de Sèvres, pour faciliter les détails du logement.

§ 5.

Les soldats seront nourris par les soins de l'autorité allemande.

(Cette convention, négociée par le général de Valdan avec le général de Moltke, d'après les ordres de M. Thiers lui-même, fut signée par M. Jules Favre.)

XL.

Lettre du ministre de la guerre au général Vinoy.

Bordeaux, le 3 mars 1871.

Je vous envoie ci-joint le tableau des trois divisions que je vous organise pour Paris, et que je mettrai en route dans le plus bref délai possible. J'ai pensé qu'il valait mieux prendre les généraux sur place, d'abord parce qu'ils connaissent déjà parfaitement Paris, et puis parce que j'aurais été très-embarrassé d'en trouver ici, où l'*auxiliaire* et le *provisoire* dominent dans une effroyable proportion.

Je vous prie de maintenir absolument, sans y rien changer, l'organisation de ces divisions telle que je l'ai faite, parce que c'est avec réflexion et après force renseignements pris que j'en ai groupé les divers éléments.

Quant aux commandements des divisions et des brigades, si vous jugez à propos d'y faire des changements, faites-les, et entendez-vous, pour l'expédition des lettres de service, avec Susanne, qui les fera et signera. Je n'ai pas le temps de lui écrire aujourd'hui; je le ferai ce soir ou demain. J'ai placé à la tête de la 2⁰ brigade de la 1ʳᵉ division un capitaine de vaisseau, M. de la Motte-Tenet, excellent officier, parce que cette brigade renferme le 4ᵉ bataillon de fusiliers marins. A son défaut, vous auriez encore sous la main le capitaine de vaisseau Salmon.

L'intention très-arrêtée du gouvernement est que le personnel de ces divisions soit soustrait le plus qu'il sera possible au contact de la population de Paris. Bourrez-en par conséquent les forts évacués de la rive gauche, les baraques du champ de Mars, de l'École militaire, du quai d'Orsay, et au besoin, la saison devenant favorable, faites même camper une de ces divisions.

Je vais écrire à Susanne pour qu'il vous débarrasse tout de suite des mobiles. Ceux de la Seine peuvent et doivent être renvoyés dans leurs foyers sur-le-champ. Il reçoit l'ordre également de mettre tout de suite tous les ouvriers disponibles à la réparation du casernement des forts d'Issy, de Vanves, Bicêtre, Montrouge et Ivry, plus du Mont-Valérien, mais ce dernier est déjà en bon état.

Votre division active telle qu'elle est, moins les mobiles du Finistère, doit être maintenue absolument telle qu'elle est. Tous les autres marins désarmés, infanterie de marine comprise, vont être renvoyés dans leurs ports respectifs, ainsi que tous les officiers de marine.

Signé : Général LE FLÔ.

TROUPES DESTINÉES A PARIS.

1re division. Général de division Maud'huy.	1re brigade. Général Wolff.	23e bataillon de marche de chasseurs à pied..	800	4,360
		67e de marche.......	1,340	
		68e de marche.......	1,050	
		69e de marche.......	1,170	
	2e brigade. Cape de vaiss. Hanrion.	2e bataillon de marche de chasseurs à pied..	500	4,250
		4e bataillon de fusiliers marins...........	2,400	
		45e de marche.......	1,200	
		1 compagnie du génie.	150	
		135e.............		
2e division. Général de division Susbielle.	1re brigade. Général Paturel.	17e bataillon de marche de chasseurs à pied..	480	4,110
		31e / 32e \ de marche......	1,830	
		76e de marche.......	1,800	
	2e brigade. Général Lecomte.	18e bataillon de marche de chasseurs à pied..	470	4,970
		88e de marche.......	2,400	
		36e de marche.......	1,950	
		1 compagnie du génie.	150	
3e division. Général de division Barry, commandt.	1re brigade. Général Bocher.	3e bataillon de marche de chasseurs à pied..	400	4,370
		41e de marche.......	1,570	
		89e de marche.......	2,400	
	2e brigade. Général Champion.	30e bataillon de marche de chasseurs à pied..	800	4,660
		38e de marche.......	1,240	
		39e de marche.......	1,270	
		46e de marche.......	1,200	
		1 compagnie du génie.	150	

Division de cavalerie.

Général de division Ressayre.	1re brigade. Général Bernis.	4e de drag. de marche.	450	900
		8e de drag. de marche.	450	
	2e brigade. Cousin.	3e de cuir. de marche.	440	880
		9e de cuir. de marche.	440	

Artillerie.

Trois batteries à balles......................	400	1,200
Trois batteries de 4 rayées....:............	400	
Trois batteries de 7......................	400	

Total......... 29,700

XLI.

NOTE..

Aussitôt que la paix fut signée, le ministre de la guerre fit paraître un tableau indiquant l'emplacement des dépôts des corps d'infanterie; mais ces dispositions ne concernaient pas l'armée de Paris et ne s'appliquaient qu'aux corps rentrant de captivité ou ayant fait partie des armées de province.

Il devait donner à chaque officier rentrant isolément de captivité la faculté de rejoindre.

Ce tableau fut quelques jours plus tard remplacé par un nouveau travail, qui maintenait les mêmes dispositions, mais les complétait et les étendait à toutes les armes. L'armée de Paris n'y était pas comprise plus qu'elle ne l'avait été dans la répartition précédente.

XLII.

NOTE.

Les stipulations du traité de paix, négocié entre M. Thiers et M. de Bismarck et accepté par l'empereur d'Allemagne et l'Assemblée nationale, prescrivaient l'évacuation immédiate, par l'armée allemande, de l'intérieur de Paris. M. de Bismarck ayant demandé, par une dépêche télégraphique, l'envoi d'un négociateur militaire, le chef d'état-major de l'armée de Paris fut envoyé à Versailles et chargé de régler les détails du départ des Prussiens des forts du Sud, de Paris et de Versailles. Nous donnons ici le texte de ces deux conventions, conclues l'une le 4 et l'autre le 6 mars.

XLIII.

DÉPÊCHE TÉLÉGRAPHIQUE.
Prince de Bismarck à M. Jules Favre.

Versailles, 2 mars, 1 h. 55 m. du soir.

Il est urgent de régler l'évacuation prévue dans le traité préliminaire par une entente affable entre les autorités militaires respectives. Je prie par conséquent Votre Excellence de bien vouloir désigner sans retard des officiers français supérieurs, qui auront à se mettre en rapport à cet effet avec l'état-major général de l'armée allemande. Je vous attends, conformément à votre télégramme d'aujourd'hui.

Signé : Bismarck.

XLIV.

ÉVACUATION DES FORTS DE LA RIVE GAUCHE.
Convention du 4 mars.

§ 1er.

Les forts de la rive gauche de la Seine seront évacués le 7 mars à onze heures du matin. Un officier de l'armée allemande restera dans chaque fort et le remettra à un officier français, qui se présentera pour en prendre possession avec sa troupe.

§ 2.

Toute la presqu'île de Gennevilliers sera évacuée en même temps que la forteresse du Mont-Valérien.

§ 3.

Jusqu'à l'évacuation complète des troupes allemandes qui sont à Versailles et aux environs, et pour permettre le transport du matériel d'artillerie, il sera tracé une ligne de démarcation que les troupes des deux pays ne pourront pas franchir.

1° De la Seine à Bougival à Saint-Cloud, en passant par Buzanval;

2° Du bas Meudon à la Seine, en laissant dans la zone française les villages de Meudon, Clamart, Châtillon, Bagneux, Cachan, Villejuif et Vitry; les redoutes des Hautes-Bruyères et du moulin Saquet pourront être occupées par l'armée française.

§ 4.

La ligne de démarcation sur la rive droite restera comme elle avait été fixée par la première convention.

§ 5.

Tout le matériel de guerre qui se trouvera encore dans la nouvelle zone française qui vient d'être tracée, sera enlevé par les soins des autorités allemandes dans le plus bref délai et sans être inquiétées.

Les autorités allemandes sont autorisées à établir un service de surveillance pour ce matériel.

§ 6.

Les troupes qui occupent Versailles ainsi que les environs de Paris sur la rive gauche, auront complétement terminé leur mouvement d'évacuation sur la rive droite le 19 mars.

§ 7.

Les troupes allemandes qui occupent Bernay, Nogent-le-Rotrou, Évreux, Dreux, Chartres et tous les environs, repasseront sur la rive droite de la Seine entre Rouen et Paris, et elles auront terminé leur mouvement le 12 mars.

§ 8.

Les troupes allemandes qui occupent en ce moment Alençon, le Mans, Tours et les environs, repasseront sur la rive droite de la Seine, de la source jusqu'au confluent de l'Aube, et elles auront terminé leur mouvement le 28 mars.

Le même jour, les troupes allemandes, dans la partie méridionale de la Côte-d'Or, se retireront derrière une ligne qui partira de la source de la Seine et qui se dirigera vers la limite de l'arrondissement de Beaune, lequel sera complétement évacué par lesdites troupes.

§ 9.

Les autorités françaises auront toutes facilités pour faire venir à Paris, par les voies ferrées, les troupes qui sont destinées à composer la garnison de 40,000 hommes venant du Havre, de Cherbourg, de Laval, de Poitiers, de Châteauroux, de la Rochelle et de Saint-Amand (Cher).

§ 10.

Les mêmes facilités leur seront reconnues pour renvoyer dans leurs départements les militaires et marins désarmés qui se trouvent aujourd'hui à Paris.

On pourra se servir soit des voies de terre, soit des chemins de fer.

Fait à Versailles le 4 mars 1871,

Signé : Général DE VALDAN, VON PODBIELSKI.

XLV.

ÉVACUATION DE VERSAILLES PAR L'ARMÉE PRUSSIENNE.

Convention du 6 mars.

Dans le but de faciliter l'occupation de Versailles par l'armée française dans le plus bref délai possible, les dispositions suivantes ont été arrêtées d'un commun accord entre l'état-major général français et l'état-major général allemand.

§ 1er.

L'armée allemande s'engage à évacuer complétement Versailles et le territoire compris dans la ligne de démarcation qui va être indiquée ci-dessous, le 11 mars à midi.

§ 2.

La nouvelle ligne de démarcation partira du pont de Bougival sur la Seine, passera par Louveciennes, Bailly, Noisy, Rennemoulin, Bois-d'Arcis, Bouviers, en suivant le cours de la Bièvre jusqu'au Petit-Jouy, continuera par l'Hôtel-Dieu, Vélizy, Villebon et le haut Meudon, où elle rencontre la ligne de démarcation fixée par la convention du 4 mars.

§ 3.

Les lignes qui avaient été tracées entre Bougival et Saint-Cloud, et de la Seine au haut Meudon, sont supprimées.

§ 4.

L'armée allemande se réserve la libre circulation et l'établissement d'un service de surveillance dans les villages de Clamart et de Vitry, où elle possédera du matériel jusqu'au 19 mars ; elle est autorisée à circuler en toute liberté et à faire circuler du matériel de Vitry au port d'Ivry, et d'établir un service de surveillance au Port-à-l'Anglais, auprès de la gare de Vitry.

§ 5.

Deux divisions de l'armée allemande et le quartier général de la troisième armée partant de Versailles pour se rendre sur la rive droite de la Seine aux environs de Saint-Denis suivront, le 10 et le 11 mars, les routes qui traversent la presqu'île de Gennevilliers de Bougival à Saint-Denis, et occuperont pendant ces deux jours les villages de Courbevoie, Asnières, Colombes, Gennevilliers et Villeneuve-la-Garenne. Les troupes devront avoir évacué la presqu'île de Gennévilliers le 12 au matin.

§ 6.

D'après la convention du 4 mars, la zone neutre doit continuer à exister sur la rive droite de la Seine, entre les forts et l'enceinte. Toutefois, cette zone n'ayant plus sa raison d'être au nord-ouest, par suite de la remise du Mont-Valérien aux troupes françaises, elle s'arrêtera à une ligne qui partira de la Seine à l'endroit où l'ancienne ligne rencontre le fleuve en arrière de Saint-Denis, et qui passera à l'est de Saint-Ouen, en se continuant jusqu'à l'enceinte de Paris.

§ 7.

Il est bien entendu que, le 19 mars, tout le territoire de Versailles et les environs de Paris situés sur la rive gauche seront évacués par les troupes allemandes.

§ 8.

La partie de l'armée allemande qui occupe en ce moment la ligne d'Alençon au Mans, et qui appartient au 4e corps d'armée, devant se replier sur la rive droite entre Paris et Rouen avec ce même corps, est autorisée, en raison de la distance, à terminer son mouvement le 19 mars.

§ 9.

Le 10e corps, faisant partie de l'armée du prince Frédéric-Charles, cantonné en ce moment à l'ouest et au sud de Tours, est autorisé à exécuter le passage de la Seine le 1er avril au lieu du 28 mars, ainsi qu'il avait été arrêté pour toute cette armée par l'article 8 de la convention du 4 mars.

Fait à Versailles le 6 mars 1871.

Signé : Général DE VALDAN, PODBIELSKI.

XLVI.

NOTE SUR LA FORMATION DU COMITÉ CENTRAL DE LA GARDE NATIONALE.

Les tendances insurrectionnelles d'une certaine partie de la garde nationale de Paris, qui avaient déjà inspiré les émeutes du 31 octobre et du 22 janvier, furent signalées de nouveau, et cette fois sous la forme nouvelle adoptée par les meneurs, le 30 janvier 1871.

A cette date, le général Callier, commandant le 2ᵉ secteur, formé des quartiers de Belleville et de Ménilmontant, fait connaître la proposition présentée à la garde nationale pour former un *Comité central de la garde nationale,* indépendant des pouvoirs gouvernementaux, destiné à les surveiller et au besoin à les remplacer. Voici le texte même de la proposition primitive :

PROPOSITION FAITE A LA GARDE NATIONALE DE LA SEINE.

En vue d'assurer, tant pour le présent que pour l'avenir, l'unité d'action de la garde nationale, nous proposons d'établir immédiatement, dans chacun des arrondissements de Paris, un comité composé d'un garde et d'un officier de chaque bataillon. Chacun de ces comités nommerait un délégué, et ces délégués réunis formeraient un Comité central, qui devra s'occuper des questions urgentes relatives à l'organisation sérieuse de la garde nationale.

Cette organisation nouvelle pourrait être ainsi composée :

Chaque arrondissement mettrait à sa tête un officier de marine ou autre, avec le titre de général d'arrondissement.

Les généraux choisiraient entre eux pour général en chef un homme ayant la conscience de son devoir et de la responsabilité qui lui incomberait à un moment donné ; il tiendrait entre ses mains toute cette armée colossale de citoyens, soit pour nous empêcher de tomber dans les piéges que l'ennemi pourrait nous tendre en vue de l'occupation de Paris, soit pour nous entendre sur le sort final de la France.

Les officiers du 145ᵉ bataillon réunis en comité d'initiative,

> LEMAÎTRE, commandant. MAROTEL, capitaine. BION, capitaine. METTIER, lieutenant. CORTILLOT, lieutenant. LEFÈVRE, lieutenant. ALEXANDRE, sous-lieutenant. CHAUVEAU. BRIXY. GOBERT. ORRY, sous-lieutenant au 54ᵉ bataillon. RICHARD, garde au 38ᵉ. VALLÉE.

Les bataillons voudront bien envoyer de suite leurs adhésions et les noms des délégués provisoires

Au café de la Garde nationale, rue de Bretagne, 49.

Lundi 30 janvier, de 4 à 9 heures du matin.

Typ. et lith. Jules Juteau et fils, passage du Caire, 30 et 31.

Les premières tentatives de manifestation tentées à cette époque ayant échoué, le mois de février fut employé à donner à cette organisation une extension aussi grande que possible, et la date du 24 février fut choisie pour réunir, sous prétexte patriotique et républicain, les forces disposées à s'insurger.

Nous donnons ci-après la liste des bataillons de la garde nationale qui, se rendant à l'invitation faite par le comité, ont été défiler sur la place de la Bastille, et ont pris part aux désordres qui ont été la conséquence des manifestations organisées par le quartier général de l'émeute.

A la date du 5 mars, voici quelle était la composition du comité, qui avait pris, dès lors, le nom définitif de : *Comité central de la garde nationale* ou *Fédération républicaine de la garde nationale*.

Courty.	Audoynau.	Nary.
Ramel.	Masson.	Boucharat.
Masson.	Wébert.	Dardelles.
Alavoine (André).	Lagarde.	Poulizac.
De Benoît.	Jean Larocque.	Bouit.
Frontier.	Jules Bergeret.	Castioni.
Boursier.	Pouchain.	Chauvière.
David.	Lavalette.	Chouteau.
Boisson.	Fleury.	Henri Fortuné.
Haroud.	Maljournal.	Laccord.
Gritz.	Chouteau.	Ostyn.
Tessier.	Cadaze.	Pindy.
Ramel.	Gastaud.	Prud'homme.
Badois.	Dutil.	Varlin.
Arnold.	Matté.	Henri Verlet.
Piconel.	Mutin.	Viard.

XLVII.

Les 202e, 153e, 168e, 129e, 79e, 99e et 107e bataillons adhèrent absolument, dès cette époque, au Comité central, et leurs numéros se retrouvent parmi les bataillons qui ont pris part aux manifestations sur la place de la Bastille, à celle des Champs-Élysées dans la nuit du 26 au 27 février, et aux enlèvements de canons et de munitions. Quant au Comité central, il s'établit d'abord rue de la Corderie, et c'est de là qu'il intervint dans les mutineries des mobiles de la Seine et dans les arrestations de soldats et d'officiers prussiens.

DÉBUTS DU MOUVEMENT DU 18 MARS.

GARDE NATIONALE.

Liste des bataillons qui ont pris part aux manifestations sur la place de la Bastille.

24 février.

14 bataillons. — 58°, 67°, 69°, 80°, 107°, 128°, 138°, 173°, 200°, 222°, 225°, 228°, 231°, 254°.

25 février.

26 bataillons. — 14°, 42°, 55°, 56°, 65°, 66°, 67° (2° fois), 86°, 89°, 101°, 106°, 109°, 110°, 129°, 144° (en armes), 159°, 162°, 171°, 172°, 180°, 191° (en armes), 192°, 197° (en armes), 234°, 240°, 243°.

26 février.

25 bataillons. — 53°, 55°, 59°, 60°, 77°, 87°, 93°, 100°, 118° (en entier), 119°, 122°, 133°, 134°, 141°, 149°, 151°, 160°, 176°, 182°, 183°, 245°, 246°, 247°, 248°, 254° (2° fois).

27 février.

31 bataillons. — 13°, 26°, 35°, 37°, 60°, 73°, 79°, 83°, 88°, 98°, 103°, 104°, 113°, 114°, 117°, 121°, 126°, 128°, 132°, 136°, 140°, 147°, 148°, 172°, 193°, 195°, 198°, 202°, 204°, 205°, 227°.

28 février.

5 bataillons. — 69°, 124°, 185°, 248°, 254° (3° fois).

1er mars.

Peu de bataillons, pas connus.

2 mars.

4 bataillons. — 41°, 43°, 101°, 146°.

APPENDICE. 409

TROUPES DE LIGNE ET MOBILES.

21ᵉ chasseurs à pied, 50 hommes du 23ᵉ chasseurs à pied, 1 homme du 59ᵉ de ligne, 1 détachement du 137ᵉ, 2 000 hommes du 3ᵉ mobiles de la Seine, 1 compagnie de marins, 1 artilleur.

(Tous ces uniformes étaient vrais ou faux ; on n'a pu saisir ceux qui les portaient.)

Plusieurs bataillons de garde nationale ayant pris part plusieurs fois aux manifestations et se trouvant répétés, il résulte que le chiffre total des bataillons qui ont adhéré aux manifestations est de quatre-vingt-quatorze, savoir :

13ᵉ, 14ᵉ, 26ᵉ, 35ᵉ, 37ᵉ, 41ᵉ, 42ᵉ, 43ᵉ, 53ᵉ, 55ᵉ (2 fois), 56ᵉ, 58ᵉ, 59ᵉ, 60ᵉ (2 fois), 65ᵉ, 66ᵉ, 67ᵉ (2 fois), 69ᵉ (2 fois), 73ᵉ, 77ᵉ, 79ᵉ, 80ᵉ, 83ᵉ, 86ᵉ, 87ᵉ, 88ᵉ, 89ᵉ, 93ᵉ, 98ᵉ, 100ᵉ, 101ᵉ (2 fois), 103ᵉ, 104ᵉ, 106ᵉ, 107ᵉ, 109ᵉ, 110ᵉ, 113ᵉ, 114ᵉ, 117ᵉ, 118ᵉ (en entier), 119ᵉ, 121ᵉ, 122ᵉ, 124ᵉ, 126ᵉ, 128ᵉ (2 fois), 129ᵉ, 133ᵉ, 134ᵉ, 136ᵉ, 138ᵉ, 140ᵉ, 141ᵉ, 144ᵉ (en armes), 146ᵉ, 147ᵉ, 148ᵉ, 149ᵉ 151ᵉ, 159ᵉ, 160ᵉ, 162ᵉ, 171ᵉ, 172ᵉ (2 fois), 173ᵉ, 176ᵉ, 180ᵉ, 182ᵉ, 183ᵉ, 185ᵉ, 191ᵉ (en armes), 192ᵉ, 193ᵉ, 195ᵉ, 197ᵉ (en armes), 198ᵉ, 200ᵉ, 202ᵉ, 204ᵉ, 205ᵉ, 222ᵉ, 225ᵉ, 227ᵉ, 228ᵉ, 231ᵉ, 234ᵉ, 240ᵉ, 243ᵉ, 245ᵉ, 246ᵉ, 247ᵉ, 248ᵉ (2 fois), 254ᵉ (3 fois).

Ces bataillons ne se sont pas présentés en entier.

Sept bataillons se sont particulièrement compromis en prenant les armes sans ordres pour la manifestation de la nuit du 26 au 27 février aux Champs-Élysées :

82ᵉ, 98ᵉ, 118ᵉ, 151ᵉ, 162ᵉ, 183ᵉ, 212ᵉ, avec 150 mobiles de la Seine.

Ont pris part à des enlèvements de canons, de munitions et d'armes, le 27 février :

79e, 125e, 139e, 157e, 158e, 166e, 169e, 215e, 220e (place Wagram et rempart), 183e, 184e (place des Vosges), 46e, 103e (au Luxembourg sans succès).

Gardes mobiles de la Seine :

2e, 3e, 5e, 8e, 10e, 11e, 12e, 14e, 15e, 16e bataillons.

Plus tard :

152e, enlèvement d'armes à la maison Godillot.

258e, enlèvement de 300 fusils gare de l'Est.

176e et 250e gardent le parc de la place des Vosges.

91e garde une barricade avec 20 canons rue Legendre.

Les 64e, 69e, 77e, 124e, 125e adhèrent ouvertement au Comité central.

Le nombre des bataillons qui ont pris part à des actes de révolte ouverte est donc de 111 bataillons de garde nationale et de 10 bataillons de mobiles de la Seine.

XLVIII.

NOTE SUR LES PARCS D'ARTILLERIE CLANDESTINS EXISTANT DANS PARIS LE 4 MARS.

20 canons armant une barricade place Legendre (91e bataillon).

Parc place des Vosges (183e, 184e bataillons).

Canons et mitrailleuses, butte Montmartre.

6 pièces dans la cour de la maison de la Marseillaise.

2 obusiers pris au rempart, à la mairie du treizième arrondissement.

42 ou 47 pièces de 7, place d'Aligre au faubourg Saint-Antoine (poste de 80 hommes de garde).

1 batterie place Jeanne d'Arc.

2 canons rue Jeanne d'Arc, enfilant le boulevard de la Gare.

1 canon rue des Panoyaux (n°ˢ 20 et 22), dans la cour d'une maison.

2 pièces de 7 et une mitrailleuse blindée (23 *bis,* rue Affre).

Canons près de la rue Doudeauville, gardés par le 177ᵉ bataillon.

1 mitrailleuse, 1 obusier et des munitions (n° 24, chaussée Ménilmontant).

Barils de poudre rue des Envierges, près du chemin de fer.

2 pièces boulevard de la Villette, n° 80.

XLIX.

ORDRE DE MOUVEMENT DU 18 MARS 1871.

Division SUSBIELLE.

Brigade PATUREL.
- 17ᵉ bataillon de chasseurs à pied.
- 2 bataillons du 76ᵉ.
- 1 bataillon du Palais de l'Industrie.
- 1/2 compagnie du génie.
- 1/2 compagnie de garde républicaine.
- Gardiens de la paix armés.

La colonne partant de la place Clichy marchera dans l'ordre suivant :

Gardiens de la paix armés.
1/2 compagnie de garde républicaine.
1/2 compagnie du génie.
1ᵉʳ bataillon du 76ᵉ avec le colonel.
2ᵉ bataillon du 76ᵉ de ligne avec le général Paturel.

Elle tournera le cimetière Montmartre par l'avenue Saint-Ouen et la rue Marcadet jusqu'à la rue des Saules, qu'elle prendra. Arrivée à la crête, elle se portera à droite par la rue des Norvins, sur le parc du moulin de la Galette.

Le bataillon venu du palais de l'Industrie s'établira au bas de la butte, du côté nord et du côté ouest, le long de la rue Marcadet, sur l'avenue Saint-Ouen et dans la partie de la rue de Maistre qui domine le cimetière.

Le 17° bataillon de chasseurs à pied avec le général Susbielle, occupera le boulevard de Clichy et surveillera au sud les abords de la butte.

Brigade LECOMTE.
- 3 bataillons du 88° de marche.
- 18° bataillon de chasseurs à pied.
- 1/2 compagnie de garde républicaine.
- 1/2 compagnie du génie.
- Gardiens de la paix armés.

La colonne, partant des boulevards extérieurs, marchera dans l'ordre suivant :

Gardiens de la paix armés.
1/2 compagnie de garde républicaine.
1/2 compagnie du génie.
1er bataillon du 88°.
2° bataillon du 88°.

Elle arrivera par le boulevard Ornano, prendra à gauche la rue Marcadet, et gravira la butte Montmartre par la rue du Mont-Cenis, pour venir jusqu'à hauteur de l'église Saint-Pierre.

Les gardiens de la paix et la garde républicaine prendront à gauche la rue Saint-Éleuthère, où se trouve la garde du parc, cerneront ce poste et entreront dans le parc. Les 1re et 2° compagnies du 1er bataillon du 88° entreront dans le jardin du Calvaire qui entoure l'église, pour garnir le mur qui a vue sur le parc d'artillerie. Le reste de la colonne appuiera les gardiens de la paix et la garde républicaine, occupera le parc et les abords à l'ouest, du côté de la tour Solférino.

Le 3ᵉ bataillon du 88ᵉ s'établira au bas de la butte du côté du nord-est, le long de la rue Marcadet et de la rue Clignancourt.

Le 18ᵉ bataillon de chasseurs à pied et une batterie de 4, avec le général Lecomte, sera en réserve sur le boulevard Rochechouart à l'angle de la rue de Magenta, et surveillera de ce côté les abords de la butte, vers la place Saint-Pierre et le marché.

Deux batteries d'artillerie seront, avec le général Susbielle, sur le boulevard de Clichy.

Division FARON.

Brigade La Mariouse. — 35ᵉ de ligne. Le 1ᵉʳ bataillon du 35ᵉ de ligne, précédé de gardiens de la paix armés, d'une demi-compagnie de garde républicaine et de vingt-cinq à trente sapeurs, suivra les rues Lafayette et d'Allemagne jusqu'à la rue de Crimée, tournera à droite dans cette rue, et couronnera les hauteurs autour du parc des buttes Chaumont, du côté de Romainville. Il forcera les portes du square et enlèvera les pièces qui se trouvent établies sur trois mamelons dans le square. Les sapeurs auront les outils nécessaires.

Le 2ᵉ bataillon du 35ᵉ arrivera également par la rue Lafayette, tournera à droite aussitôt après avoir passé le boulevard de la Villette, prendra la rue de Puebla, enlèvera et occupera le parc établi entre les rues de Puebla et de Mexico, et viendra couronner les hauteurs du côté de Belleville, au-dessus de la route de Vera-Cruz, et se relier avec le 1ᵉʳ bataillon.

Le 3ᵉ bataillon du 35ᵉ aura trois compagnies en réserve à la croisée des rues d'Allemagne et de Crimée, et trois en réserve à la croisée du boulevard de la Villette, de la rue de Puebla et de la rue d'Allemagne.

Général FARON..
{ 42e de ligne.
Gardiens de la paix.
1 compagnie de garde républicaine.
1/2 compagnie du génie. }

Le 1er bataillon du 42e se portera, par les rues du Faubourg-du-Temple et de Belleville, jusque sur la place de l'Église; il occupera cette place et la mairie du vingtième arrondissement, et se mettra en communication avec les bataillons qui occupent les hauteurs autour du parc des buttes Chaumont.

Le 2e bataillon du 42e suivra le 1er bataillon jusqu'à l'intersection de la rue de Puebla, s'engagera dans cette rue, et s'établira à l'intersection de la rue de Ménilmontant. Il se mettra en communication avec le bataillon qui occupe la place de Belleville. Le bataillon aura pour mission d'arrêter tout mouvement de gens se portant sur Belleville.

Le colonel Comte se tiendra avec un détachement sur la place de Puebla; le général Faron s'établira de sa personne à la mairie de Belleville.

Le 3e bataillon du 42e sera en réserve sur le boulevard de Belleville, entre les rues de Belleville et de Ménilmontant; une demi-batterie de mitrailleuses et une batterie de 4 resteront à la disposition du général Faron, qui les fera venir à lui par la rue de Puebla.

109e *de ligne.* — Le 1er et le 2e bataillon du 109e, avec le colonel Lespiau et trois pièces de 4, s'établiront sur le boulevard de la Villette, surveillant la rue de Flandre, et se reliant par sa droite avec la réserve du 35e.

APPENDICE.

Le 3ᵉ bataillon du 109ᵉ aura trois compagnies à la gare du Nord et trois à la gare de Strasbourg.

120ᵉ *de ligne*. — Un bataillon du 120ᵉ occupera la rue du Faubourg-du-Temple, depuis le canal jusqu'au boulevard de la Villette.

Division MAUD'HUY.

Brigade Wolff, avec un escadron de garde républicaine. — Elle occupera toute la place de la Bastille, avec une batterie d'artillerie de 4 et une demi-batterie de mitrailleuses. Elle gardera la place, surveillera toutes les rues qui y aboutissent, occupera la gare du chemin de fer de Vincennes.

Le général Wolff fera occuper par deux compagnies la tête du pont d'Austerlitz et celle du pont de l'Arsenal ; il fera occuper le boulevard Richard-Lenoir par des détachements, pour se relier avec le bataillon du 120ᵉ établi dans le faubourg du Temple.

Brigade Hanrion. — Le 45ᵉ de marche se tiendra dans la Cité pour garder tous les ponts et la place Saint-Michel ; il surveillera aussi l'Hôtel de ville et les quais.

Le 135ᵉ de ligne, avec une demi-batterie de 4, restera en réserve au Luxembourg ; il détachera, s'il en est besoin, un bataillon au Panthéon.

Le général Hanrion se tiendra dans la Cité avec un escadron de garde républicaine, une demi-batterie de 4, et une demi-batterie de mitrailleuses.

Le reste de la garde républicaine restera dans la Cité, prêt à prendre les armes.

Division BARRY.

Brigade Bocher. — Elle fera observer, par des postes formés chacun d'une compagnie au moins, tous les boulevards derrière les Invalides et l'École militaire, de manière à défendre l'approche de l'esplanade des Invalides, où le général se tiendra de sa personne avec tout ce qu'il pourra mettre en réserve en infanterie et artillerie, prêt à marcher.

Un peloton de gendarmerie du palais de l'Industrie sera à la disposition du général Bocher.

Si les bataillons appelés au palais de l'Industrie étaient appelés à marcher, cet établissement n'en devrait pas moins être occupé toujours par un bataillon au moins.

Dispositions générales.

L'Hôtel de ville restera occupé par le 110ᵉ de ligne. A cinq heures du matin, les compagnies de garde républicaine iront également s'y établir.

La caserne du Prince-Eugène sera gardée par deux bataillons du 120ᵉ.

Les Tuileries seront gardées par le 89ᵉ de ligne et un bataillon de la gendarmerie casernée au Louvre. La cavalerie (9ᵉ chasseurs) et la réserve d'artillerie (une seule batterie) seront sur la place de la Concorde et dans les Champs-Élysées, ainsi que les attelages haut-le-pied.

Un peloton de chasseurs sera mis à la disposition de chacun des généraux de Maud'huy, Susbielle et Faron.

Chaque bataillon, campé ou bivouaqué, laissera une compagnie au bivouac pour la surveillance générale.

Les hommes seront sans sacs; ils prendront avec eux un morceau de pain et leurs cartouches.

Lorsque les colonnes monteront pour enlever les parcs, les premiers arrivés sur les hauteurs chercheront à surprendre les sentinelles et les postes, pour prévenir toute résistance. S'ils déposent leurs armes, on les gardera prisonniers; s'ils résistent et font usage de leurs armes contre la troupe, ils seront passés par les armes sur place.

Aussitôt les têtes de colonne arrivées sur les hauteurs, les généraux s'y transporteront; ils feront occuper les plates-formes, les poudrières, et toutes les rues qui y aboutissent. L'officier du génie s'occupera de déblayer au plus vite les obstacles qui gêneraient l'accès des parcs et le mouvement des troupes. Un officier d'artillerie accompagnera le général de division pour reconnaître le nombre de pièces et de voitures à enlever, et le nombre d'attelages nécessaire, afin qu'on puisse procéder de suite à cette opération et les conduire toutes à l'esplanade des Invalides.

Les généraux commandant les colonnes et les commandants des bataillons en position ne permettront aucune réunion armée autre que celles qui marcheraient avec eux; ils feront arrêter tout individu armé qui chercherait à se rendre du côté des quartiers de Ménilmontant, Belleville, la Villette, la Chapelle, Clignancourt, Batignolles ou Montmartre.

DEUXIÈME PARTIE.

LA COMMUNE.

I.

La pièce suivante prouve que les bataillons de garde nationale qui n'avaient pas adhéré à la Commune sont restés maîtres de cinq portes de Paris jusqu'au 31 mars. Ce n'est qu'à cette date que la Commune, devenue maîtresse incontestée de Paris, a pu diriger son mouvement sur Versailles, le 2 avril.

Service de Passy.
Du 19 au 31 mars 1871.

Route de Versailles	40	Piquet justice de paix	100
Viaduc	60	Poste mairie	40
Porte d'Auteuil	30	Piq. r. Delessert et Beethoven	120
Pont de Grenelle	60	Piquet Trocadero	120
Porte de Passy	20	Porte Dauphine et place d'Eylau	120
Piquet au secteur	60		

38e et 72e bataillons.

Signé : Le lieutenant-colonel, LAVIGNE.   Le commandant du 72e, BOUTEILLER.

II.

GARDE DE VERSAILLES.

Postes fournis par la division Bruat, à Versailles.

		Officiers.	Hommes.
Piquet journalier de l'Assemblée		5	250
Poste de l'Assemblée nationale		3	200
— de la préfecture	1 section	2	50
— de la recette générale	1/2 section	1	25
— de la prison	2 escouades		25

Poste de l'état-major de la place. 1 escouade........ 12
— de la maison d'arrêt....... 1 —   12
— du magasin à fourrages.... 1 —   12
— du parc d'artillerie (place d'Armes), 1 compagnie. 3 — 100
— du parc d'artillerie de la division, 1 compagnie... 3 — 100
— du quartier général de la division, 1 escouade.... 12
— de l'aqueduc de Buc, 1 section............... 1 — 50
— de la grille de l'Orangerie, 1 section.......... 1 — 50
— de la grille de Satory...... 1 escouade........ 12
— de la porte Saint-Martin... 1 — 12
— de la porte de Buc........ 1 — 12
— de la porte de Montreuil... 1 — 12
— de la porte de l'Ermitage.. 1 — 12
— de la porte Saint-Germain.. 1 — 12
— de la porte Duplessis...... 1 — 12
— du lac de Venise......... 2 — 25
— de la grille de Trianon.... 1 — 12
— de la porte Saint-Antoine.. 1 — 12

TOTAL.......... 18 — 993

II.

RÉORGANISATION DE L'ARMEE DE PARIS LE 27 MARS.

18 mars au 6 avril.

INFANTERIE.

1re DIVISION D'INFANTERIE : Général DE MAUD'HUY (Satory).

1re *brigade* :
Général WOLFF......
- 23e bataillon de chasseurs de marche.
- 67e de marche.
- 68e de marche.
- 69e de marche.

2e *brigade* :
Général HANRION.....
- 2e bataillon de chasseurs de marche.
- 45e de marche.
- 135e de ligne.

2e DIVISION : Général SUSBIELLE (Satory).

1re *brigade* :
Général PATUREL......
- 18e bataillon de chasseurs de marche.
- 46e de marche.
- 89e de marche.

2e *brigade* :
Général BOCHER......
- 17e bataillon de chasseurs de marche.
- 38e de marche.
- 76e de marche.

27.

3ᵉ DIVISION : Général BRUAT (Versailles).

1ʳᵉ *brigade :*
Général BERNARD DE SEI-
GNEURENS ....
- 74ᵉ de marche.
- 1ᵉʳ régiment d'infanterie de marine.
- 2ᵉ régiment de fusiliers marins.

2ᵉ *brigade :*
Colonel LANGOURIAN...
- 75ᵉ de marche.
- 2ᵉ régiment d'infanterie de marine.
- 1ᵉʳ régiment de fusiliers marins.

4ᵉ DIVISION : Général GRENIER (au Parc).

1ʳᵉ *brigade :*
Général GARNIER .....
- 10ᵉ bataillon de chasseurs de marche.
- 48ᵉ de marche.
- 87ᵉ de marche.

2ᵉ *brigade :*
Général FOURNÈS .....
- 51ᵉ de marche.
- 72ᵉ de marche.

5ᵉ DIVISION : Général MONTAUDON (plateau de Jardy).

1ʳᵉ *brigade :*
Général DUMONT......
- 30ᵉ bataillon de chasseurs de marche.
- 39ᵉ de ligne.
- Régiment étranger.

2ᵉ *brigade :*
Général LEFEBVRE ....
- 31ᵉ de marche.
- 36ᵉ de marche.

6ᵉ DIVISION : Général PELLÉ (pont Colbert).

1ʳᵉ *brigade :*
Général PÉCHOT ......
- 19ᵉ bataillon de chasseurs de marche.
- 39ᵉ de marche.
- 41ᵉ de marche.

2ᵉ *brigade :*
Général DE LACROIX...
- 70ᵉ de marche.
- 71ᵉ de marche.

7ᵉ DIVISION : Général VERGÉ (pont Colbert).

1ʳᵉ *brigade :*
Général DUPLESSIS....
- 24ᵉ bataillon de chasseurs de marche.
- 37ᵉ de marche.
- 79ᵉ de marche.

2ᵉ *brigade :*
Général GRENIER......
- 90ᵉ de marche.
- 91ᵉ de marche.

DIVISION DE RÉSERVE : Général FARON (Sèvres, Viroflay).

1ʳᵉ *brigade :*
Général LA MARIOUZE..
- 35ᵉ de ligne.
- 42ᵉ de ligne.

2ᵉ *brigade :*
Général DERROJA .....
- 109ᵉ de ligne.
- 110ᵉ de ligne.

3ᵉ *brigade :*
Général DAUDEL......
- 113ᵉ de ligne.
- 114ᵉ de ligne.

EN FORMATION.

Brigade BESSON......
- 4ᵉ de chasseurs à pied de marche.
- 82ᵉ
- 85ᵉ.

Brigade BERTHE.....
- 22ᵉ de chasseurs à pied.
- 64ᵉ.
- 65ᵉ.

CAVALERIE.

1ʳᵉ DIVISION : Général DU BARAIL.

1ʳᵉ brigade : Général CHARLEMAGNE. (A Versailles.)
- 3ᵉ de hussards.
- 8ᵉ de hussards.

2ᵉ brigade : Général DE GALLIFFET. (A Saint-Germain.)
- 9ᵉ de chasseurs.
- 12ᵉ de chasseurs.

3ᵉ brigade : Général DE LAJAILLE... (A Viroflay.)
- 7ᵉ de chasseurs.
- 11ᵉ de chasseurs.

2ᵉ DIVISION : Général DU PREUIL.

1ʳᵉ brigade : Général COUSIN...... (A Saint-Cyr.)
- 3ᵉ de cuirassiers de marche.
- 4ᵉ de dragons de marche.

2ᵉ brigade : Général DARGENTOLLE.. (A Versailles.)
- 1ᵉʳ régiment de gendarmerie.
- 2ᵉ régiment de gendarmerie.

3ᵉ DIVISION : Général RESSAYRE.

1ʳᵉ brigade : Général DE BERNIS....
- 6ᵉ de lanciers.
- 9ᵉ de lanciers.

2ᵉ brigade : Général BACHELIER.... En formation.

La garde républicaine à pied et à cheval est sous les ordres directs du général Vinoy, commandant en chef l'armée de Paris.

III.

EFFECTIF DE L'ARMÉE DE PARIS AU 6 AVRIL.

INFANTERIE.

	Officiers.	Hommes.
1ʳᵉ division, général DE MAUD'HUY............	271 —	7,385
2ᵉ division, général SUSBIELLE................	215 —	7,627
3ᵉ division, général BRUAT...................	301 —	8,793
4ᵉ division, général GRENIER.................	210 —	4,283
5ᵉ division, général MONTAUDON..............	118 —	2,550
6ᵉ division, général PELLÉ...................	158 —	3,594
7ᵉ division, général VERGÉ...................	86 —	1,572
Division de réserve, général FARON...........	378 —	10,239
Total..........	1,737 —	46,043

CAVALERIE.

	Officiers.	Hommes.	Chevaux.
1re division, général DU BARAIL	144	2,510	2,308
2e division, général DU PREUIL	132	1,553	1,339
3e division, général RESSAYRE	22	346	375
Total	298	4,409	4,022
ARTILLERIE	210	5,531	4,336
GÉNIE	27	961	43
GARDE RÉPUBLICAINE	61	2,102	
GENDARMERIE A PIED	57	1,507	
GARDIENS DE LA PAIX		1,950	
TOTAL GÉNÉRAL	2,390	62,504	8,471

IV.

DÉCRET DU 6 AVRIL 1871.

Le Président du conseil des ministres, chef du pouvoir exécutif de la République française,

Sur la proposition du ministre, secrétaire d'État au département de la guerre,

Arrête :

ART. 1er.

Les troupes réunies à Versailles pour le rétablissement de l'ordre en France seront formées en deux armées : armée de réserve, armée active.

L'armée de réserve, composée de trois divisions, sera spécialement chargée de garder le lieu où résideront l'Assemblée nationale et le Gouvernement, et de veiller à leur sûreté.

L'armée active sera divisée en trois corps, plus particulièrement destinés aux opérations qui auront pour but le rétablissement de l'ordre.

Toutes les fois que le général en chef jugera à propos de faire concourir les deux armées à une opération commune, elles seront toutes les deux placées sous ses ordres.

Art. 2.

Le maréchal de Mac-Mahon, duc de Magenta, est nommé général en chef.

Art. 3.

Le général de division Vinoy, grand chancelier de la Légion d'honneur, est nommé commandant de l'armée de réserve, dont la composition sera conforme à l'état A, annexé au présent arrêté.

Art. 4.

Le général de division de Ladmirault commandera le 1er corps de l'armée active, dont la composition sera conforme à l'état B, annexé au présent arrêté.

Art. 5.

Le général de division de Cissey commandera le 2e corps de l'armée active, dont la composition sera conforme à l'état B.

Art. 6.

Le général de division du Barail commandera le 3e corps, composé de cavalerie, conformément à l'état B.

Art. 7.

L'état-major de l'armée de Versailles et les réserves d'artillerie et du génie seront composés conformément à l'état B, annexé au présent arrêté.

Art. 8.

Le ministre secrétaire d'État au département de la guerre est chargé de l'exécution du présent arrêté.

Le Président du conseil,
Chef du pouvoir exécutif de la République française,
A. Thiers.

Par le président du conseil,
Le ministre de la guerre, Général Le Flô.

V.

DÉCRET DU 6 AVRIL (TABLEAU A).

FORMATION DE L'ARMÉE DE RÉSERVE.

M. le général de division VINOY, commandant.
M. le général DE VALDAN, chef d'état-major.
M. le général RENÉ, commandant l'artillerie.
M. le général DUPOUET, commandant le génie.
M. l'intendant SCHMITZ, intendant.

1re DIVISION D'INFANTERIE : Général FARON.

1re *brigade :* \
Général DE LA MARIOUZE.
- 35e de ligne.
- 42e de ligne.

2e *brigade :* \
Général DERROJA.....
- 109e de ligne.
- 110e de ligne.

3e *brigade :* \
Général BERTHE......
- 22e bataillon de marche de chasseurs.
- 64e de ligne.
- 65e de ligne.

Artillerie, 2 batteries de 4.
1 compagnie du génie.

2e DIVISION D'INFANTERIE : Général BRUAT.

1re *brigade :* \
Général BERNARD DE SEIGNEURENS ....
- 74e de marche.
- 1er régiment d'infanterie de marine.
- 2e régiment de fusiliers marins.

2e *brigade :* \
Colonel LANGOURIAN...
- 75e de marche.
- 2e régiment d'infanterie de marine.
- 1er régiment de fusiliers marins.

Artillerie, 2 batteries de 4.
1 compagnie du génie.

3e DIVISION D'INFANTERIE : Général VERGÉ.

1re *brigade :* \
Général DUPLESSIS [1]...
- 26e bataillon de chasseurs de marche.
- 37e de marche.
- 79e de marche.

2e *brigade :* \
Général ARCHINARD [2]...
- 90e de marche.
- 91e de marche.

Artillerie, 2 batteries de 4.
1 compagnie du génie.
Garde républicaine à pied et à cheval non embrigadée.

Réserve d'artillerie.

2 batteries à balles. — 2 batteries de 12.

---

[1] Nommé général de division et remplacé par le général Daguerre.
[2] Nommé général de division et remplacé par le général Grémion.

VI.

RÉSUMÉ DU TABLEAU B.

ARMÉE DE VERSAILLES.

M. le maréchal duc DE MAGENTA, commandant en chef.
M. le général BOREL, chef d'état-major général.
M. le général PRINCETEAU, commandant l'artillerie.
M. le général LE BRETEVILLOIS, commandant le génie.

1er CORPS : M. le général de division DE LADMIRAULT.

  1re DIVISION D'INFANTERIE : Général GRENIER.

1re *brigade :* { Régiment de Bitche.
Général GARNIER ..... { 48e de marche.
{ 87e de marche.

2e *brigade :* { 10e bataillon de chasseurs de marche.
Général FOURNÈS ..... { 51e de marche.
{ 72e de marche.

Artillerie, 2 batteries de 4.
Génie, 1 compagnie.

  2e DIVISION D'INFANTERIE : Général DE MAUD'HUY [1].

1re *brigade :* { 23e bataillon de chasseurs de marche.
Général WOLFF ...... { 67e de marche.
{ 68e de marche.
{ 69e de marche.

2e *brigade :* { 2e bataillon de chasseurs de marche.
Général HANRION ..... { 45e de marche.
{ 135e de ligne.

Artillerie, 2 batteries de 4.
Génie, 1 compagnie.

  3e DIVISION D'INFANTERIE : Général DE MONTAUDON.

1re *brigade :* { 30e bataillon de chasseurs de marche.
Général DUMONT...... { 39e de ligne.
{ Régiment étranger.

2e *brigade :* { 31e de marche.
Général LEFEBVRE..... { 36e de marche.

Artillerie, 2 batteries.
Génie, 1 compagnie.

Brigade de cavalerie : { 9e de chasseurs.
Général DE GALLIFFET.. { 12e de chasseurs.

[1] Remplacé plus tard par le général de Laveaucoupet.

Réserve d'artillerie.

2 batteries à balles. — 2 batteries de 12.

Régiment de gendarmerie à pied non embrigadé.

2ᵉ CORPS : M. le général DE CISSEY.

1ʳᵉ DIVISION D'INFANTERIE : Général LEVASSOR-SORVAL.

1ʳᵉ *brigade :*
Général BESSON [1] .....
- 41ᵉ bataillon de chasseurs de marche.
- 82ᵉ de marche.
- 85ᵉ de marche.

2ᵉ *brigade :*
Général DAUDEL [2] .....
- 113ᵉ de ligne.
- 114ᵉ de ligne.

Artillerie, 2 batteries de 4.
Génie, 1 compagnie.

2ᵉ DIVISION D'INFANTERIE : Général SUSBIELLE.

1ʳᵉ *brigade :*
Général BOCHER......
- 18ᵉ bataillon de chasseurs de marche.
- 46ᵉ de marche.
- 89ᵉ de marche.

2ᵉ *brigade :*
Général PATUREL.....
- 17ᵉ bataillon de chasseurs de marche.
- 38ᵉ de marche.
- 76ᵉ de marche.

Artillerie, 2 batteries de 4.
Génie, 1 compagnie.

3ᵉ DIVISION D'INFANTERIE : Général LACRETELLE.

1ʳᵉ *brigade :*
Général DE LA CROIX..
- 19ᵉ bataillon de chasseurs de marche.
- 39ᵉ de marche.
- 41ᵉ de marche.

2ᵉ *brigade :*
Général PÉCHOT [3] .....
- 70ᵉ de marche.
- 71ᵉ de marche.

Artillerie, 2 batteries de 4.
Génie, 1 compagnie.
Cavalerie, 6ᵉ de lanciers.

Réserve d'artillerie.

2 batteries à balles. — 2 batteries de 12.

3ᵉ CORPS : M. le général DU BARAIL.

1ʳᵉ DIVISION : Général HALNA DU FRETAY.

1ʳᵉ *brigade :*
Général CHARLEMAGNE..
- 3ᵉ de hussards.
- 8ᵉ de hussards.

---

[1] Tué en tête de ses troupes, le 10 avril.

[2] Remplacé plus tard par le général Osmont.

[3] Tué en tête de ses troupes, le 10 avril ; remplacé par le général Bounetoux.

2ᵉ *brigade :* 7ᵉ de chasseurs à cheval.
Général DE LAJAILLE... 11ᵉ de chasseurs à cheval.
Artillerie.

2ᵉ DIVISION : Général DU PREUIL.

1ʳᵉ *brigade :* 4ᵉ de dragons.
Général COUSIN...... 3ᵉ de cuirassiers.
2ᵉ *brigade :* 1ᵉʳ régiment de gendarmerie.
Général DARGENTOLLE.. 2ᵉ régiment de gendarmerie.
Artillerie, 1 batterie à cheval.

2ᵉ DIVISION : Général RESSAYRE.

1ʳᵉ *brigade :* 9ᵉ de lanciers.
Général DE BERNIS.... 7ᵉ de dragons.
2ᵉ *brigade :* 4ᵉ de cuirassiers.
Général BACHELIER.... 8ᵉ de cuirassiers.
Artillerie, 1 batterie à cheval.

Réserve générale de l'artillerie.

Colonel DE LAJAILLE, commandant.
2 batteries à balles. — 4 batteries de 7. — 4 batteries de 12.

Réserve du génie.
1 compagnie.

VII.

ARMÉE DE VERSAILLES.
LE MARÉCHAL COMMANDANT.
N° 32.   Le 24 avril 1871.

Lettre du maréchal de Mac-Mahon au général Vinoy, commandant l'armée de réserve.

Les batteries destinées à l'attaque du fort d'Issy ouvriront leur feu demain dans la matinée. Par suite, j'ai jugé opportun de confier la direction des opérations de ce siége au même officier général, et j'ai désigné le général de Cissey pour prendre ce commandement.

Comme il est indispensable qu'il puisse, dans une circonstance donnée, donner des ordres directement aux troupes occupées dans les tranchées en face du fort, j'ai pensé que la division Faron et les troupes d'artillerie et du génie employées à cette attaque devaient être mises sous les ordres de cet officier général.

Je vous prie de donner des instructions dans ce sens. Ci-joint l'ordre qui nomme un commandant de siége.

Veuillez agréer, etc.

Signé : Maréchal DE MAC-MAHON.

VIII.

ORDRE.

Au quartier général, à Versailles, le 24 avril 1871.

Le général de division de Cissey, commandant le 2e corps d'armée, est nommé commandant de siége du fort d'Issy.

Les troupes du 2e corps ainsi que la division Faron concourront aux opérations de ce siége.

En conséquence, et conformément au paragraphe 4 de l'article 1er de l'arrêté du 6 avril, la division Faron sera jusqu'à nouvel ordre et pendant la durée du siége à la disposition du général de Cissey.

Pour tout ce qui concerne la discipline, en dehors du service spécial du siége, le personnel et l'administration, cette division continuera à relever du commandement de l'armée de réserve.

Toutes les troupes d'artillerie et du génie appelées à concourir à ce siége seront également sous les ordres du général de Cissey.

Le maréchal de France,
Commandant en chef l'armée de Versailles,
Signé : DE MAC-MAHON.

Pour copie conforme,
Le général de division, chef de l'état-major général, *Signé :* BOREL.

IX.

Situation de l'armée de réserve à la date du 20 mai 1871 (veille de l'entrée à Paris).

			Officiers.	Hommes.
Division FARON.	Brigade LA MARIOUZE.	35ᵉ de ligne	60 —	1,477
		42ᵉ de ligne	65 —	1,648
	Brigade DERROJA	109ᵉ de ligne	56 —	1,400
		110ᵉ de ligne	57 —	1,645
	Brigade BERTHE	22ᵉ bataillon de marche	11 —	425
		64ᵉ de ligne	52 —	1,865
		65ᵉ de ligne	67 —	1,918
		Total	368 —	10,378
Division BRUAT.	Brigade BERNARD	74ᵉ de marche	58 —	1,627
		1ᵉʳ d'infanterie de marine	63 —	2,001
		2ᵉ de fusiliers marins	37 —	949
	Brigade LANGOURIAN	75ᵉ de marche	66 —	1,445
		2ᵉ d'infanterie de marine	54 —	1,526
		1ᵉʳ de fusiliers marins	41 —	1,152
		Total	319 —	8,760
Division VERGÉ.	Brigade DAGUERRE	26ᵉ bataillon de marche	17 —	332
		37ᵉ de marche	61 —	1,690
	Brigade GRÉMION	79ᵉ de marche	68 —	1,447
		90ᵉ de marche	67 —	1,631
		91ᵉ de marche	80 —	1,384
		Total	293 —	6,484

TROUPES NON EMBRIGADÉES.

	Officiers.	Hommes.
Garde républicaine à pied	39 —	1,007
Régiment de gendarmerie à pied	63 —	1,764
Total	102 —	2,771

RÉCAPITULATION.

INFANTERIE.	1ʳᵉ division FARON. 368 — 10,378 2ᵉ division BRUAT. 319 — 8,760 3ᵉ division VERGÉ. 293 — 6,484 Gendarmerie 102 — 2,771	1,082 —	28,393
CAVALERIE	Garde républicaine à cheval	17 —	509
ARTILLERIE		70 —	1,645
GÉNIE		20 —	743
	Total	1,189 —	31,290

TOTAL GÉNÉRAL DES COMBATTANTS : 32,479.

X.

DÉPÊCHE TÉLÉGRAPHIQUE.

Maréchal Mac-Mahon à général Vinoy.

29 mai, à 10 h. 5 m. du matin.

Sur vos propositions d'entrer dans le fort, le prince de Saxe, pensant que la garnison ne se rendrait pas aux conditions proposées, a donné l'ordre d'élargir le cercle du blocus, afin de laisser l'autorité française libre d'agir comme elle l'entendrait. Il a refusé la proposition par moi faite de rester dans les positions qu'il occupait hier, mais il s'est engagé à conserver le blocus. Vous pouvez envoyer le nombre de troupes que vous jugerez convenable, un régiment par exemple, prendre position en avant de la face ouest du fort, celle du château, occupant l'hôpital militaire, près duquel on devra établir probablement une batterie de brèche. Dès que l'établissement de cette batterie, discuté dans ce moment par l'artillerie et le génie, aura été arrêté, je vous le ferai connaître.

Faites prévenir le commandant prussien des mesures que vous prendrez de ce côté. Il est bien entendu qu'on n'accordera[1] d'autres conditions au fort que de se rendre à discrétion.

---

[1] Par une singulière erreur de copie, il y a sur la dépêche originale : « qu'on accordera... etc. » Cette faute donnant un contre-sens a été reconnue de suite.

XI.

ARMÉE DE VERSAILLES.
LE MARÉCHAL DE FRANCE COMMANDANT EN CHEF.

Au quartier général, le 29 mai 1871.

Mon cher général,

Nous devons admettre le cas où les insurgés du fort de Vincennes ne voudraient pas se rendre, à moins de conditions par nous inacceptables. Nous ne pouvons les recevoir à composition qu'autant qu'ils se rendraient à discrétion.

Par suite, je vous invite à faire commencer des travaux qui nous permettront, s'il y a lieu, de faire brèche, puis de donner l'assaut au fort. Les travaux à exécuter semblent être indiqués dans la note ci-jointe [1], présentée par le général commandant le génie de l'armée.

Les généraux commandant l'artillerie et le génie de l'armée que vous commandez devront s'entendre entre eux pour l'exécution de ces travaux, sous votre haute direction.

Recevez, etc.

Signé : Maréchal DE MAC-MAHON.

P. S. Vous aurez à me faire connaître en temps opportun le nombre de pièces d'artillerie et le matériel du génie dont vous auriez besoin. Vous emploierez à ces attaques le nombre de troupes que vous jugerez convenable.

---

[1] Cette note n'est pas insérée ici, les travaux n'ayant pas eu lieu.

XII.

DÉPÊCHE TÉLÉGRAPHIQUE.

Maréchal Mac-Mahon à général Vinoy.

Le 29 mai 1871, à 11 h. 20 m. du matin.

Faites confectionner, dès qu'il vous sera possible, les gabions et les fascines nécessaires pour une batterie de six pièces de 24, établie aux environs de l'hôpital et destinée à battre en brèche.

XIII.

État des officiers de l'armée de réserve tués ou blessés pendant les combats dans Paris, du 21 au 28 mai.

1re DIVISION.

	Blessés.	Tués.
35e de ligne	7	»
42e de ligne	9	1
109e de ligne	5	»
110e de ligne	2	»
Total	23	1

2e DIVISION.

	Blessés.	Tués.
74e de marche	4	»
1er d'infanterie de marine	5	»
2e de fusiliers marins	2	»
75e de marche	2	2
2e d'infanterie de marine	2	»
Artillerie	1	»
Total	16	2

3e DIVISION.

	Blessés.	Tués.
État-major	»	1
26e bataillon de chasseurs	2	2
37e de marche	7	3
79e	6	1
90e	6	2
91e	1	2
13e d'artillerie, 5e compagnie	2	»
Total	24	11
Réserve d'artillerie, 26e batterie, 13e régiment	1	1
Réserve du génie, 10e compagnie *bis*	1	1

APPENDICE.

RÉCAPITULATION.

	Tués.	Blessés.
1re DIVISION	1	23
2e DIVISION	2	16
3e DIVISION	11	24
GÉNIE, réserve	1	1
ARTILLERIE, réserve.	»	1
Total	15	65

Savoir : 1 colonel, 2 chefs de bataillon ou d'escadrons, 1 capitaine de frégate, 1 enseigne, 21 capitaines, 18 lieutenants, 19 sous-lieutenants. Total, 65.

État nominatif des officiers tués.

MM. CAHEN, chef de bataillon, 42e de ligne (1re division).
  COSTEDOAT, capitaine, 75e de marche (2e division).
  HAYE, lieutenant, 75e de marche (2e division).
  PIQUEMAL, colonel d'état-major (3e division).
  DE SIGOYER, chef de bataillon, 26e chasseurs à pied (3e division).
  FAVEL, sous-lieutenant, 26e chasseurs à pied (3e division).
  MALLAT, lieutenant-colonel, 37e de marche (3e division).
  FLAMBEAU, capitaine, 37e de marche (3e division).
  FAURE, sous-lieutenant, 37e de marche (3e division).
  COURTOIS, lieutenant, 79e de marche (3e division).
  TEILLAY, lieutenant, 90e de marche (3e division).
  BONNIEU, lieutenant, 90e de marche (3e division).
  LEMOING, lieutenant-colonel, 91e de marche (3e division).
  RAMOLINI, lieutenant, 91e de marche (3e division).
  HAXO, capitaine, réserve du génie (3e division).

Savoir : 1 colonel, 2 lieutenants-colonels, 2 chefs de bataillon, 3 capitaines, 5 lieutenants, 2 sous-lieutenants. Total, 15.

XIV.

État numérique des sous-officiers et soldats tués et blessés pendant l'entrée dans Paris (21 à 28 mai 1871).

1re DIVISION D'INFANTERIE.

	Tués.	Blessés.	Disparus.
35e de ligne	7	63	3
42^e	7	86	3
109^e	7	52	1
110^e	3	25	3
6e d'artillerie, 16e batterie	»	1	»
11e d'artillerie, 19e batterie	»	2	»
2e régiment du génie	»	2	»
Prévôté	1	1	»
Total	25	232	10

APPENDICE.

2ᵉ DIVISION D'INFANTERIE.

	Tués.	Blessés.	Disparus.
74ᵉ de ligne....................	1	64	»
1ᵉʳ régiment d'infanterie de marine...	6	87	4
1ᵉʳ régiment de fusiliers marins......	4	36	4
75ᵉ de ligne.....................	8	40	»
2ᵉ d'infanterie de marine...........	3	54	2
1ᵉʳ régiment de fusiliers marins......	2	9	»
Compagnie des éclaireurs...........	1	36	»
Batterie d'artillerie mobile de la marine.	1	6	»
6ᵉ d'artillerie, 27ᵉ batterie..........	»	2	»
15ᵉ d'artillerie, 21ᵉ batterie.........	1	7	»
1ᵉʳ régiment du génie..............	»	4	1
Gardiens de la paix...............	1	1	»
Total.......	28	346	11

3ᵉ DIVISION D'INFANTERIE.

	Tués.	Blessés.	Disparus.
26ᵉ bataillon de chasseurs...........	5	34	»
37ᵉ de marche....................	6	129	»
79ᵉ de marche....................	5	96	3
90ᵉ de marche....................	8	46	»
91ᵉ de marche....................	3	39	9
Artillerie, 16ᵉ et 18ᵉ batterie du 11ᵉ } 25ᵉ batterie du 13ᵉ }	»	17	»
3ᵉ régiment du génie...............	»	1	»
Gardiens de la paix...............	»	1	«
Total.......	27	363	12

RÉSERVE.

Génie	2ᵉ régiment, 10ᵉ compᵉ.	2	9	»
	18ᵉ compᵉ.	»	1	»
	Total.......	2	10	»

Artillerie.	9ᵉ régiment, 23ᵉ batterie.	»	2	»
	13ᵉ régiment, 26ᵉ batterie.	2	11	»
	8ᵉ régiment, 18ᵉ batterie.	»	4	»
	Total.......	2	17	»

RÉCAPITULATION.

	Tués.	Blessés.	Disparus.
1ʳᵉ division...............	25	232	10
2ᵉ division...............	28	346	11
3ᵉ division...............	27	363	12
Réserve du génie..........	2	10	»
Réserve d'artillerie........	2	17	»
TOTAL GÉNÉRAL.....	98	1,034	33

XV.

DÉPÊCHE TÉLÉGRAPHIQUE.

Maréchal Mac-Mahon à général Vinoy.

7 juin, 10 h. 31 m. du matin.

Jusqu'à ce que je vous aie fait connaître la destination à donner aux différents corps de l'armée, je vous invite à laisser toutes les troupes de l'armée que vous commandez dans les positions qu'elles occupent en ce moment. Accusez-moi réception de cette dépêche.

XVI.

EXTRAIT DU RAPPORT OFFICIEL DU MARÉCHAL DE MAC-MAHON.

Lignes occupées successivement par l'armée de Paris à son entrée dans la capitale.

1re nuit du 22 au 23 mai : lundi à mardi.

Porte de Vanves. Chemin de fer de l'Ouest rive gauche, gare Mont-Parnasse. Boulevards extérieurs rue de Bourgogne jusqu'au quai. Palais de l'Industrie, Élysée, place Beauvau. Église Saint-Augustin. Caserne de la Pépinière. Gare Saint-Lazare. Place de l'Europe. Porte d'Asnières.

2e nuit du 23 au 24 mai : mardi à mercredi.

Bastion 81 à la porte d'Arcueil. Maternité, rue Vavin, rue Notre-Dame-des-Champs, rue du Regard, Croix-Rouge, rue du Bac. Pont Royal. Place de la Concorde. Rue Boissy-d'Anglas. Madeleine. Grand Opéra. Mairie de la rue Drouot. Pied des buttes Montmartre. Gare de la Chapelle.

24 au 25 mai : mercredi à jeudi.

Parc de Montsouris. Asile des aliénés rue Mouffetard.

Panthéon. Place Maubert. Lycée Louis-le-Grand. Hôtel de ville, boulevard de Sébastopol, gare de Strasbourg, gare du Nord, ligne du Nord, gare de la Chapelle.

25 au 26 mai : jeudi à vendredi.

Gare d'Ivry. Gare d'Orléans. Pont d'Austerlitz. Gare de Lyon. Prison Mazas. Rue Castex. Place Royale. Boulevards, caserne du Prince-Eugène, entrepôt de la douane. Bastion 33.

26 au 27 mai : vendredi à samedi.

Porte et cours de Vincennes. Rue du Faubourg-Saint-Antoine. Boulevard Richard-Lenoir. Canal Saint-Martin, bassins de la Villette.

27 à 28 mai : samedi à dimanche.

Porte de Bagnolet. Place Puebla, cimetière du Père-Lachaise, boulevard de Charonne. Place du Trône, rue du Faubourg-Saint-Antoine, boulevard Richard-Lenoir, canal Saint-Martin. Rue d'Allemagne, buttes Chaumont. Carrières d'Amérique. Bastion 21.

NOTE SUPPLÉMENTAIRE

SUR LA NÉGOCIATION DE L'ARMISTICE.

Pendant que ce volume était sous presse, M. Jules Favre a publié la deuxième partie de l'ouvrage intitulé : *Gouvernement de la Défense nationale*. Le vice-président, à qui sa position importante dans ce Gouvernement et son emploi de ministre des affaires étrangères ont donné le premier rôle dans la négociation de l'armistice, y raconte de la manière suivante la part prise par l'autorité militaire (page 400) :

« L'assistance d'un général me devenait indispensable
» pour le règlement des choses militaires, à l'égard des-
» quelles je n'avais ni qualité ni compétence. Je l'avais
» réclamée dès le second jour. Le mardi soir 24, le Gou-
» vernement désigna M. le marquis de Beaufort d'Haut-
» poul, qui m'accompagna le lendemain. Retenu par les
» nécessités de son service, il fut remplacé par M. le
» général de Valdan, chef d'état-major du général
» Vinoy, etc. »

Dans ce passage, où l'auteur peut parler de cette importante négociation avec d'autant plus de compétence qu'il l'a dirigée, se trouve une erreur matérielle de date : nous croyons devoir la relever, parce qu'elle ne peut être attribuée qu'à une de ces inattentions presque inévitables dans un travail d'une étendue considérable.

Ce n'est pas le mardi soir 24, mais dans la nuit du

26 au 27 janvier, à la réunion du conseil du Gouvernement postérieure à l'ordre de cesser le feu, qu'il fut décidé qu'un négociateur militaire serait adjoint à M. Jules Favre pour le règlement des détails militaires. Une semblable mission paraissait incomber tout naturellement à M. le général Trochu ; il la déclina, ainsi que le général Callier, que les précédents de sa carrière pouvaient désigner pour une mission diplomatique. C'est alors que le général de Beaufort fut désigné, sur l'avis du général Trochu. Il accompagna le ministre des affaires étrangères le lendemain vendredi 27 janvier, et non le mercredi 25, comme on pourrait le conclure du récit de M. Jules Favre. Une dépêche télégraphique datée du 28 janvier[1] résume la part prise par le général dans la conférence de la veille.

Il fut remplacé le 28 janvier par le général de Valdan, et c'est alors que fut signé le protocole que nous avons inséré dans les pièces justificatives.

Ainsi que nous l'expliquons ici, le commandant en chef de l'armée n'a donc pris aucune part aux négociations avant le 26 janvier, jour de la cessation du feu. Ce n'est qu'après le moment où le vice-président du Gouvernement de la défense nationale avait prescrit, par

---

[1] DÉPÊCHE TÉLÉGRAPHIQUE.

N° 405.

Pour Paris de Neuilly. N° 5314. — Mots 66.

Dépôt le 28 janvier, à 8 h. 16 m. du matin.

Général de Beaufort à M. Jules Favre, ministre des affaires étrangères, à Paris.

N'oubliez pas le trait qui circonscrit sur la carte de M. de Moltke la zone convenue. Il suit la Seine, du Point-du-Jour à Saint-Ouen. Il comprend ensuite Aubervilliers et tous les villages suburbains de la rive gauche, Vincennes et Charenton, bien entendu.

un ordre écrit, la cessation des hostilités sur toute la ligne, qu'il a été question, pour la première fois, de la désignation d'un négociateur militaire. Or à ce moment, les principales conditions de l'armistice étaient arrêtées, puisque M. Jules Favre avait écrit le 26 janvier, à sept heures du soir, la lettre insérée plus haut et qui commence par ces mots :

« J'arrive à l'instant de Versailles ; je suis tombé d'ac-
» cord avec M. de Bismarck sur les principales questions
» de l'armistice, etc. »

L'armistice, qui a mis fin au siège de Paris, était un acte nécessaire et que l'épuisement des vivres rendait inévitable. Le Gouvernement de la Défense nationale, qui se trouvait dans Paris, exerçant le pouvoir suprême, en a assumé l'initiative, dirigé les débats, signé la conclusion. Le commandement de l'armée n'y est intervenu que lorsque toutes les conditions principales étaient irrévocablement arrêtées, et seulement pour régler quelques détails secondaires. Cette note n'a pour but que d'établir d'une manière irréfutable ce fait positif, qui n'est pas d'ailleurs contesté par le vice-président du Gouvernement de la défense nationale.

TABLE DES MATIÈRES.

PREMIÈRE PARTIE.
L'ARMISTICE.

I. — L'ARMÉE DE PARIS SOUS LES ORDRES DU GÉNÉRAL VINOY.

Chapitre I. Émeute du 22 janvier....................	3
— II. Derniers jours du siége...............	25
— III. La situation militaire au moment de l'armistice. — De l'attaque prussienne. — De la défense française. — De la situation des esprits. — Les clubs. — Les journaux. .	69

II. — APRÈS LE SIÉGE DE PARIS.

Chapitre I. L'armistice.......................	93
— II. État moral de l'armée après l'armistice. . .	107
— III. Journal des événements du mois de février.	115
— IV. Entrée et séjour des Prussiens dans Paris. . .	156
— V. Licenciement de l'armée de Paris.	171
— VI. Reconstitution de l'armée de Paris.	182
— VII. Mouvements populaires du mois de mars. .	190
— VIII. Émeute du 18 mars................	211
— IX. Retraite de l'armée sur Versailles........	225

DEUXIÉME PARTIE.
LA COMMUNE.

I. — L'ÉMEUTE REFOULÉE DANS PARIS.

Chapitre I. L'armée à Versailles..............	235
— II. Combats de Courbevoie et de Rueil.....	257
— III. Opérations sur les hauteurs de Châtillon. . .	273
— IV. Prise du pont de Neuilly. — Nouvelle formation de l'armée de Versailles.........	282

II. — OPÉRATIONS DE L'ARMÉE DE RÉSERVE.

Chapitre I. Premières opérations de l'armée de réserve. 293
— II. Entrée de l'armée dans Paris. 306
— III. Licenciement de l'armée de réserve. 352
Appendice. 357
Note supplémentaire sur la négociation de l'armistice. . . 437

TABLE

DES PLANCHES DE L'ATLAS.

I. Croquis indiquant les dispositions prises lors de l'entrée des Prussiens à Paris, le 1er mars 1871.

II. Croquis indiquant la position des avant-postes de l'armée française autour de Versailles, du 19 mars au 3 avril 1871.

III. Premier combat contre les fédérés à Courbevoie, le 2 avril 1871.

IV. Combat de Rueil, le 3 avril 1871.

V. Position des troupes après la prise de la redoute de Châtillon, le 4 avril 1871.

VI. Croquis indiquant les progrès successifs de l'armée dans Paris, les 22, 23 et 24 mai.

VII. Croquis indiquant les dispositions adoptées pour l'attaque du faubourg Saint-Antoine et des hauteurs de Belleville, les 25, 26 et 27 mai 1871.

www.ingramcontent.com/pod-product-compliance
Lightning Source LLC
Chambersburg PA
CBHW071104230426
43666CB00009B/1815